HISTOIRE

DU

DROIT MUNICIPAL

EN FRANCE,

SOUS LA DOMINATION ROMAINE ET SOUS LES TROIS DYNASTIES.

PAR M. RAYNOUARD,

[illegible] ROYAL DE FRANCE (ACAD. FRANÇ. ET ACAD. DES INSCRIPTIONS ET [illegible]), SECRÉTAIRE PERPÉTUEL HONORAIRE DE L'ACAD. FRANÇAISE.

TOME SECOND.

PARIS,

[illegible] ET Cie, LIBRAIRES-ÉDITEURS,

[illegible] DE RICHELIEU, N° 14.

[illegible]LEXANDRE MESNIER, LIBRAIRE,

PLACE DE LA BOURSE.

M DCCC XXIX.

HISTOIRE

DU

DROIT MUNICIPAL

EN FRANCE,

SOUS LA DOMINATION ROMAINE ET SOUS LES TROIS DYNASTIES.

TOME II.

BRUXELLES,

A LA LIBRAIRIE PARISIENNE,

RUE DE LA MADELEINE, N° 432.

IMPRIMERIE DE FIRMIN DIDOT,

RUE JACOB, N° 24.

HISTOIRE

DU

DROIT MUNICIPAL

EN FRANCE,

SOUS LA DOMINATION ROMAINE ET SOUS LES TROIS DYNASTIES.

PAR M. RAYNOUARD,

DE L'INSTITUT ROYAL DE FRANCE (ACAD. FRANÇ. ET ACAD. DES INSCRIPTIONS ET BELLES-LETTRES), SECRÉTAIRE PERPÉTUEL HONORAIRE DE L'ACAD. FRANÇAISE.

« Principes terrarum, in violandis vel immutandis consuetudinibus diutiùs obtentis, indignationem Altissimi possunt incurrere, et favorem populi amittere, et animabus etiam suis onus perpetuum imponere. »

Si les princes de la terre violent et changent les coutumes acquises depuis long-temps, ils s'exposent à encourir l'indignation du Très-Haut, à perdre la faveur du peuple, et à charger leurs ames d'un fardeau éternel.

Charte de Guillaume de Joinville, archevêque de Reims, de l'an 1182.

TOME SECOND.

PARIS,

A. SAUTELET ET Cie, LIBRAIRES-ÉDITEURS,

RUE DE RICHELIEU, N° 14.

ALEXANDRE MESNIER, LIBRAIRE,

PLACE DE LA BOURSE.

M DCCC XXIX.

HISTOIRE

DU

DROIT MUNICIPAL

EN FRANCE,

SOUS LA DOMINATION ROMAINE ET SOUS LES TROIS DYNASTIES.

LIVRE III.

DOMINATION ROYALE.

CHAPITRE PREMIER.

Habitants des Gaules régis chacun par leurs lois particulières.

Il est des époques où, à défaut de garanties politiques, les divers habitants d'un pays cherchent et trouvent dans l'individualité originelle qui caractérise leur race, ou dans les priviléges qui les séparent et les distinguent en corporations, une sauvegarde contre les injustices et les prétentions des gouvernements.

Ainsi, vivre sous des lois particulières, être soumis à des juridictions spéciales, choisir ses magistrats, etc., etc., devint pour les habitants des Gaules, Francs, Bourguignons, Romains, Goths, etc., un dédommagement de leur soumission aux divers gouvernements sous lesquels ils restaient unis comme sujets, et séparés comme citoyens.

Lorsqu'un homme libre, vivant sous la protection de sa loi, était réduit à l'invoquer, et élevait des réclamations et des plaintes, sa cause devenait celle des autres citoyens, qui, régis aussi par cette même loi, croyaient leurs propres droits menacés et attaqués par l'injustice commise envers l'un d'eux; cette communauté d'intérêt, de crainte et de résistance, formait un des éléments de la société politique, imparfaite sans doute, mais telle que l'avait établie le concours des circonstances qui signalèrent l'occupation des Gaules par les diverses nations étrangères.

Aussi rencontre-t-on dans l'histoire des Gaules quelques faits assez curieux qui attestent le soin avec lequel les différentes races de leurs habitants, les diverses aggrégations de peuples, affectaient de ne pas se confondre avec les autres, et de conserver une individualité de race ou de nation.

Cet esprit, ce caractère d'individualité se manifeste d'une manière bien formelle dans la loi salique.

Le titre XLVII porte[1] :

1. Si quelqu'un, voulant s'établir dans un village, divers habitants consentent à le recevoir, un seul opposant suffira pour que la faculté de s'établir ne lui soit pas accordée.

2. Si quelqu'un arrive dans un village étranger et y habite, pendant douze mois, sans qu'il s'élève de réclamations, il aura acquis le droit d'y demeurer.

Cette difficulté d'être aggrégé aux nombreuses et diverses familles dont la réunion composait dans les Gaules la masse nationale, explique pourquoi chaque peuple particulier

---

1. XLVII. De eo qui villam alienam occupaverit, vel si duodecim mensibus eam tenuerit.

Si quis super alterum in villam migrare voluerit, et aliqui, de his qui in villâ consistunt, eum suscipere voluerint, et vel unus ex ipsis extiterit, qui contradicat, migrandi licentiam ibidem non habeat.

Si autem quis migraverit in villam alienam, et ei aliquid infra XII menses secundum legem contestatum non fuerit, securus ibidem consistat, sicut et alii vicini.

Eccard, Lex salica à Carolo emendata, cap 47, p. 158.

mettait tant d'intérêt à conserver ses lois et ses institutions, qui, en assurant son individualité, assuraient sa force et son influence politique.

On se souvient que les habitants de la partie des Gaules où s'établit la domination des rois visigoths conservèrent leurs institutions, et que ces princes s'honorèrent de protéger et de maintenir les lois romaines.

Lorsque les Sarrasins occupèrent une partie de la Gothie ou Septimanie, ils laissèrent aux anciens habitants leurs lois, leur administration, leurs usages, et le libre exercice de leur religion [1].

La fameuse charte accordée, en 734, par le prince maure Alboacem, fils de Mahomet Alhamar, fils de Tarif, garantit aux Visigoths de Coimbre le maintien de leurs institutions [2];

---

1. Iterum sacris non vetitis, lites civiles arbitrio judicum à provinciæ præfectis datorum dirimebant juxta legum patriarum ordinem, communicatâ quoque judicibus illis antiquâ comitis dignitate, ut proceres viros qui supererant reipublicæ participes faciendo, sine molestiâ illos atque plebem christianam in officio continerent.

P. de Marca, Marca hispanica, col. 232.

2. Ego ordinavi quòd Christiani.... habeant in Colimb

elle a été regardée comme le type des concessions faites aux habitants du midi des Gaules, qui passèrent sous la domination des Sarrasins.

Et quand les Visigoths, renfermés dans Narbonne, traitèrent, en 759, avec les Francs qui assiégeaient cette ville, occupée par les Sarrasins, ces Visigoths demandèrent expressément la conservation des lois du pays, et cette condition leur fut accordée[1].

Ainsi donc, chaque débris de peuple, chaque caste nationale, chaque habitant des Gaules, met-

---

suum comitem et in Goadathâ alium comitem de suâ gente, qui manteneat eos in bono juzgo secundùm solent homines christiani, et isti component rixas inter illos.... in populationibus parvis ponent suos judices, qui regant eos benè et sine rixas. Si autem contingat homo christianus, etc.

Historias de Idacio, etc., fol. 88 et 89.

1. Franci Narbonam diù obsidentes per Gothos recipiunt, peremptis Sarracenis, factâ pactione cum Francis quòd illic Gothi PATRIIS LEGIBUS, MORIBUS PATERNIS VIVANT.

Et sic Narbonensis provincia Pippino subjicitur.

Gerv. Tisleber. de Otiis imp.

Anno 759. Franci Narbonam obsident datoque sacramento Gothis qui ibi erant, ut si civitatem pactibus traderent Pipini regis Francorum, permitterent eos LEGEM SUAM HABERE.

Du Chesne, Hist. Franc. script., t. III, p. 148; Catel, Mém. pour l'hist. du Languedoc, liv. 3, p. 538.

tait un juste orgueil et trouvait un intérêt véritable à conserver ses lois spéciales, qui étaient, en quelque sorte, une propriété politique.

Agobard, évêque de Lyon, écrivant à l'empereur Louis-le-Débonnaire, se plaint de ce qu'il existe pour le même pays une multitude de lois différentes, selon que les habitants sont Romains, Visigoths, Saliques, Bourguignons [1], etc.

Et il fait remarquer que ces lois permettent à ceux qui vivent sous leur empire, d'avoir des juges particuliers qui doivent prononcer d'après ces lois mêmes.

Divers documents prouvent qu'au dixième siècle, cette démarcation de l'individualité des peuples se maintenait toujours.

Dans un plaid tenu à Ausonne, dans le diocèse de Carcassonne, en 918, siègent des juges, des échevins et des rachimbourgs, tant GOTHS que ROMAINS et même SALIQUES [2].

---

1. Tanta diversitas legum quanta non solùm in singulis regionibus aut civitatibus, sed etiam in multis domibus habetur. Nam plerumque contingit ut simul eant aut sedeant quinque homines et nullus eorum communem legem cum altero habeat exteriùs in rebus transitoriis.

Agobardi Liber ad Ludov. imp. adv. Leg. Gundobadi, cap. 4.

2. Unà cum abbatibus, presbyteris, judices, SCABINOS et

En 933, un plaid tenu à Narbonne est composé de juges GOTHS, ROMAINS et SALIQUES, qui tous sont désignés par leurs noms[1].

Certes, si, dans le dixième siècle, chaque peuple, chaque aggrégation nationale conservait ainsi le droit primitif d'être jugé par ses magistrats particuliers, on croira aisément que ces magistrats, quel que fût leur titre, avaient toujours été, et étaient encore choisis par les habitants.

D'ailleurs les monuments législatifs et historiques ne laissent aucun doute à cet égard.

REGIMBURGOS tàm GOTHOS quàm ROMANOS seu etiam et SALICOS, qui jussis causam audire dirimere et legibus definire, id est.... Et aliorum plurimorum bonorum hominum qui cum eos residebant in mallo publico in castro Ausonà.

Gallia christ., t. XIII, Instr. metrop. tolos., p. 2; Hist. du Languedoc, t. II, preuves, col. 56.

1. In præsentiâ domno Aymerico archiepiscopo et domino Pontione comite seu et marchione vel judices qui jussi sunt causas dirimere et legibus deffinire, tàm Gothos quàm Romanos velut etiam Salicos, id est, etc.

Hist. du Languedoc, t. II, preuves, col. 69.

CHAPITRE II.

Échevins, juges, vicaires, centeniers, etc., nommés par élection populaire.

Le capitulaire, publié par Dagobert, l'an 630, seconde année de son règne, consacre le principe de l'élection populaire.

Art. XLI. « Que nul n'ait la témérité de prononcer sur les causes, si ce n'est celui qui, « d'APRÈS L'ACCORD DU PEUPLE, a été établi juge « par le duc, afin de rendre des jugements[1]. »

Charlemagne, dans le capitulaire de l'an 809, article 22, ordonne que des

« Juges,
« Vidames ou vicaires,
« Prévôts,
« Avoués,
« Centeniers,
« Échevins,

1. XLI. Nullus causas audire præsumat nisi qui a duce, PER CONVENTIONEM POPULI, judex constitutus est, ut causas judicet.

Baluz. Capit. reg. franc., t. I, col. 68.

« bons, véridiques et doux soient choisis, avec « le comte et le PEUPLE, et établis pour exercer « leurs fonctions[1]. »

Louis-le-Débonnaire proclama aussi le principe de l'élection des magistrats par le peuple, et le capitulaire de 829 s'énonça en ces termes:

« Partout où nos envoyés trouveront de mau-« vais échevins, qu'ils les chassent, et qu'avec « le consentement DE TOUT LE PEUPLE, ils en choi-« sissent de bons pour remplacer les autres[2]. »

Charles-le-Chauve publia, en 873, un semblable capitulaire:

« IX. Comme les capitulaires de notre aïeul et « de notre père le portent, nos commissaires « mettront de bons échevins partout où ils ne les « trouveront pas tels; qu'ils les chassent, et

1. XXVI. Ut judices, vicedomini, præpositi, advocati, centenarii, scabinei, boni et veraces et mansueti, cum comite et POPULO, ELIGANTUR et constituantur ad sua ministeria exercenda.

Baluz. Capit. reg. franc., t. I, col. 467.

2. Ut missi nostri, ubicumque malos scabineos inveniunt ejiciant, et TOTIUS POPULI CONSENSU, in loco eorum, bonos ELIGANT.

Baluz. Capit. reg. franc., t. I, col. 665. — Capit. de 829, tit. 2, cap. 3.

« qu'avec le consentement DE TOUT LE PEUPLE, « ils en choisissent de bons en leur place[1]. »

L'empereur Lothaire maintint les mêmes dispositions dans les capitulaires contenant la loi des Lombards[2].

Un autre capitulaire remarquable sur les élections populaires, est celui qui concerne la nomination des juges en général; il exprime à la fois la reconnaissance formelle des droits du peuple, et un sentiment honorable pour sa dignité[3].

---

1. Capit. Caroli Calvi, tit. 45, cap. 9; Baluz., t. I, col. 1216.

Ut sicut in capitulis avi et patris nostri continetur, missi nostri, ubi boni scabinei non sunt, bonos scabineos mittant; et ubicumque malos scabineos inveniunt ejiciant, et TOTIUS POPULI CONSENSU in loco eorum bonos ELIGANT.

Baluz. Capit. reg. franc., t. II, col. 232.

2. . . Et totius POPULI consensu in loco eorum bonos, ELIGANT.

Baluz. Capit. reg. franc., t. II, col. 336.

3. CCCIX. Peregrina judicia generali sanctione prohibemus; quia indignum est ut ab externis judicetur qui provinciales et à se electos debet habere judices.

Capitul., lib. VII. — Baluz., t. I, col. 1093.

Additio IV. — Baluz. Capit. reg. franc., t. I, col. 1196.

Je pense que ce Capitulaire concernait seulement les

« Nous défendons, sans aucune exception, « que des étrangers rendent des jugements; on « ne peut pas soumettre à des juges étrangers « celui qui doit avoir des juges de son pays, et « ÉLUS PAR LUI-MÊME. »

Bien qu'un texte de la loi des Ripuaires prouve que dans le septième siècle, le peuple nommait le duc [1], bien que l'histoire indique une cir-

---

ecclésiastiques, mais j'ai cru convenable de le citer, afin de prouver que l'Église reconnaissait le principe qu'il proclame.

Les éditeurs de ce Capitulaire ont semblé ignorer que les termes dans lesquels il est rédigé sont mot à mot dans une décrétale de Félix Ier, où se trouve le texte primitif, reproduit successivement par Angilramn, cap. 19. — Burchard, lib. 1, cap. 14. — Ives, part. 5, cap. 260, et part. 6, cap. 33. — Gratian 3, quæst. 6, cap. 12 *peregrina*.

Voici le texte de la décrétale :

Peregrina verò judicia generali sanctione prohibemus, quia indignum est, ut ab externis judicetur qui comprovinciales et à se electos debet habere judices.

Felix episcopus, universis episcopis per Galliæ provincias constitutis.

Epist. summorum pontificum, p. 150.

1. Si quis contra ducem, quem rex ordinavit in provinciâ illâ, aut POPULUS sibi elegerit ducem, etc.

Lex Bajuvariorum, tit. 2, cap. 1; Baluz. Capit. reg. franc., t. I, col. 101.

constance où l'évêque et les citoyens de Tours, pendant le règne de Chilpéric, élurent eux-mêmes leur comte[1], il ne me paraît pas moins difficile d'expliquer quel fut le motif de la concession faite par Childebert II, lorsqu'il déclara, en l'année 698, que les habitants du pays du Mans n'obéiraient qu'au duc ou au comte élu par l'évêque et les citoyens[2].

Aussi, suis-je bien loin de chercher une règle

---

1. Datâ nobis et populo optione, Eunomius in comitatum eligitur.

Gregor. turon., Hist. franc., lib. 5, cap. 48.

2. Per hanc auctoritatem nostram concedimus et confirmamus ut nullo unquàm tempore ullus actionem ducatus aliter, nisi ut dictum est, in ipso pago cenomanico habere debeat, nec quisquam cuilibet comiti ipsum pagum sine electione ipsius pontificis civitatis cenomanicæ aut pagensium illorum vel abbatum ingredi aut agere debeat, nisi quem episcopus elegerit, ut ille ipsum pagum ad agendum per nostram jussionem debeat habere.

Dans ce diplome, Childebert dit que son oncle Clothaire avait accordé le même privilége : « Berario quondàm episcopo ut in ipso pago cenomanico accipere non debeant « ducem aut comitem nisi per electionem ipsius PAGI, pon- « tificis, et PAGENSIUM. »

Diplomata, Chartæ, etc., t. I, p. 354.

générale dans ces faits particuliers; mais ne me sera-t-il pas permis d'en tirer une conséquence en faveur du droit électoral, aussi solennellement reconnu par les princes des deux premières dynasties?

CHAPITRE III.

Preuves que les mêmes magistrats remplissaient à la fois des fonctions municipales et des fonctions judiciaires.

On voit dans les chartres de commune accordées par les rois de la troisième dynastie, qu'ordinairement les échevins exerçaient à la fois des fonctions municipales et des fonctions judiciaires; cette double attribution de pouvoirs existait pareillement sous les deux premières dynasties.

Les comtes, placés par les rois francs dans chaque cité, présidaient à la fois le corps municipal, la curie, et le corps judiciaire, les plaids.

La preuve que le sénat ou corps municipal exerçait à la fois un pouvoir administratif et un pouvoir judiciaire, résulte surtout du testament d'Ephibius, présenté, en 696, au sénat de Vienne.

Le testateur demande que, si ses volontés

sont enfreintes, le délinquant soit condamné par le JUGEMENT du SÉNAT à une amende de quatre cents livres d'or[1].

Pour démontrer que les échevins remplissaient les fonctions municipales, il suffirait du document de 803[2].

» La troisième année de notre très-clément « souverain Charles, ces capitulaires furent ré- « digés et ensuite remis entre les mains du comte « Étienne, afin qu'il les fit lire et publier à Paris « dans un plaid public, en présence de tous les « échevins; c'est ce qu'il fit, et ils s'accordè- « rent unanimement à promettre de les ob- « server dorénavant, après quoi les échevins,

---

1. SENATORIO JUDICIO ad libras cccc auri in publico reddere compellatur.

Testament. D'Acherii spicilegium, t. III, p. 319.

2. Anno tertio clementissimi domini nostri Caroli; sub ipso anno hæc facta capitula sunt et consignata Stephano comiti, ut hæc manifesta faceret in civitate Parisius mallo publico et illa legere faceret coram scabineis, quod ità fecit, et omnes in uno consenserunt quod ipsi voluissent omni tempore observare in posterum. Etiam omnes scabinei, episcopi, abbates, comites, manu propriâ subtersignaverunt.

Baluz. Capit. reg. franc., an. 803, t. I, col. 391 et 392.

« les évêques, les abbés et les comtes les signè-« rent de leur propre main. »

Ce document contient deux faits importants: 1° c'était devant les échevins que le comte promulguait les capitulaires; 2° ces magistrats les souscrivaient, après avoir promis qu'ils les observeraient à l'avenir.

Une telle formalité ne pouvait émaner que des représentants légitimes de la cité, des magistrats populaires qui agissaient et s'engageaient au nom du peuple.

Aussi c'était expressément comme peuple que les échevins s'expliquaient et agissaient dans ces assemblées du comté.

Un capitulaire de la même année 803 avait dit:

« Que le peuple soit interrogé sur les capitu-« laires qui ont été nouvellement ajoutés à la « loi, et quand tous auront consenti, qu'ils « fassent leurs souscriptions et confirmations à « ces capitulaires [1]. »

---

1. Ut populus interrogetur de capitulis quæ in lege noviter addita sunt, et postquam omnes consenserint, subscriptiones et manufirmationes suas in ipsis capitulis faciant.

Baluz. Capit. reg. franc., an. 803, t. I, col. 394.

En 910, la reine Richilde fait une donation en faveur de l'abbaye de Gorze [1].

Cinq échevins y apposent leur signature.

Il ne s'agit pas de rendre une sentence, d'exercer un pouvoir judiciaire, mais seulement de remplir une fonction municipale, de faire un acte de magistrat de la curie.

Une seconde donation, de la même année, est revêtue de la signature de quatre échevins [2].

En 936, les Hongrois ayant tué la plupart des habitants d'Alzey, les dames religieuses de Remiremont font une remise de la moitié des redevances qu'elles exigeaient.

---

1. Signum, Maingaudi.
   Bernoini scabini.
   Altcheri scabini.
   Goberti scabini et centenarii.
   Guntardi scabini.
   Blicheri scabini.
   Merulfi.
   Salaconis.
   Et ego Quillardus presbyter et cancellarius.
   Histoire de Metz, t. III, preuves, p. 52 et 53.

2. Signum, Hildebrandi cabini.
   Hiilrauni scabini.
   Grobaldi scabini.
   Joannis scabini.
   Histoire de Lorraine, t. II, preuves, p. 170.

Cet acte, passé à Remiremont, auquel assistent le comte Gérard, le maire Amalric et autres, est revêtu de la signature de sept échevins[1].

Une donation, de l'an 957, faite in *villâ Dexteriacâ*, par Regimbaud, à l'abbaye de Gorze, porte : « J'ai prié que cet écrit fût rédigé « dans l'ASSEMBLÉE PUBLIQUE, et confirmé par « le comte, les échevins et les autres personnes « craignant Dieu[2]. »

Après la signature du comte, l'acte porte : « Ceux-ci sont les échevins ; » et on y compte quatorze noms de ces magistrats.

---

1. Actum publicè ad sancti Remiri montem. .
Signum, Gerardi comitis....
Majoris Amalrici, etc. etc.
Sig. scabinorum, Eudo.
Hermanus.
Hildricus.
Amandus.
Bercherus.
Hirinus.
Amerus.
Histoire de Lorraine, t. II, preuves, p. 184.

2. Deprecatus sum ut hujus facti scriptum in pleno mallo levaretur et à comite, SCABINIS aliisque Deum timentibus firmaretur.
Histoire de Metz, t. III, preuves, p. 70 et 71.

Une autre donation, faite l'année d'après, en 958, par le même Regimbaud à l'abbaye de Saint-Arnould, contient les mêmes expressions, et est revêtue des signatures de tous les échevins qui avaient signé l'acte précédent[1].

Le comte Sigeric, dans une fondation, l'an 966, en faveur de l'abbaye de Vergaville, dit : « Afin que cet acte soit ferme et stable, j'ai « fait confirmer ce titre de tradition devant les « échevins en plaid public[2]. »

L'acte de la donation faite, l'an 971, par Gérard, évêque de Toul, en faveur de l'église

---

1. Actum in villâ Dexteriacâ in pleno mallo S. Teutberti comitis.

Isti sunt scabini :

Sig. Sigiberti.	Vuarnardi.	Roberti.
Ruginardi.	Angelbaldi.	Adelberti.
Hugonis.	Lutzonis.	Formari.
Vualtarii.	Aldrici.	Ottonis.
Ripaldi.	Vualtarii.	

Histoire de Metz, t. III, preuves, p. 71.

2. Hoc quoque ut firmum sit stabileque permaneat, hanc traditionis cartulam fieri fecimus, coramque SCABINIONIBUS roborari, stipulatione subnixâ, in publico placito, etc.

Histoire de Lorraine, t. II, preuves, p. 222.

de Saint-Michel, est signé par le comte de Toul, le maire et les échevins [1].

Un acte passé à Metz, en 1055, est daté: « Amolbert étant premier échevin [2]. »

Des documents de 1075 et 1095 concernant la cité de Metz, indiquent aussi deux autres magistrats avec ce titre de premier échevin [3].

Annoncerai-je qu'en 1180, une charte de l'empereur Frédéric Ier, dit Barberousse, sollicitée et obtenue par l'évêque Bertram, changea la forme de nomination du maître échevin de

---

1. Signum, Sindebaldi comitis tullensis....
   Harieti majoris.
   Archemenni scabinii.
   Harvini de Scropulis scabinii.
   Varnerii scabinii de Viddiaco....
   Scivaldi scabinii....
   Vixonis scabinii.
   Leutberti scabinii.

Actum Tulli publicè in plenariâ synodo.
Histoire de Lorraine, t. II, preuves, p. 229.

2. Actum.... PRIMO SCABIONE Amolberto.
Histoire de Metz, t. III, preuves, p. 92.

3. An. 1075; S. Johannis PRIMI SCABINI.
An. 1095, Vuipaldus PRIMUS SCABINIO.
Histoire de Metz, t. III, preuves, p. 98 et 102.

Metz, jusqu'alors choisi par l'assemblée électorale du clergé et du peuple, et rendit annuelles ses fonctions municipales, qui auparavant étaient à vie? Il suffira d'avoir prouvé que jusques à l'époque où des chartes de commune furent accordées par les rois de France, les échevins de la ville de Metz y exercèrent constamment les fonctions municipales.

Il est résulté de ces attributions simultanées, qu'au commencement du douzième siècle, et, d'après une antique possession, les échevins étaient, dans plusieurs pays, chargés des fonctions municipales; aussi est-il certain que diverses cités ont conservé leur régime municipal, sous la magistrature des échevins, sans avoir eu besoin de chartes de commune.

Je n'anticiperai point sur les développements que j'aurai occasion de donner à ce fait essentiel, mais qu'il me soit permis de dire dès à présent que la ville de Reims ayant conservé, avec l'exercice de son droit municipal, la magistrature de ses échevins, pendant tout le moyen âge, lorsque son archevêque, frère de Louis VII, osa, en 1161, attenter aux droits de cette antique cité, les Rémois résistèrent vivement et soutinrent que leurs droits municipaux remontaient à l'époque même de saint Remi.

La cité de Reims fut alors maintenue dans son échevinage, l'archevêque consentit à ce qu'elle continuât à jouir de son antique liberté, et son successeur se fit un devoir de la respecter.

Une charte de l'an 1182, dont j'aurai occasion de citer les expressions remarquables, déclara que les échevins seraient choisis au nombre de douze, par le consentement commun, etc.

CHAPITRE IV.

Bons hommes, Prudhommes.

Les BONS HOMMES paraissent dans tout le moyen âge, en divers temps et en divers lieux, au nord et au midi de la France et sous les trois dynasties; ils remplissent tour à tour des fonctions judiciaires et des fonctions municipales.

Si quelquefois leurs noms semblent ne désigner que des notables, des citoyens plus distingués, des propriétaires, des possesseurs, plus souvent ces bons hommes agissent, jugent, administrent comme magistrats, soit judiciaires, soit municipaux.

L'examen des nombreux documents qui en font mention démontre qu'ils exerçaient les fonctions des curiales ou décurions et celles de juges.

Ces documents sont: 1° les formules dressées pour servir de modèles aux actes municipaux et aux actes judiciaires; les titres où l'on fait mention de leur présence et de leur intervention aux actes administratifs ou municipaux.

Il serait inutile de prouver longuement que ces BONS HOMMES exerçaient des fonctions judiciaires.

Leur présence et leur signature sont indiquées dans des formules relatives à des

assignations pour les plaids,
actes ou certificats de non comparution,
actes de prestation de serment,
jugements de condamnation,

et on les trouve présents à plusieurs jugements ou plaids[1].

---

1. NOTE DE DIVERSES FORMULES OÙ LES *boni homines* SONT INDIQUÉS COMME EXERÇANT DES FONCTIONS JUDICIAIRES.

Assignation pour plaid et acte de non comparution.
Marculf., Append., n° 22.

Jugements qui condamnent à payer, et autres jugements.
Marculf., Append., n° 51.
Formul. bignon., n° 13.
Formul. sirmond., n° 30.
Formul. lindenbrog., n° 123.

Acte de prestation de serment.
Marculf., Append., n° 33.
Formul. sirmond., n° 8.
Etc. etc.

NOTE DE DIVERS PLAIDS OÙ LES *boni homines* EXERCENT DES FONCTIONS JUDICIAIRES.

An. 874, sous Charles-le-Chauve.
P. de Marca, Marca hispan. app., col. 796.

Il est même à remarquer qu'une formule suppose qu'ils jugent seuls, sans l'intervention ni le concours d'aucun autre magistrat.

Mais c'est spécialement sous le rapport des fonctions attribuées aux membres des curies, aux magistrats des cités, que je dois les montrer ici.

Les seules formules qui nomment les BONS HOMMES, confirmant et authentiquant, par leurs signatures, les actes de divorce, de vente, d'échange, les donations, les testaments, seraient sans doute des preuves suffisantes; mais il existe surtout divers titres qui, choisis parmi un plus grand nombre, compléteront la démonstration.

An. 876.
P. de Marca, Marca hispan. app., col. 798.

An. 879, sous Louis-le-Bègue, trois jugements.
Id. ibid. col. 804 et seq.

An. 901.
Id. ibid. col. 835.

An. 958.
Hist. du Languedoc, t. II, preuves, col. 100.

An. 1004.
P. de Marca, Marca hispan. app., col. 960.

An. 1085.
Id. ibid. col. 1176 et 1178.

On n'a pas oublié que la loi romaine exigeait que de pareils actes fussent passés en présence de la curie. L'intervention des BONS HOMMES à ces actes ne peut donc laisser aucun doute sur leur qualité.

Puisque cette intervention est incontestable, contestera-t-on que ces BONS HOMMES ne tinssent un rang dans la hiérarchie de la magistrature municipale?

Après avoir indiqué les diverses formules exigeant leur présence aux actes qui étaient dans les attributions de la curie et des décurions, je présenterai, par ordre chronologique, quelques-uns des titres et documents où l'on remarque les noms ou l'intervention des BONS HOMMES.

§ 1er.

Formule d'acte de divorce.

L'acte de divorce était sans doute alors, comme il le fut toujours, un des plus importants des actes civils; il est bien évident que l'autorisation des magistrats municipaux était indispensable pour donner un caractère légal et authentique au titre qui permettait la séparation des époux.

Une formule angevine[1] est conçue en ces termes :

« Nous sommes convenus, en présence des « BONS HOMMES, de nous délier mutuellement de « notre mariage, ce que nous avons fait, etc. »

Des citoyens, qui avaient droit de recevoir un tel acte et de le rendre légal, pouvaient-ils ne pas appartenir à la magistrature, à la corporation municipale?

---

1. DICTATI SEU VETERES FORMULÆ ANGEVINÆ; FORMULA DISSOLVENDI MATRIMONII.

LVI. Domino non dulcissimo, sed amarissimo et exsufflantissimo jocali meo, illo, illa. Dum non est (incognitum,) qualiter faciente inimico et intercidente Deo, ut insimul esse non potemus; proindè convenit nobis ante BONIS HOMINIBUS, ut ad invicem nos relaxare deberemus. Quod ità et fecimus. Ubicumque jocalis meus mulierem (ducere) voluerit, licentiam habeat potestatem faciendi. Similiter et illa convenit, ut ubicumque ipsa femina, superiùs nominata, sibi marito accipere voluerit, licentiam habeat potestatem faciendi. Et si fuerit, post hunc diem, unus ex nus ipsis qui contra hanc epistola ista agere aut repetire præsumpserit, soledus tantus ad pare suo componat, unà cum judice interdicentem, et quod repetit nihil valeat vindecare, et hæc epistola firma permaneat.

Mabillon., de Re diplom. suppl. app., p. 87.

§ 2.

Rétablissement de titres détruits.

Des titres ont été détruits, c'est sur la relation et l'attestation des BONS HOMMES que le prince accorde une charte qui rétablit ou supplée ces titres[1].

§ 3.

Échanges.

Une formule publiée par Bignon, est relative à un échange entre deux abbés, qui rédigent un acte, à double original, et demandent la souscription des BONS HOMMES, pour en garantir l'authenticité[2].

---

1. CONFIRMATIO REGIS.... IN EO QUI AB HOSTIBUS EST DEPRÆDATUS VEL AB IGNE CONCREMATUS.

Relationem sub testificatione BONORUM HOMINUM cognovimus recensendam omnes res suas vel strumenta chartarum perisse....

Per hunc præceptum.... absque ullius inquietudine teneat et possideat, etc.

Formulæ sirmond., n° 27. — Baluz. Capit. reg. franc., t. II, col. 483.

2. CONCAMIATURA INTER DUOS ABBATES.

Placuit.... atque convenit inter venerabilem virum, etc., de commutatione locorum quam inter se facere deberent.... undè duas epistolas paricas uno tenore conscriptas manu

§ 4.

Cessions, donations.

La rédaction des actes de cession, de donation, est indiquée par diverses formules, et toujours la présence et la signature des BONS HOMMES sont requises pour les rendre authentiques [1].

---

eorum vel BONORUM HOMINUM FIRMATAS inter se fieri et firmare rogaverunt.

Formulæ bignon., nº 14. — Baluz. Capit. reg. franc., t. II, col. 503.

1. TRADITIO CUICUNQUE TRADERE VOLUERIT.

Dono.... per hanc cartulam traditionis.... aliquam rem meam in pago illo, etc.... præsens hæc cartula tàm à me quàm ab aliis BONIS HOMINIBUS ROBORATA, omni tempore firma permaneat, cum stipulatione interpositâ.

Formulæ lindenbrog., nº 152. — Baluz. Capit. reg. franc., t. II, col. 149.

CESSIO.

Ego in Dei nomine ille fideli nostro illo cedo tibi a die presente.... hoc est villa juris nostri.... cum terris, ædificiis.... et hæc cessio meis vel BONORUM HOMINUM manibus ROBORATA, cum stipulatione subnixâ, diuturno tempore, maneat inconvulsa.

Formulæ sirmond., nº 4. — Baluz. Capit. reg. franc., t. II, col. 471.

Præsens donatio hæc nostris et, nobis rogantibus, BONORUM

§ 5.

Acte de précaire.

Une formule relative à un acte de précaire, contenant l'obligation de payer annuellement un cens à l'église, porte[1] :

« Cette charte de précaire que je vous fournis « munie de ma signature et de celle des BONS « HOMMES, afin que chaque année le cens, etc. »

§ 6.

Donation entre époux.

Les formules d'actes de donation mutuelle entre époux, ou du mari en nom de noces, appellent les BONS HOMMES à rendre authentiques par leurs signatures ces libéralités conjugales[2].

HOMINUM manibus ROBORATA, stipulatione nostrà positâ, diuturno tempore maneat inconvulsa.

Formulæ lindenbrog., n° 4. — Baluz. Capit. reg. franc., t. II, col. 515.

1. PRECARIA.

Proptereà hanc precariam manu meâ vel BONORUM HOMINUM FIRMATAM vobis emisimus ut annis singulis censum, etc.

Formulæ bignon., n° 20. — Baluz. Capit. reg. franc., t. II, col. 506.

2. DONATIO INTER VIRUM ET UXOREM.

Quicquid enim inter conjugatos de propriâ facultate ob

§ 7.

Donations à l'église.

La formule de l'acte de donation à une église

---

amorem dilectionis invicem condonare placuerit, scripturarum necesse est titulis alligari ne posterùm ab heredibus eorum possit convelli.... et hæ epistolæ contulitionis, cum stipulatione aquilianâ nostris vel BONORUM HOMINUM manibus ROBORATÆ firmæ permaneant.

Form. sirmond., n° 17. — Baluz. Cap. reg. franc., t. II, col. 477.
Item alio modo, n° 18. — *Ibid.*, col. 479.

DONATIO IN SPONSÂ FACTA.

Ego te illa, unà cum consensu parentum vel amicorum nostrorum, tuâ spontaneâ voluntate sponsavi; mihi placuit ut aliquid de rebus meis per hunc titulum libelli dotis ante dies nuptiarum confirmare deberem. Quod et ità feci. Ergò dono tibi, etc.... et hæc donatio meis vel BONORUM HOMINUM manibus ROBORATA, cum stipulatione subnixâ firma permaneat.

Formulæ sirmond., n° 14. — Baluz. Capit. reg. franc., t. II, col. 476.

Lex et consuetudo exposcit ut quicquid inter sponsum et sponsam de futuris nuptiis fuerit definitum vel largitum, aux ex consensu parentum vel ipsorum, si sui juris sunt, scripturarum solemnitate firmetur.

Idcircò ego ille, dùm multis habetur percognitum quòd te.... sponsavi, mihi complacuit ut aliquid de rebus meis per hunc titulum libelli dotis ante diem nuptiarum tibi confirmare deberem. Ergo dono tibi, etc., et hæc donatio meis

prouve que cet acte était soumis aux règles ordinaires, et que la donation pieuse recevait, de la signature des BONS HOMMES, une authenticité qui garantissait pour l'avenir les objets donnés [1].

§ 8.

Vente d'un enfant trouvé.

Un enfant nouveau-né a été, pendant la nuit, exposé et trouvé à la porte de l'église; moyennant une somme convenue, il est vendu à un particulier qui le nourrira et en restera le maître; le prix de la servitude future de ce malheureux enfant est payé; une formule in-

---

vel BONORUM HOMINUM manibus ROBORATA, cum stipulatione subnixâ, firma permaneat.

Formulæ lindenbrog., n° 78. — Baluz. Capit. reg. franc., t. II, col. 534.

1. DONATIO AD CASAM DEI.

In Dei nomine, ille nec non et conjux meâ... donamus, tradimus aliquas res nostras ad monasterium.... sed præsens donatio hæc nostris et nobis rogantibus BONORUM HOMINUM manibus ROBORATA, quorum nomina vel signacula subter tenentur inserta, stipulatione nostrâ positâ, diuturno tempore maneat inconvulsa.

Formulæ lindenbrog., n° 18. — Baluz. Capit. reg. franc., t. II, col. 515.

dique l'acte à rédiger, et il doit être rendu authentique par la signature des BONS HOMMES[1].

§ 9.

Acte d'affranchissement.

Une formule qui est très-remarquable, c'est la douzième de Sirmond, relative à l'affranchissement[2].

---

1. EPISTOLA COLLECTIONIS.

Nos quoque in Dei nomine matricularii sancti illius dùm matutinis horis ad ostia ipsius ecclesiæ observanda convenissemùs, ibique infantulum sanguinolentum, periculo mortis imminente, pannis involutum invenimus, et ipsum per triduum seu ampliùs apud plures homines inquisivimus quis suum esse diceret et non invenimus; cui nomen ipsum imposuimus; sed posteà... infantulum homini aliquo nomine illo ad nutriendum dedimus, ut si, Deo præsule, convaluerit, ipsum in suis servitiis ac solatiis juxta legis ordinem retineat. Pro quo pretium accepimus.... et ut præsens epistola firmior sit manibus propriis eam subterfirmavimus et bonis hominibus roborandam decrevimus.

Formulæ sirmond., n° 11. — Baluz. Capit. reg. franc., t. II, col. 474.

2. INGENUITAS.

... In Dei nomine, ille pro remedio animæ meæ.... servum illum ingenuum esse præcipio et in sacrosanctâ ecclesiâ.... sub præsentiâ sacerdotum ibidem consistentium, ante cornu altaris, ab omni vinculo servitutis eum absolvo itâ ut

L'acte qui non seulement conférait la liberté à un esclave et à sa génération, mais encore l'admettait au rang de citoyen romain, le titre, rédigé dans le temple même et devant l'autel, exigeait sans doute la présence et l'autorisation des magistrats qui avaient à classer cet affranchi parmi les membres de la cité; ces magistrats c'étaient les BONS HOMMES, c'est-à-dire, les citoyens qui faisaient partie de la corporation municipale et la représentaient en cette occasion solennelle.

§ 10.

Testaments.

Une formule de testament est terminée par la demande faite aux BONS HOMMES[1] de leur signature.

deinceps, tanquàm si ab ingenuis parentibus fuisset natus vel procreatus, eat, pergat partem quam maluerit, et sicut alii cives romani vitam ducat ingenuam.... et præsens ingenuitas meis vel BONORUM HOMINUM manibus ROBORATA, cum stipulatione subnixâ, omni tempore maneat inconvulsa.

Formulæ sirmond., n° 12. — Baluz. Capit. reg. franc., t. II, col. 475.

[1] Præsens pagina firma permaneat quam manu meâ pro-

Non seulement on leur demande cette signature, mais encore l'enregistrement aux actes, ALLEGATIONIBUS, formalité qui concernait spécialement la curie, la corporation municipale.

Ces diverses formules suffiraient, comme je l'ai dit, à prouver que les BONS HOMMES étaient appelés souvent à exercer les fonctions attribuées aux magistrats municipaux.

Mais ces preuves ne me dispensent pas de citer les actes mêmes, les titres authentiques par lesquels il conste que les BONS HOMMES ont réellement exercé ces fonctions.

Sixième siècle.

Des chartes de l'an 528, 537 contiennent un acte de donation en faveur de l'église du Mans, et mentionnent la souscription des BONS HOMMES[1].

---

priâ subterfirmavi et BONORUM HOMINUM signis et ALLEGATIONIBUS ROBORANDAM decrevi.

Nova coll. formul., n° 28. — Baluz. Capit. reg. franc., t. II, col. 573.

1. Manus nostras subterfirmavimus et aliorúm BONORUM VIRORUM decrevimus roborare.

Diplomata, Chartæ, etc., t. I, p. 21.
Ibid. p. 39.

Septième siècle.

Une clause du testament d'Hadoind, évêque du Mans, fait en 648, révoque toute disposition précédente, bien qu'elle fût authentiquée par la signature des BONS HOMMES[1].

L'acte d'une donation faite à l'évêque du Mans est terminé par ces mots :

« Nous avons affirmé cet acte par nos signa-« tures, et décidé de le faire authentiquer par « celles d'autres BONS HOMMES. »

Deux de ces bons hommes signent en prenant la qualité d'HONORÉS[2].

Cette désignation ne permet pas de douter qu'ils ne fussent véritablement des magistrats municipaux.

---

1. BONORUM HOMINUM roboratum.

Act. SS., januar. add., t. II, p. 1042.

2. Manus nostras subterfirmavimus et aliorum VIRORUM BONORUM decrevimus roborare.

Actum Sagona in mallo publico.

Sig. Odilardi comitis.

Leobaldi comitis, etc.

Agatho HONORATUS subscripsi.

Guntinus HONORATUS subscripsi, etc.

Diplomata, Chartæ, t. I, p. 123.

Huitième siècle.

Sous Charles-le-Chauve un plaid fut tenu à Autun; on y présenta un titre qui prouvait qu'à l'époque du roi Pepin, une acquisition avait été faite avec l'adhésion des BONS HOMMES et le consentement de l'évêque de Bourges [1].

En 782, Charlemagne approuva les titres d'un échange fait entre l'abbé de Saint-Denis et l'abbesse de Saint-Pierre de Metz.

« Ces titres, dit le prince, authentiqués, cer-« tifiés par les signatures des BONS HOMMES [2]. »

En 788, il confirma un autre échange fait entre l'évêque de Toul et celui de Metz, et déclara que l'acte était authentiqué par les signatures des BONS HOMMES [3].

---

1. Una de temporibus domni Pipini regis.... ut interveniente per BONORUM HOMINUM consensu, et per voluntatem ipsius episcopi bituricensis, inprecatia.... habuisset.

Perard, Rec. de pièces pour l'hist. de Bourg., p. 33.

2. Ipsas commutationes BONORUM HOMINUM manibus ROBORATAS in præsenti ostenderunt relegendas.

Hist. de l'abb. de Saint-Denis, pièc. justif., p. 40.

3. Ipsas commutationes BONORUM HOMINUM manibus ROBORATAS.

Gallia christ., t. XIII, Instr. eccl. tuil.; col. 447.

Neuvième siècle.

En 835, Hildebauld, évêque de Mâcon, et le comte Varin font un échange.

L'acte contient huit signatures; on ne doutera pas que ce ne soient celles de huit magistrats, quand on saura que l'empereur Louis-le-Débonnaire, approuvant cet acte, dit qu'il est muni des signatures des BONS HOMMES[1].

Trois autres chartes de ce prince, des années 820, 823, 835, confirment[2] des échanges concernant le monastère de Pruim, et expriment

---

1. Duas commutationes pari tenore conscriptas, manibusque BONORUM HOMINUM ROBORATAS.

Gallia christ., t. IV, Instr. eccl. matisc., col. 266 et 267.

2. Duas commutationes pari tenore conscriptas manibusque BONORUM HOMINUM ROBORATAS se præ manibus habere professus est.

Martene, Vet. script. ampl. collect., t. I, col. 86.

Duas commutationes pari tenore conscriptas manibusque BONORUM HOMINUM ROBORATAS.

Martene, Vet. script. ampl. collect., t. I, col. 80.

Duas commutationes quarum mentionem fecimus pari tenore conscriptas, manibusque suorum et aliorum BONORUM HOMINUM manibus ROBORATAS, obtutibus nostris ad relegendum adlatæ sunt.

Martene, Vet. script. ampl. collect., t. I, col. 95.

que les actes sont authentiqués par les signatures des BONS HOMMES.

Le même empereur confirma, par des chartes accordées en 822, 828 et 832, deux échanges et une donation qui intéressaient l'abbaye de Saint-Denis, et déclara toujours que les actes étaient authentiqués par la signature des BONS HOMMES[1].

Si les BONS HOMMES n'avaient pas eu le caractère de magistrats, s'ils n'avaient été membres de la corporation municipale, le roi aurait-il accordé les confirmations de ces actes qui ne pouvaient être valables et authentiques à ses yeux, qu'autant qu'ils étaient revêtus de signatures légalement connues?

Une donation faite par Frotaire, archevêque de Bourges, en 876, est confirmée par les BONS

---

1. 822. Confirmation d'un échange entre Hilduin, abbé de Saint-Denis, et Gaugeric.

828. Confirmation de l'échange entre le même abbé et Fuleric.

832. Acte de donation.

Et dans tous les trois il est dit :

BONORUM HOMINUM manibus ROBORATAM.

Hist. de l'abb. de Saint-Denis, pièc. justif., p. 47, 48, 49.

HOMMES, afin qu'elle obtienne une plus grande stabilité[1].

Un échange fait, la même année, entre le comte de Toulouse et l'archevêque de Bourges, est soumis à la même formalité[2].

Dixième siècle.

En 924, un acte de donation à l'église de Saint-Martin de Tulle est souscrit et certifié par des BONS HOMMES[3].

Dans un plaid, que j'ai déja cité, tenu à Anduse en 927, sur la demande de l'évêque de Nîmes, qui sollicitait le rétablissement d'une charte perdue, les BONS HOMMES siégent avec le comte et les juges, et apposent leur signature à l'acte délivré à l'évêque[4].

---

1. Ut cessio firmiorem obtineat stabilitatem, eam subterfirmavimus et BONORUM VIRORUM SUBTERFIRMARE rogavimus.

Hist. du Languedoc, t. I, preuves, col. 130.

2. Præsens venditio nostris vel BONORUM HOMINUM manibus ROBORATA.

Hist. du Languedoc, t. I, preuves, col. 129.

3. Propriis manibus subterfirmamus et BONOS VIROS affirmare rogamus.

Baluz. Hist. tull., App. act. vet., p. 324.

4. Menard, Hist. de Nîmes, t. I, preuves, p. 19.

Un acte de déguerpissement est rédigé, l'an 945, à Lezat en Languedoc, en présence de plusieurs BONS HOMMES[1].

En 957, une vente faite par le comte et la comtesse de Carcassonne, est signée et authentiquée par les BONS HOMMES[2].

On trouve, à la date de l'année suivante, un acte de déguerpissement, dressé dans le plaid tenu à Saint-Martin en Languedoc, en présence des BONS HOMMES[3].

La comtesse de Bourges et ses fils font, en 978, une donation[4] à l'église de Saint-Martin de

---

1. NOTITIA GUARPITORIA.

.... In præsentiâ BONORUM HOMINUM qui ibi aderant.

Hist. du Languedoc, t. II, preuves, col. 90.

2. Facta carta venditionis III kal. decembris anno IIII regnante Leutario rege. Sig. † Arsinder comitissa, sig. † Rodgarius comes qui carta ista vinditionis fecimus et à BONIS HOMINIBUS FIRMARE rogavimus sig. † Dodone, sig. †, etc.

Hist. du Languedoc, t. II, preuves, col. 99 et 100.

3. CARTA GUARPITORIA.

Theudardus qui veniens in placito ante ecclesiam sancti Martini, in præsentiâ BONORUM HOMINUM, etc.

Hist. du Languedoc, t. II, preuves, col. 100.

4. Hæc nostra donatio nostris aliorumque BONORUM HOMINUM manibus ROBORATA.

Gallia christ., t. II, Instr. eccl. bit., col. 8.

Tours; elle est authentiquée de la signature des BONS HOMMES.

En 981, Roger, comte de Carcassonne, fait au monastère de Saint-Hilaire une donation, et il demande que les BONS HOMMES la rendent authentique[1].

Onzième siècle.

Un acte de vente d'un domaine situé en Bourgogne, est passé, la vingt-deuxième année du règne du roi Robert, l'an 1009, en présence des BONS HOMMES, et après les signatures des vendeurs, on lit huit autres signatures, qui sont sans doute celles de ces magistrats[2].

Hugues, évêque d'Agen, parent du duc de Bourgogne, fit en 1011 une donation en faveur de l'église, d'après l'avis de divers grands seigneurs et d'autres BONS HOMMES[3].

---

1. Qui hoc donum fecit et FIRMARE rogavit BONIS VIRIS.

Gallia christ., t. VI, Instr. eccl. carcas., col. 428.

2. NOTITIA TRADITORIA SEU REVESTITORIA.

Venerunt quidam homines.... ante presentiam BONORUM HOMINUM, vendiderunt clericis Sarmatii castri ecclesiæ quemdam mansionile cum vineâ et terrâ arabili.

Regnante Roberto rege anno 22.

Perard, Rec. de pièc. p. serv. à l'hist. de Bourgogne, p. 172.

3. Inito consilio cum eodem duce, etc., Arnardo viceco-

Les BONI HOMINES sont nommés dans les capitulaires, et il est évident qu'ils le sont comme magistrats.

Le capitulaire de 803 porte que, si un coupable se réfugie dans une église,... il en sera retiré par les mains des BONS HOMMES, pour être soumis à un jugement public[1].

A l'époque où, dans le midi de la France, les titres les plus authentiques déposent de l'existence des consuls, des communautés, des maires, des officiers municipaux, cette dénomination de BONS HOMMES paraît employée spécialement pour indiquer des membres de la corporation municipale.

Enfin, ce qui demontre plus expressément que les BONS HOMMES étaient, dans le moyen âge, un

---

mite.... Bernardo vicecomite et Arnaldo Lupo vicecomite, Arnaldo Gaufelino, Arluino, Guillelmo vicecomite, aliisque BONIS HOMINIBUS.

P. de Marca, Hist. du Béarn, p. 236.

1. Si quis ad ecclesiam confugium fecerit, intra ipsius atria ecclesiæ pacem habeat, nec sit ei necesse ecclesiam ingredi, et nullus eum indè per vim abstrahere præsumat; sed liceat ei confiteri quod fecit, et indè per manus BONORUM HOMINUM ad discussionem in publicum producatur.

Baluz. Capit. reg. franc., an. 803, t. I, col. 389.

des anneaux de la chaîne municipale, soit comme membres de la curie, soit comme membres du corps qui en exerçait les droits et les fonctions, c'est que nous retrouvons les PRUDHOMMES ou PROBI HOMINES, les BONS-HOMMES, administrateurs municipaux des cités, à l'époque où les rois de France s'occupèrent de l'organisation des communes, de même que nous retrouvons les échevins.

Quand Louis VII, en 1145, confirma la charte que son père, Louis-le-Gros, avait donnée à la ville de Bourges, cette charte n'étant que législative, il ne fut question ni de mairie, ni d'échevins, ni de jurés; pourquoi? c'est que la juridiction municipale avait traversé les orages du moyen âge, les vicissitudes du gouvernement, les oppressions de la féodalité. Les BONI HOMINES, les PROBI HOMINES, les PRUDHOMMES étaient les anciens magistrats municipaux de Bourges, et la preuve en est consignée dans cette charte royale de Philippe-Auguste, qui, en 1181, se réfère à la charte accordée par Louis VII, son père[1].

1. Ordonnances des rois de France, t. X, p. 222.

L'article 3 porte : « Jusqu'à ce que les PRUD-« HOMMES de Bourges aient jugé d'APRÈS LES « COUTUMES. »

Et l'article 9 :

« Par les PROBES HOMMES de la cité auxquels « tous les jugements appartiennent de TOUTE « ANTIQUITÉ. »

Je ferai ici deux remarques :

1° Que Louis VII n'avait corrigé, par une charte, les anciennes coutumes de Bourges, que sur la prière du peuple et du clergé ;

2° Que le commentateur de la coutume de Berri, La Thaumassière[1], expliquant les PROBES HOMINES, dit : « Les prudhommes, ÉLUS AU GOU-« VERNEMENT de Bourges, avaient la juridiction. »

Un titre émané de Raimond, comte de Toulouse, l'an 1188, indique les prudhommes comme membres du conseil municipal[2].

« Qu'on leur impose la peine que les CONSULS

---

1. Page 72.

2. Et faciam indè illam justitiam quam consules Tolosæ judicaverint, vel alii PROBI HOMINES Tolosæ, si consules ibi non fuerint.... Consules atque alii probi homines... Super sancta evangelia juraverunt.

Catel, Hist. des comtes de Tolose, p. 216.

« de Toulouse prononceront.... ou les autres « PRUDHOMMES, si les consuls n'y sont pas. »

« Les consuls de Toulouse.... et les autres « PRUDHOMMES jurèrent sur les saints Évangiles. »

Le mot de PRUDHOMME est là évidemment synonyme de MAGISTRAT MUNICIPAL.

Croira-t-on que cette expression ait été créée ou renouvelée à cette époque?

En 1152, les capitouls et le conseil de la ville de Toulouse, ayant fait des statuts, il y fut dit:

« Si quelqu'un transgresse cet établissement, « qu'il soit condamné au jugement des PRUD- « HOMMES[1]. »

On voit donc les BONI HOMINES, PROBI HOMINES, exercer, sous les trois dynasties, des fonctions, municipales[2] et judiciaires, de la même manière que les échevins; doutera-t-on que ces magistrats, quoique sous des noms différents, n'eussent les

---

1. Si quis fecerit contra stabilitatem suprascriptam faciat rectum judicio PROBORUM HOMINUM.

Catel, Hist. des comtes de Tolose, p. 219.

2. Lorsqu'en 1249 les villes et les bourgs du Languedoc prêtèrent serment de fidélité au nouveau comte de Toulouse, souvent les prudhommes, membres de l'administration municipale, ou du conseil de la communauté, furent admis

mêmes attributions, et que les uns et les autres n'appartinssent à la corporation municipale?

Je ne parlerai point des autres magistrats qui, sous les deux premières dynasties, exerçaient des fonctions secondaires[1], tels que les vicaires, les centeniers, les dixainiers, parce que les recherches et les détails, qui expliqueraient la nature de leurs fonctions, me paraissent appar-

---

ou appelés personnellement à le prêter avec les consuls. On trouve :

Consules et PROBI HOMINES Galliaci.
Consules et PROBI HOMINES Corduæ.
Consules et PROBI HOMINES de Lauzetâ.
Consules et PROBI HOMINES de Montecuquo.
Consules et PROBI HOMINES de Majaco.
Consules et PROBI HOMINES Moysiaci.
Consules et PROBI HOMINES Montis-Albani.
Etc. etc. etc.

Hist. du Languedoc, t. III, preuves, p. 474.

1. On aura remarqué, dans les signatures apposées à l'acte insinué, en 804, par la curie d'Angers aux registres municipaux, rapporté en entier aux pages 328 et 329, que deux des membres de la curie prennent la qualité de centenier :

Letbaudus centenario....
Stabulo centenario.

Ce qui autoriserait à croire que les centeniers faisaient partie de la curie, de la corporation municipale.

tenir bien plus à l'histoire du gouvernement qu'à celle du droit municipal.

J'ai annoncé que, sous les trois dynasties, ce droit continua d'être exercé et maintenu, comme il l'avait été sous la domination romaine, par le concours du peuple et de ses magistrats à l'élection des évêques; mais une des circonstances qui démontrent à cet égard et le droit et le fait, c'est l'exclusion constante et générale des agents du gouvernement; nulle part on ne voit le comte ou ses délégués assister aux assemblées du clergé et du peuple; aucune loi, aucune formule de commission relative à leurs diverses fonctions, ne suppose qu'ils eussent quelque devoir à remplir, quelque surveillance à exercer, pendant ou après l'élection épiscopale; aucun détail historique ne fait mention de leur présence; c'étaient le clergé et le PEUPLE, le peuple et ses magistrats, qui exprimaient et qui devaient exprimer le vœu de la cité.

Mais avant de présenter le tableau des élections épiscopales sous les trois dynasties, je crois convenable de parler encore de l'état de la religion dans les Gaules.

CHAPITRE V.

Principes de tolérance proclamés par des papes, des évêques, des princes, etc.

La translation de l'empire à Constantinople, par un prince, nouveau chrétien, qui se flattait peut-être de recommencer les destinées du monde, et de rajeunir une gloire vieillie par tant de siècles, fut une entreprise plus hardie que politique, aussi grande que périlleuse; il ne s'agissait de rien moins que du sort futur d'une partie du genre humain.

Sous le rapport de la religion catholique, ce brusque déplacement du pouvoir et du chef qui gouvernaient tant de peuples divers amena un résultat important, qu'il aurait été sans doute difficile à Constantin lui-même de prévoir ou d'empêcher. Ce fut de préparer et de favoriser l'émancipation du pontife romain, et d'assurer ainsi, à la Rome chrétienne, l'indépendance et la domination que perdait la Rome politique.

Parmi les causes humaines qui favorisèrent la propagation et l'affermissement du christianisme, on a toujours compté les persécutions qui lui firent des prosélytes, et la généreuse effusion du sang des martyrs, qui engendrait des enfants à la foi.

Mais quand le christianisme, soumettant les Césars eux-mêmes, domina du haut des trônes, et commanda aux peuples d'abandonner l'idolâtrie, ces maîtres du monde, qui jusqu'alors l'avaient proscrit et persécuté, crurent expier leurs torts et ceux de leurs prédécesseurs par un zèle immodéré à le propager violemment et à attaquer tout ce qui paraissait contraire à ses progrès et à son esprit.

Partout les temples païens furent renversés et les idoles détruites.

Le plus ancien monument qui nous soit parvenu de la législation particulière des rois francs, c'est la Constitution de Childebert, qui, en 554, ordonna le renversement et la destruction des idoles.

Les évêques n'avaient pas besoin d'être excités; le roi ne s'adressa qu'au peuple, et il ne lui parla pas en vain.

Le zèle ardent, l'activité destructive, sont les mêmes dans toutes les innovations religieuses; aussi ne s'éleva-t-il aucune voix ni pour les réprimer, ni pour les contenir; mais quand on s'attaqua aux personnes, quand ces chrétiens, autrefois haïs et opprimés, devenant persécuteurs, refusèrent aux autres la tolérance qu'ils avaient si long-temps et si justement réclamée pour eux-mêmes, de généreuses et saintes maximes furent invoquées en faveur des droits si étrangement violés, et des paroles de tolérance, que firent entendre des pontifes et des rois, honorèrent la religion et consolèrent l'humanité.

Les Juifs étaient généralement maltraités; quelques évêques employaient des moyens sévères pour conquérir à la religion du Christ ces frères aînés, endurcis dans la loi de Moïse.

Grégoire-le-Grand se plaignit à Virgile et à Théodore, évêques des Gaules [1], qu'à Marseille on

---

1. GREGORIUS VIRGILIO ET THEODORO EPISCOPIS MASSILIÆ GALLIARUM.

Plurimi siquidem judaicæ religionis viri, in hâc provinciâ commorantes ac subindè in Massiliæ partes pro diversis negociis ambulantes, ad nostram perduxère notitiam multos

employait la violence plutôt que la prédication, pour amener les Juifs à se faire chrétiens; c'est à la douceur et à la persuasion, dit-il, d'opérer ce changement désirable; il ordonne qu'on respecte leur synagogue, s'ils ne prétendent qu'à la protection qui leur est assurée par la loi.

Le roi Théodoric autorisa expressément les Juifs à réparer leurs synagogues; il gémissait de

---

consistentium in illis partibus Judæorum, vi magis ad fontem baptismatis quàm prædicatione perductos. Nam intentionem quidem hujuscemodi et laude dignam censeo, et de domini nostri dilectione descendere profiteor; sed hanc eamdem intentionem, nisi competens scripturæ sacræ comitetur effectus, timeo ne aut mercedis opus exindè non proveniat, aut juxta aliquid, animarum quas eripi volumus, quod absit, dispendia subsequantur. Dùm enim quispiam ad baptismatis fontem non prædicationis suavitate, sed necessitate pervenerit, ad pristinam superstitionem remeans, indè deteriùs moritur, undè renatus esse videbatur. Fraternitas ergo vestra hujusmodi homines frequenti prædicatione provocet, quatenùs mutare veterem vitam magis de doctoris suavitate desiderent.

Epist. summ. pontif., t. II, p. 34 et 35.

Sicut Judæis non debet esse licentia quidquam in synagogis suis, ultrà quàm permissum lege, præsumere; ità, in his quæ eis concessa sunt, nullum debent præjudicium sustinere.

Act. SS., 12 martii, t. II, p. 193.

l'erreur des enfants d'Israël[1], mais, « nous ne « pouvons, disait-il, commander la religion, « parce que personne ne peut être contraint à « croire malgré lui. »

Théodahad, roi des Ostrogoths, écrivait à l'empereur Justinien[2] :

« Quand Dieu tolère toutes les religions, nous « n'oserions en imposer une. »

Ces maximes étaient celles de Martin, évêque de Tours[3].

Ce saint prélat avait prêché et converti un très-grand nombre de païens, renversé les temples des faux dieux, et brisé leurs statues. Tout-à-

---

1. Circa Judæos privilegia legibus delata serventur, etc.

Edictum Theodorici regis, art. 143.

Religionem imperare non possumus, quia nemo cogitur ut credat invitus.

Cassiodor., Variar., 2, 27.

2. JUSTINIANO IMPER. THEODAHADUS.

Cum divinitas diversas patiatur religiones esse, nos unam non audemus imponere.

Cassiodor., Variar., 10, 26.

3. Multos paganorum converti fecit, templa eorum atque statuas confregit.... hic prohibuit ne Maximus gladium in Hispaniam ad interficiendos destinaret hæreticos, quibus sufficere statuit quòd à catholicorum ecclesiis essent vel communione remoti.

Gregor. turon. Hist. Franc., lib. 10, cap. 31.

coup il apprend qu'entraîné par un zèle aveugle, Maxime a formé le projet de tirer le glaive contre les hérétiques de l'Espagne; l'homme de Dieu condamne hautement ce zèle coupable, et s'écrie douloureusement: « Ne sont-ils pas assez dure« ment punis, quand ils ne participent pas au « bienfait de la religion catholique? »

Salvien, prêtre de Marseille, surnommé le maître des évêques, qui mourut dans un âge avancé, à la fin du cinquième siècle, s'expliquait de même sur les Visigoths hérétiques; dans son traité de la Providence[1] il s'écrie:

---

1. Hæretici ergo sunt, sed non scientes; denique apud nos sunt hæretici, apud se non sunt. Nam in tantùm se catholicos esse judicant ut nos ipsos titulo hæreticæ appellationis infament. Quod ergo illi nobis sunt, hoc nos illis. Nos eos injuriam divinæ generationi facere certi sumus, quòd minorem patre filium dicant. Illi nos injuriosos patri existimant, quia equales esse credamus. Veritas apud nos est, sed illi apud se præsumunt.... impii sunt, sed hoc putant esse veram pietatem. Errant ergo, sed bono animò errant, non odio sed affectu Dei, honorare se dominum atque amare credentes.... Qualiter pro hoc ipso falsæ opinionis errore in die judicii puniendi sint, nullus potest scire nisi judex; interim idcircò eis, ut reor, patientiam Deus commodat, quia videt eos, etsi non rectè credere, affectu tamen piæ opinionis errare.

Salvian., de Gubernat. Dei, lib. 5, p. 100.

« Ils sont hérétiques, sans doute, mais ils « l'ignorent; au reste, ils sont hérétiques chez « nous, mais ils ne le sont pas chez eux; car « ils se jugent tellement catholiques, qu'ils « nous flétrissent nous-mêmes du titre d'hé- « rétiques; ainsi, ce qu'ils sont à nos yeux, « nous le sommes aux leurs. Nous sommes cer- « tains qu'ils font injure à la génération divine, « quand ils disent que le fils est moins grand « que le père; eux pensent que nous faisons in- « jure au père, quand nous croyons que le fils « est son égal. La vérité est chez nous, mais ils « pensent qu'elle est chez eux.... Ils sont impies, « et ils croient avoir la véritable piété; ils errent « sans doute, pourtant ils errent avec bonne « foi, non par haine, mais par amour de Dieu, « croyant l'honorer et l'aimer....

« Pour l'erreur de cette fausse opinion, com- « ment pourraient-ils être punis au jour du ju- « gement? personne ne peut le savoir, si ce « n'est le juge suprême. Aujourd'hui toutefois, « du moins je le pense, Dieu les tolère, parce « qu'il voit que, s'ils n'ont pas la droite croyance, « ils ne se trompent que par attachement à une « opinion pieuse. »

. Alaric, roi des Visigoths, quoique arien, avait permis aux évêques catholiques des provinces qu'il possédait dans les Gaules, de tenir le concile d'Agde, en 506, et celui de Toulouse, en 507.

Theudis, roi des Visigoths d'Espagne, bien qu'il fût pareillement arien, laissait les évêques catholiques s'assembler et tenir publiquement un concile à Tolède[1].

Le roi de Bourgogne, Gondebaud, professait la religion arienne; toutefois il tolérait, dans chaque cité, un évêque catholique à côté de l'évêque arien[2].

Ces principes de tolérance religieuse étaient donc connus et proclamés dans les Gaules, aux

---

1. Era DLXIX, Justiniani imperatoris tempore, Theudis in Hispaniâ creatur in regnum per annos XVI, menses V.

Qui dùm esset hereticus, pacem tamen concessit ecclesiæ Dei, ut licentiam catholicis episcopis daret in unum apud toletanam urbem convenire, et quæcumque ad ecclesiæ disciplinam necessaria extiterent, dicere licenterque disponere.

Isidori Chon. Gothorum.

2. On voit dans l'Histoire de Grégoire de Tours, qu'à Vienne se trouvaient à la fois Avitus, évêque catholique, et un évêque arien, qui fut tué dans l'église où il s'était réfugié avec Gondegisile.

Gregor. turon. Hist. Franc., lib. 2, cap. 33.

cinquième et sixième siècles[1]. Après douze cents

---

1. Lactance avait dit :

« Qui m'imposera la nécessité, ou de croire ce que je ne « veux pas, ou de ne pas croire ce que je veux. Rien ne dé- « pend plus de la volonté que la religion [illegible]

Quis mihi imponet necessitatem vel cred[illegible]ndi quod nolim, vel quod velim non credendi? nihil tàm voluntarium quàm religio.

Lactant. Instit., lib. 5, cap. 20.

Et Tertullien : « Ce n'est pas être religieux que de con- « traindre à la religion. »

Nec religionis est cogere religionem.

Tertullian. ad Scapulam, p. 69.

Au neuvième siècle, le pape Nicolas Ier, surnommé aussi le Grand, recommandait de n'employer envers les Bulgares qu'on voulait convertir ou retenir à la foi chrétienne, que les exhortations et la raison.

« Ce n'est pas, disait-il, par la violence qu'on doit con- « quérir les païens au christianisme. »

De iis autem qui christianitatis bonum suscipere renuunt et idolis immolant vel genua curvant, nihil aliud scribere possumus vobis, nisi ut eos ad fidem rectam monitis, exhortationibus et ratione, potiùs quàm vi, quod sanè sapiant, convincatis.

Nicolai papæ [illegible] ad consulta Bulgarorum, cap. 41.

Non esse infere[illegible]gano violentiam, ut christianus fiat, suprà docuimus.

Nicolai, etc., *ibid.*, p. 102; Epistolæ summorum pontificum, t. III, p. 237—266.

Aussi saint Bernard a-t-il donné le sage conseil de persuader la foi, et de ne pas l'imposer.

Fides suadenda, non imponenda.

D. Bernardi Op. in cantic. serm. 66, t. II, col. 1499.

ans, après les longues et nombreuses calamités publiques et privées, que l'oubli ou l'ignorance de ces principes avaient causées et reproduites, après l'expérience récente de leur application déja consacrée par Louis XVI, la piété éclairée et courageuse de Louis XVIII, les a consignés solennellement dans le pacte constitutionnel qui, protégeant aujourd'hui les Français, est destiné à protéger et leur postérité et celle de leurs rois.

J'ai cru utile et convenable de montrer que la justice et la sagesse de ces princes étaient conformes aux anciens principes de l'église et des gouvernements.

CHAPITRE VI.

Concours du peuple et de ses magistrats aux élections épiscopales sous les trois dynasties.

Si les chefs ecclésiastiques, les hommes pieux et les rois qui ont proclamé ces maximes de tolérance, méritent notre respect et nos hommages, nous les devons aussi aux princes de l'église et aux princes du monde, pour avoir constamment maintenu et protégé, jusqu'au douzième siècle, le droit du peuple à concourir aux élections épiscopales.

La circonstance de l'exercice général et continu de ce droit électoral, sous les trois dynasties, jusques à l'époque où cette forme d'élection fut abolie, en 1215, par le concile général de Latran, postérieurement à la concession de plusieurs des chartes de commune, devient une preuve évidente du droit municipal et de son exercice; il est donc indispensable de donner quelques développements à l'exposition des principes du droit canonique et du droit français, qui ont, pendant si long-temps, admis et même appelé le PEUPLE à ces hautes fonctions électorales, et je fournirai aussi de nombreuses preuves qu'il les a exercées aux diverses époques, et dans les diverses contrées.

CHAPITRE VII.

Lois religieuses et civiles, qui exigeaient le concours des suffrages du peuple aux élections épiscopales.

Plusieurs conciles, divers capitulaires avaient proclamé le principe de la nécessité d'admettre le peuple aux élections des évêques.

CONCILES.

§ 1er.

Sixième siècle.

AN 533, IIe CONCILE D'ORLÉANS.

Ce concile, renouvelant les anciennes institutions ecclésiastiques, déclare que l'évêque métropolitain doit être élu par les évêques provinciaux, par le clergé et par le PEUPLE[1].

1. VII. In ordinandis metropolitanis episcopis antiquam institutionis formam renovamus, quam per incuriam omnimodis videmus amissam. Itaque metropolitanus episcopus à comprovincialibus episcopis, clericis, vel POPULIS ELECTUS.... ordinetur.

Labbe, Concil., t. VI, col. 1781.

AN 535. CONCILE DE CLERMONT.

Ce concile exige que l'évêque soit élu par les clercs et par les CITOYENS [1].

AN 538. IIIe CONCILE D'ORLÉANS.

Le troisième canon porte :

« Que le métropolitain soit élu par les évêques « de la province, comme l'exigent les décrets du « Saint-Siége, avec le consentement du clergé et « des CITOYENS; parce qu'il est juste, comme le « siége apostolique l'a proclamé lui-même, que « celui qui doit commander à tous, soit élu par « tous. »

« A l'égard des évêques de la province, l'élec- « tion et la volonté du clergé et des CITOYENS « sont requises, ainsi que le consentement du « métropolitain, selon les anciens statuts ca- « noniques [2]. »

---

1. Art. 2. Episcopatum.... desiderans, electione clericorum vel CIVIUM, consensu etiam metropolitani ejusdem provinciæ, pontifex ordinetur.

Sirmond., Concil., t. I, p. 242.

2. III. Ipse tamen metropolitanus à comprovincialibus episcopis, sicut decreta sedis apostolicæ continent, cum con-

AN 549. IIe CONCILE DE CLERMONT.

« Que l'évêque soit ordonné par le métro« politain, avec le consentement du clergé et du « PEUPLE[1]. »

MÊME AN 549. Ve CONCILE D'ORLÉANS.

Ce concile, consacrant les mêmes principes, contient des dispositions contre la violence que les grands employaient, sans doute, pour forcer le choix du clergé et du PEUPLE; il déclare que nul évêque ne doit leur être donné malgré eux[2].

---

sensu cleri vel CIVIUM ELIGATUR; quia æquum est, ut ipsa sedes apostolica dixit, ut qui præponendus est omnibus, ab omnibus eligatur.

De comprovincialibus verò ordinandis, cum consensu metropolitani, clerici et CIVIUM, et juxta priorum canonum statuta, electio et voluntas requiratur.

Labbe, Concil., t. V, p. 296.

1. Consensu cleri et PLEBIS à metropolitano ordinetur episcopus.

Labbe, Concil., t. V, col. 403.

2. X. Ut nulli episcopatum præmiis aut comparatione liceat adispisci sed cum voluntate regis, juxta electionem cleri ac PLEBIS, sicut in antiquis canonibus tenetur scriptum, à metropolitano.... consecretur....

XI. Item, sicut antiqui canones decreverunt, nullus invitis detur episcopus, sed nec per oppressionem potentium

AN 557. IIIe CONCILE DE PARIS.

Le huitième canon s'exprime en ces termes: VIII. « Qu'aucun évêque ne soit ordonné malgré « les citoyens, mais celui-là seulement que l'élec« tion du PEUPLE aura appelé, avec pleine « volonté; et qu'aucun ne s'introduise à « l'épiscopat, soit par le commandement du « prince, soit par tout autre pacte quelconque [1]. »

AN 563. CONCILE DE SAINTES.

Ce concile déposa l'évêque Emerius, qui, sans élection préalable du clergé et du PEUPLE, et sans le consentement du métropolitain, avait été élevé au siége de la ville de Saintes par Clotaire Ier [2].

---

personarum, ad consensum faciendum, cives aut clerici, quod dici nefas est, inclinentur.

Labbe, Concil., t. V, col. 193.

1. Ut, juxta antiquam consuetudinem, canonum decreta serventur. Nullus, civibus invitis, ordinetur episcopus nisi quem POPULI et clericorum electio plenissimâ quæsierit voluntate non principis imperio, neque per quamlibet conditionem.... ingeratur.

Labbe, Concil., t. V, col. 817.

2. Justa autem depellendi ab episcopatu Emerii causa videbatur, quòd is, non à clero et POPULO electus, sed regis

Charibert, fils de Clotaire, poursuivit et punit les évêques, mais cette persécution ne changea pas les principes des élections canoniques.

§ 2.

Septième siècle.

AN 615. Ve CONCILE DE PARIS.

« A la mort d'un évêque, qu'on mette à sa « place celui que le clergé et le PEUPLE de la « cité auront élus.

« Si tout autre s'introduit sans le consente- « ment du clergé et des CITOYENS, que son or- « dination soit nulle, conformément aux statuts « des Pères[1]. »

AN 625. CONCILE DE REIMS.

Le vingt-cinquième canon dit :

XXV. « Quand l'évêque mourra, il sera rem-

---

voluntate cathedram adeptus ac sine metropolitani consensu fuerat ordinatus.

Labbe, Concil., t. V, col. 846; Gregor. turon. Hist. Franc., lib. 4, cap. 26.

1. I. Decedente episcopo, in loco ipsius ille.... debeat ordinari quem.... clerus et POPULUS civitatis.... elegerint.

Si.... absque.... cleri consensu et civium fuerit intromis-

« placé par un habitant du pays, que le vœu « universel, le vœu de tout le peuple aura élu, « et que la volonté des évêques provinciaux aura « accepté [1]. »

AN 649. CONCILE DE CHALONS.

« Si l'évêque d'une ville quelconque meurt, « l'élection de son successeur sera faite par les « évêques provinciaux par le clergé et ses CON- « CITOYENS. Que toute autre nomination soit « nulle [2]. »

§ 3.

Neuvième siècle.

AN 855. CONCILE DE VALENCE.

« Au décès de l'évêque, on priera le prince

---

sus,... ordinatio ipsius secundum statuta patrum irrita habeatur.

Labbe, Concil., t. V, col. 1650.

1. XXV. Ut, decedente episcopo, in locum ejus non alius subrogetur nisi loci illius indigena, quem universale et TOTIUS POPULI elegerit votum ac provincialium voluntas assenserit.

Labbe, Concil., t. V, col. 1693; Flodoard., Hist. eccl. remens., lib. 2, cap. 5.

2. X. Si quis episcopus de quâcumque fuerit civitate defunctus, non ab alio, nisi ab comprovincialibus, clero et CIVIBUS suis, alterius habeatur electio. Sin aliter, hujusmodi ordinatio irrita habeatur.

Labbe, Concil., t. VI, col. 389.

« de permettre que le clergé et le PEUPLE de la « cité fassent l'élection de leur pasteur.... par le « consentement du clergé et du peuple [1]. »

AN 871. CONCILE DE DOUZI.

« Que l'évêque métropolitain, d'après l'élection « du clergé et du PEUPLE de l'église, comme les « règles sacrées l'ordonnent, et la coutume an- « tique l'exige, soit ordonné par les évêques « suffragants [2]. »

§ 4.

Dixième siècle.

AN 998. CONCILE DE ROME.

Au milieu des troubles que le changement de dynastie avait occasionnés, le principe du concours du peuple aux élections épiscopales était

---

1. Placuit ut, si quandò alicujus civitatis episcopus à vocatione domini decesserit, à gloriosissimo principe supplicando postuletur ut canonicam electionem clero et POPULO ipsius civitatis permittere dignetur....

Consensu totius cleri ac POPULI.

Labbe, Concil., t. VIII, col. 138.

2. Ecclesiæ cleri ac PLEBIS ELECTIONE, sicut regulæ sacræ præcipiunt et vetus consuetudo exigit, à suffraganeis.... episcopis.... metropolitanus ordinetur episcopus.

Sirmond., Concil. suppl., p. 261.

assez généralement respecté et maintenu; en 998, sous le roi Robert, le concile de Rome rejeta la nomination de l'évêque du Puy en Velai; un des motifs fut qu'il avait été consacré sans le vœu du clergé et du peuple.

Le décret du concile décida que le clergé et le peuple de la cité du Puy auraient la liberté de choisir leur évêque; et le roi Robert fut invité à protéger l'élection [1].

§ 5.

Onzième siècle.

AN 1049. CONCILE DE REIMS.

Le concile de Reims prononça de nouveau que nul ne devait être élevé au gouvernement ecclésiastique que par l'élection du clergé et du PEUPLE [2].

ANNÉES 1078, 1080. CONCILES DE ROME.

Le concile de 1078 porte :

---

1. Ut clerus et POPULUS civitatis Vallavorum licentiam habeant eligendi episcopum judicatum est.

Labbe, Concil., t. IX, col. 771.

2. Ne quis sine electione cleri et POPULI ad regimen ecclesiasticum proveheretur.

Labbe, Concil., t. IX, col. 1037.

« Nous jugeons nulles les ordinations qui ne « se font pas selon les règles canoniques, avec « le consentement commun du clergé et du « PEUPLE[1]. »

Et celui de 1080 :

« A la mort d'un évêque, que le clergé et le « PEUPLE se choisissent leur pasteur selon Dieu. »

Est-il possible de réunir, sur un point de discipline ecclésiastique, sur une question de droit canonique, des autorités plus solennelles, des principes plus constants, des décisions plus absolues?

Et quand ces divers conciles, pendant plusieurs siècles, appellent sans cesse le PEUPLE aux élections épiscopales, comme partie essentielle et indispensable, croira-t-on que ce PEUPLE n'eut pas à sa tête des magistrats pour l'éclairer et le guider dans un acte aussi important?

---

1. IV. Ordinationes.... quæ non communi consensu cleri et POPULI, secundum canonicas sanctiones fiunt,... infirmas et irritas esse dijudicamus.

Labbe, Concil., t. X, col. 381.

Quoties, defuncto pastore alicujus ecclesiæ, alius est ei canonicè subrogandus,.... clerus et POPULUS.... pastorem sibi secundum Deum eligat.

Labbe, Concil., t. X, col. 382.

CAPITULAIRES DES ROIS, FORMULES.

Les rois reconnaissaient aussi et proclamaient le principe que le PEUPLE de la cité avait le droit de concourir à l'élection de son évêque.

L'édit que Clotaire II publia, l'an 615, porte, conformément au concile tenu la même année :

« Qu'à la mort de l'évêque, son successeur « soit élu par le clergé et le PEUPLE[1]. »

On lit dans la loi des Bavarois, promulguée par Dagobert en 630 :

« Si un évêque que le roi a établi, et que le « PEUPLE s'est choisi pour pasteur, est tué[2], etc. »

Charlemagne ordonne, par son capitulaire de 803, « Que les évêques, selon les canons,

---

1. Ita ut, episcopo decedente, in loco ipsius, qui à metropolitano ordinari debet cum provincialibus, à clero et POPULO eligatur, et, si persona condigna fuerit, per ordinationem principis ordinetur.

Edictum Chlotharii II regis, cap. 1; Baluz. Capit. reg. franc., t. I, col. 21.

2. Si quis episcopum, quem rex constituit vel POPULUS sibi elegit pontificem, occiderit, solvat eum regi, vel plebi, aut parentibus, secundum hoc edictum.

Lex Bajuv., tit. 1, cap. 11; Baluz. Capit. reg. franc., t. I, col. 99.

« soient élus par les suffrages du clergé et du « PEUPLE[1]. »

Louis-le-Débonnaire renouvelle ce capitulaire en 816[2].

Enfin, dans le septième livre des capitulaires, chapitre 95, on lit :

« Aucun évêque ne doit être ordonné contre « le gré du clergé et du PEUPLE[3]. »

L'appendice aux capitulaires contient la manière dont un évêque doit être ordonné dans l'église romaine.

« Lorsqu'un évêque meurt, son successeur « est élu par le PEUPLE de la cité et les prêtres ; « le clergé et le PEUPLE font le décret d'élection. »

On s'adresse à l'archevêque ; quand tout le clergé est assemblé, le prélat ordonne à son chapelain ou nomenclateur de faire entrer le PEUPLE de la cité. Il est introduit.

---

1. Sacrorum canonum non ignari.... ut scilicet episcopi per ELECTIONEM cleri et POPULI, secundum statuta canonum.... eligantur.

Baluz. Capit. reg. franc., an. 803, t. I, col. 379.

2. Baluz. Capit. reg. franc., an. 816, t. I, col. 564.

3. Nolentibus clericis vel POPULO, nemo debet ordinari.

Baluz. Capit. reg. franc., t. I, col. 1044.

—Que désirez-vous? ô frères!

—Seigneur! que vous nous accordiez un protecteur, un patron.

—Avez-vous le décret?

—Nous l'avons.

Après quelques autres questions et réponses, le décret est présenté, on le lit, et ensuite l'élu est appelé[1].

On remarquera que c'est le PEUPLE, ou pour mieux dire les chefs du peuple qui présentent à l'archevêque le décret d'élection, tandis que le clergé est rangé autour du prélat.

Il nous est parvenu un très-grand nombre de formules qui attestent l'usage constant de l'admission du PEUPLE aux élections épiscopales.

---

1. ORDO QUALITER IN SANCTÂ ROMANÂ ECCLESIÂ EPISCOPUS ORDINATUR.

A populo eligitur alius et fit à sacerdotibus, clero et POPULO decretum....

Stante autem universo clero, præcipit sacellario suo ut PLEBS civitatis ingrediatur....

—« Quid est, fratres, quod vos fatigastis? »

Illi respondent : — « Ut nobis, Domine, concedas pa« tronum. »

Respondet archiepiscopus : — « Habetis decretum. »

Respondent : — « Habemus. »

Baluz. Capit. reg. franc., t. II, col. 1372.

Il suffira de citer celle qu'on lit dans la collection de Lindenbrog, n° 4.

Le prince écrit à l'évêque élu : « D'après votre « pétition et celle du clergé et des CITOYENS de la « ville, et selon la volonté et le consentement du « PEUPLE, nous vous conférons, au nom de Dieu, « la dignité pontificale [1]. »

L'exposé de divers faits historiques relatifs aux élections épiscopales démontrera que les pontifes romains, les princes et les docteurs célèbres ont proclamé ou respecté le principe fondamental du concours du PEUPLE et de ses magistrats à ces élections.

L'acte qui, constatant le vœu du clergé et du peuple, exprimait le choix qu'ils s'étaient accordés à faire de leur pasteur futur, s'appelait un DÉCRET.

---

1. CARTA DE EPISCOPATU.

Dùm et vestra et cleri vel PAGENTIUM civitatis illius petitio ut.... cathedram pontificalem suscipere deberetis,.... juxta voluntatem et consensum cleri et PLEBIUM ipsius civitatis, in supradictâ urbe illâ pontificalem, in Dei nomine, vobis commisimus dignitatem.

Formul. lindenbrog., n° 4. — Baluz. Capit. reg. fr., t. II, col. 509; voyez aussi, t. II, col. 591—592, et 594—638.

Parmi les formules recueillies par Baluze, on distingue la suivante :

« Lorsque l'évêque meurt, le PEUPLE de la cité « fait choix d'un autre évêque; et les prêtres, « le clergé et le PEUPLE rédigent le DÉCRET[1]. »

Les cérémonies de la consécration établies par l'église romaine rappelaient sans cesse les droits du PEUPLE, et devenaient une reconnaissance d'autant plus solennelle que l'église même les avait établies.

Le Rituel, appelé l'ORDRE ROMAIN, contient et prescrit le détail de l'ancienne consécration des évêques, et on y lit la formule du décret d'élection : « Aux vénérables pères, évêques de ce « diocèse, nous, clergé, ORDRE et PEUPLE de cette « église, nous avons choisi pour évêque ...

---

1. ORDO QUALITER, IN SANCTÂ ROMANÂ ECCLESIÂ, EPISCOPUS ORDINATUR.

Dùm à civitate et loco episcopus fuerit defunctus, à POPULO civitatis eligitur alius et fit à sacerdotibus, clero, et POPULO DECRETUM.

Baluz. Capit. reg. franc. append., t. II, col. 1372.

Voyez aussi diverses formules qui se trouvent dans la collection de Baluze.

Lindenbrog. 4. — Baluz. Capit. reg. franc., t. II, col. 509. Formulæ antiquæ promot. episcop., t. II, p. 591.

« Et afin que vous sachiez que tous les vœux « s'accordent à ce choix, nous avons, chacun de « nous, confirmé de nos signatures ce décret « canonique[1]. »

La formule de la réponse que les évêques adressaient aux électeurs porte :

« A nos chers frères et fils, prêtres, diacres, « HONORÉS, clercs et POSSESSEURS, et à tout le « PEUPLE de, etc.[2] »

---

1. DECRETUM QUOD CLERUS ET POPULUS FIRMARE DEBET DE ELECTO EPISCOPO.

Dominis patribus illis, veneralibus, scilicet episcopis diœceseos metropolis, clerus, ORDO et PLEBS, huic sanctæ ecclesiæ obsequentes.... eligimus.... ut autem omnium vota in hanc electionem convenire noscatis, huic decreto canonico promptissimâ voluntate singuli manibus propriis roborantes subscripsimus.

2. EPISTOLA VOCATORIA.

Dilectis fratribus et filiis presbyteris, diaconibus, HONORATIS, clericis et POSSESSORIBUS vel cunctæ PLEBI ill. ecclesiæ.... metropolitanus sanctæ sedis apostolicæ ill.

Ordo romanus. — Maxima bibl. patrum, t. XIII, p. 708.

CIVES, inquit nostri elegerunt sibi illum pastorem, oremus itaque pro hoc viro, etc....

Nullus invitis detur episcopus; cleri, PLEBIS, et ORDINIS consensus et desiderium requiratur.

Si quis episcopatum desiderat, bonum opus desiderat,

D'après l'ordre ou rituel romain, pendant la cérémonie de la consécration, les maximes suivantes étaient hautement proclamées :

« Qu'aucun évêque ne soit donné, malgré les « citoyens qu'il doit gouverner; qu'on demande « le consentement et le vœu du clergé, du PEUPLE « et de l'ORDRE. »

Dans le cours de cette cérémonie, on disait : « Nos CITOYENS l'ont choisi pour pasteur, prions « pour lui. »

On récitait le passage de l'épître de saint Paul à Thimotée, chapitre 3.

« Si quelqu'un désire l'épiscopat, il désire une « bonne œuvre; il faut donc que l'évêque soit « irréprochable, qu'il n'ait eu qu'une seule « femme, qu'il soit sobre, etc., etc.[1] »

---

oportet ergo episcopum irreprehensibilem esse, unius uxoris virum.... sobrium...., etc.

EDICTUM QUOD DAT PONTIFEX EPISCOPO CUI BENEDICIT.

Te, divino nutu vocante, clerus et POPULUS civitatis illius, unà cum subjectis parrochiis, unanimes unoque ore, elegerunt rectorem, et ad nos usque perducentes petierunt consecrari episcopum.

Ordo romanus. — Maxima bibl. patrum, t. XIII, p. 709—713.

1. Si l'expression, UNIUS UXORIS VIRUM, avait besoin d'être

Enfin, dans l'allocution qui était adressée au nouvel évêque, le pontife consécrateur s'exprimait en ces termes :

« D'après la volonté divine, le clergé et le « PEUPLE de cette cité, avec les paroisses qui en « dépendent, vous ont élu unanimement pour « pasteur, et eux-mêmes vous amenant vers « nous, ils ont demandé votre consécration. »

Quand on connaît des autorités si nombreuses et si expresses, peut-on être surpris que, dans les divers pays de la chrétienté, et pendant plusieurs siècles, les formes essentiellement prescrites par l'église et par l'état aient été généralement observées ?

---

expliquée, elle le serait clairement par la Novelle 123, Auth. collat. 9, tit. 6.

Cette loi dit, au sujet de l'élection de l'évêque :

« Si priùs uxorem.... habuit ipsam et unam, et primam, « et neque viduam, neque viro conjunctam neque legibus « aut sacris constitutionibus interdictam. »

C'est dans le même sens que les Capitulaires ont parlé des prêtres :

« Si sacerdotes plures uxores habuerint,... sacerdotio pri- « ventur. »

Baluz. Capit. reg. franc., lib. 7, cap. 127, t. I, col. 1050.

CHAPITRE VIII.

Concours du peuple aux élections épiscopales sous les trois dynasties.

Il se présenta pour Clovis[1] une occasion solennelle de rendre hommage aux règles et à

1. Clodoveus ad eundem locum venit et quasi, qui esset innoxius à sanguine parentum suorum, populo satisfecit, et in regem constitutus est. Quod quarundam civitatum habitatores indignè ferentes contra eum, si fuisset possibile, nisi sunt rebellare. Inter quos cives virdunensis oppidi defectionem atque duellionem contra eum dicuntur meditati.

Auditâ autem defectione Virdunensium, et ratus non esse procrastinandum in talibus, viribus undiquè coactis, cum validâ manu militari ad eandem urbem venit, injuriæ gratiâ ulciscendæ. Cujus muros coronâ militum obambit, aggeres struit, aspera complanat, et quæque urbi capiendæ commoda ordinat, portis custodias admovet... Firminus episcopus ejusdem civitatis, miræ sanctitatis vir, diem clausit ultimum.... obsessi ergo.... omnes in unam coïere sententiam ut sanctum virum Euspicium.... ad principem mitterent, miserorum civium preces allegantem et ejus misericordiam deprecantem.... Denique, tactus divino nutu, rex adeò est affectus ut petitioni ejus assensum præberet et veniam civibus, quamvis ingratis tribueret.... virum Dei.... ut urbi.... pasto-

l'usage qui autorisaient le PEUPLE des cités à concourir au choix de son évêque[1], et il respecta le droit municipal.

---

rali sollicitudini præesset, admonuit, et admonendo petivit. Vir Dei.... onus sacerdotii humiliter recusavit....

Tunc rex, evocatâ protinùs in unum fidelium multitudine, ut de constituendo pastore, sententiam in medium proferrent, præcepit.

Chronic. virdun. — Labbe, Nov. Bibl. man., t. I, p. 87 et 88.

1. PREUVES QUE, DANS DIVERSES CITÉS ÉPISCOPALES, LE PEUPLE A CONCOURU A L'ÉLECTION DES ÉVÊQUES.

PREMIÈRE DYNASTIE.

Villes.	*Évêques.*	*Années.*
AIRE.	PHILIBAUD.	620.

Cives loci illius expetissent pontificem.

Gallia christ., t. I, col. 1149; Act. Ord. S. Bened., sect. II, p. 817.

ALBI.	CITRUIN.	680.

Antistes factus judicio est POPULI.

Chron. episc. alb., Spicil., t. III, p. 570.

AMIENS.	SALVIUS.	686.

Intimans URBANIS ut dignum Deo sibique salutiferum eligerent episcopum.

Act. SS., 11 januarii, t. I, p. 706.

ANGERS.	AUBIN.	529.

Ab UNIVERSITATE POPULI eligitur.

Act. SS., 1 martii, t. I, p. 58.

ANGERS.	LICINIUS.	592.

Multitudo virorum regionem illam habitantes.... consonâ

La barbare politique de ce prince avait réussi à faire assassiner Sigebert, roi de Cologne, par son propre fils, et ensuite à immoler lâchement ce fils parricide.

Villes.	*Évêques.*	*Années.*

voce.... in pontificem sibi fore.... tunc omnis PLEBS.... communibus omnium votis.

Du Chesne, Hist. Franc. script., t. I, p. 545.

ANGERS.	MAGNOBODE.	624.

PLEBS universa Andecavensium tàm clericalis quàm laicalis.

Act. SS., 13 februarii, t. II, p. 676.

ARLES.	CESAIRE.	501.

Cleros civEsque alloquitur.

Act. SS., 27 augusti, t. VI, p. 67.

AUXERRE.	EPTADIUS.	500.

Eligitur consensu universitatis cleri et POPULORUM.

Nam clericorum chorus, cunctaque nobilitas et PLEBS urbana et rustica in unam venere sententiam, Eptadium dignissimum esse episcopum.

Vita S. Eptadii, Labbe, Nov. Biblioth. manus., t. II, append.

AUXERRE.	PALLADIUS.	661.

Ab omni POPULO in episcopatum eligitur.

Hist. episc. autiss., Labbe, Nov. Bibl. manusc., t. I, p. 426.

AUXERRE.	TETRICUS.	683.

Omnis POPULUS.... eum in pontificum ordinem elegerunt.

Hist. episc. autiss., Labbe, Nov. Bibl. manusc., t. I, p. 428.

AUXERRE.	QUINTILIEN.	VIIe siècle.

POPULI electione vocatus.

Hist. episc. autiss., Labbe, Nov. Bibl. manusc., t. I, p. 430.

Pour prix de ces attentats, Clovis avait été élu roi de Cologne.

Plusieurs cités indignées, refusèrent de se soumettre à l'autorité de ce guerrier, devenu leur roi

---

Villes.	*Évêques.*	*Années.*
AVIGNON.	JEAN II.	564.

A clero omni et POPULO.

Gallia christ., t. I, col. 866.

AVIGNON.	AGRICOL.	666.

OMNIUM ore, OMNIUM votis.

Act. SS., 2 septembris, t. I, p. 451.

AVIGNON.	VEREDEMUS.	700.

Approbantibus clero et POPULO.

Gallia christ., t. I, col. 802.

AVIGNON.	DOMNUS.	722.

Clero et POPULI calculo eligitur.

Gallia christ., t. I, col. 870.

AVRANCHES.	PATERNE.	565.

Ad supplicationem tàm PLEBIS quàm principis.

Act. SS., 16 aprilis, t. II, p. 429.

BESANÇON.	CLAUDE.	516.

Clerus et POPULUS unanimiter elegerunt.

Act. SS., 6 junii, t. I, p. 650.

BESANÇON.	NIZIER.	VIIe siècle.

Pari consensu cleri ac POPULI.

Act. SS., 8 februarii, t. II, p. 168.

BORDEAUX.	LEONCE II.	VIe siècle.

BURDIGALENSES eum in episcopum elegerunt.

Gallia christ., t. II, col. 793.

par l'assassinat de leurs princes. Les habitants de Verdun osèrent prendre les armes et lui résister.

Clovis, aussi habile, aussi actif à la guerre, que

Villes.	*Évêques.*	*Années.*
BOURGES.	DIDIER.	550.

Principum, cleri ac POPULI favore, suffragio electione.

Hist. patr. archiep. bitur., Labbe, Nov. Bibl. manusc., t. II, p. 27 et p. 386.

BOURGES.	AUSTREGISILE.	611.

Electus ab OMNIBUS.

Act. SS., 20 maii, t. V, p. 231.

BOURGES.	SULPICE.	624.

Electus à POPULO.

Du Chesne, Hist. Franc. script., t. I, p. 553.

CHÂLONS.	LEUDOMER.	VIIe siècle.

POPULUS exclamat, etc.

Act. SS., 2 octobris, t. I, p. 335.

CHARTRES.	PAPOLE.	573.

Clericorum vel CIVIUM.... voluntas.

Diplomata, Chartæ, t. I, p. 130.

CHARTRES.	BERTHAIRE.	594.

Defuncto Papolo, à clero POPULOque postulatus, accedente regis consenses, episcopale onus subit.

Gallia christ., t. VIII, col. 1100.

CLERMONT.	QUINTIEN.	*vers* 520.

Cùmque POPULUS sanctum Quintianum elegisset.

Gregor. turon. Hist. Franc., lib. 3, cap. 2.

cruel et perfide en politique, se présenta soudain avec des forces imposantes devant la ville de Verdun, et l'assiégea vivement.

L'évêque Firmin mourut; les habitants dé-

Villes.	*Évêques.*	*Années.*
CLERMONT.	CATON.	550.
Elegit maxima pars POPULORUM.		
Gregor. turon. Hist. Franc., lib. 4, cap. 6.		
CLERMONT.	DIDIER.	594.
CIVES civitatis arvernæ.		
Act. SS., 11 februarii, t. II, p. 552.		
CLERMONT.	GENÈS.	656.
Vox et sententia POPULI in unum convenit.		
Act. SS., 3 junii, t. I, p. 323.		
CLERMONT.	PRIX.	675.
Vox omnium clericorum et LAICORUM una efficitur.		
Act. SS., 25 januarii, t. II, p. 630.		
CLERMONT.	BONIT.	689.
Cum PLEBIS et ecclesiæ convenientiâ.		
Act. SS., 15 januarii, t. I, p. 1072.		
DIE.	MARCEL.	VIe siècle.
PLEBS diensis concordi favore in ejus conspirat electione.		
Act. SS., 9 aprilis, t. I, p. 827.		
ÉVREUX.	AQUILIN.	VIIe siècle.
A clero et POPULO.		
Gallia christ., t. XI, col. 567.		
GAP.	ARIGE.	VIIe siècle.
Clericorum ac monachorum VIRORUMque consensu.		
Vita S. Arigii, Labbe, Nov. Bibl. manusc., t. I, p 693.		

couragés, députèrent le saint homme Euspice vers Clovis, pour tenter de détourner sa vengeance. Le prince accepta leur soumission, et pardonna.

Villes.	*Évêques.*	*Années.*
LANGRES.	GRÉGOIRE.	VIe siècle.

Electus à POPULO lingonicæ urbis.

Gregor. turon. Vit. patrum, cap. 7.

LÉON.	PAUL.	VIe siècle.

Juxta votum POPULI.

Act. SS., 12 martii, t. II, p. 119.

LÉON.	GOLVIN.	VIe siècle.

CIVITATIS PROCERES.... eum elegerunt.

Act. SS., 1 julii, t. I, p. 128.

LIMOGES.	SACERDOT.	509.

Electione cleri et POPULI.

Gallia christ., t. II, col. 506.

LIMOGES.	FERRÉOL.	VIe siècle.

Cleri et POPULI votis expetitus.

Act. SS., 18 septembris, t. III, p. 783.

LIMOGES.	LOUP.	VIIe siècle.

Clerus et POPULUS.

Act. SS., 24 maii, t. V, p. 171.

LYON.	LOUP.	VIe siècle.

Clerus et POPULUS eum antistitem unanimi consensu denarunt.

Gallia christ., t. IV, col. 31.

LYON.	SACERDOT.	546.

Cleri POPULIque suffragiis communibus.

Act. SS., 12 septembris, t. IV, p. 32.

Clovis désirait qu'Euspice succédât à Firmin; mais ne pouvant vaincre les modestes refus de son protégé, il prescrivit la convocation de l'assemblée des fidèles qui devait élire l'évêque.

Villes.	*Évêques.*	*Années.*
LYON.	NICET.	552.

Regis et POPULI suffragio.

Gregor. turon., Vit. patr., cap. 8.

Universæ PLEBIS consensus.

Act. SS., 2 aprilis, t. I, p. 100.

LYON.	ÆTHERIUS.	589.

Devotio POPULI Lugdunensis.

Act. SS., 2 aprilis, t. I, p. 101.

LYON.	LANTBERT.	681.

Cum unanimi ejusdem regionis POPULI voto.

Act. SS., 14 aprilis, t. II, p. 218.

MAESTRICHT.	ARNAUD.	549.

Ab universis CIVIBUS electus.

Act. SS., 16 julii, t. IV, p. 162.

MAESTRICHT.	DOMITIEN.	560.

A POPULO electus.... electione cleri, petitione POPULI, HONORATORUM assensu.

Act. SS., 6 februarii, t. I, p. 852, 855, 865.

MAESTRICHT.	LAMBERT.	668.

Eligit clerus universus, acclamat POPULUS, à PLEBE subrogatus est.

Act. SS., 17 septembris, t. V, p. 574, 583.

MAESTRICHT.	GONDOLPHE.	VIIe siècle.

POPULI ac principum electione.... clero et POPULO.

Act. SS., 7 maii, t. I, p. 146, 148.

Plus tard, la ville de Verdun soutint avec succès, contre les entreprises de l'autorité royale, son droit d'élection épiscopale.

A la mort d'Ageric, Bucciovald, abbé de Ver-

Villes.	*Évêques.*	*Années.*
LE MANS.	DOMNOLE.	581.

Clerus et universus POPULUS, non solùm urbanus sed etiam ruricola....

A clero et POPULO coactus.

Act. SS., 16 maii, t. III, p. 607—611.

METZ.	ADELPHE.	550.

Una vox fuit OMNIUM.

Act. SS., 29 augusti, t. VI, p. 507.

METZ.	ARNOULD.	640.

A clero et PLEBE.... votis omnium POPULORUM.... vox consona POPULI.

Act. SS., 8 junii, t. II, p. 128, 18 julii, t. IV, p. 436.

METZ.	GOERCE.	642.

Consentiente clero et POPULO.... votis omnium.

Act. SS., 19 septembris, t. VI, p. 27 et 50.

METZ.	CLOUD.	653.

PLEBS et clerus.... votis POPULORUM pontifex factus est.

Act. SS., 8 junii, t. II, p. 129.

NEVERS.	DEODAT.	VIIe siècle.

Pari et unico consensu cleri et PLEBIS.

Act. SS., 19 junii, t. III, p. 872.

NOYON.	MÉDARD.	545.

Unanimiter elegerunt.... id clerus, id POPULUS acclamabant.

dun, intrigua à la cour, et obtint que Childebert le désignât pour évêque[1].

A cette triste nouvelle, les citoyens de Verdun exprimèrent respectueusement au roi leur juste

---

1. Quod ubi cognitum fuit virdunensibus oppidanis suum regi significarunt dolorem qui, repudiato Bucciovaldo, charimerem.... quem valdè exoptabant episcopum ordinari consensit.

Gallia christ., t. XIII, col. 1168.

Villes.	*Évêques.*	*Années.*

Rex ipse proceresque palatii, præcipuè comprovinciales episcopi consentiebant; legerant siquidem vocem POPULI vocem ipsam dominicam : vox POPULI vox Dei.

Act. SS., 8 junii, t. II, p. 91.

ORLÉANS.	EUCHER.	721.

Omnis PLEBS Aurelianorum à senatu accersita.

Act. SS., 20 februarii, t. III, p. 218.

REIMS.	NIVARD.	672.

Volentibus CUNCTIS.

Act. SS.; 1 septembris, t. I, p. 279.

ROUEN.	ÉVODE.	VIe siècle.

Cleri denique ac POPULI unanimi intentio... unanimi voto... consonis vocibus.

Act. SS., 8 octobris, t. IV, p. 245, 246.

ROUEN.	ROMAIN.	626.

Quod PLEBS expostulat audit.

Martene, Thes. nov. anecd., t. III, col. 1654.

douleur, repoussèrent Bucciovald, et ils furent assez heureux pour obtenir Carimer, qu'appelaient à l'épiscopat et leurs vœux et leurs suffrages.

Villes.	*Évêques.*	*Années.*
ROUEN.	OUEN.	635.

Consensu omnium, clerus et POPULUS.

Act. SS., 24 augusti, t. IV, p. 813.

ROUEN.	ANSBERT.	684.

Cuncti Rotomagensis urbis CIVES beatum Ansbertum sibi elegerunt antistitem....

Sanctorum sacerdotum et omnium CIVIUM rotomagensium electione.

Act. SS. Ord. S. Benedicti, sæc. 2, p. 1048.

SENS.	LOUP.	560.

Clerus vel POPULUS unanimiter.

Act. SS., 1 septembris, t. I, p. 356.

SENS.	AMAT.	670.

Ab episcopis et POPULIS... Amatus eligitur.

Du Chesne, Hist. Franc. script., t. I, p. 678.

SENS.	WULFRAMN.	690.

Electione cleri ac POPULI.

Act. SS., 20 maii, t. III, p. 145.

Electione POPULI senonicæ urbis consensuque ac favore omnium pontifex eligitur.

Act. SS. Ord. S. Benedicti, sæc. 2, pars. 1, p. 357.

SENS.	ABBON.	725.

Totius cleri et POPULI acclamatione.

Chron. S. Petri vivi., D'Acheri, Spicil., t. II, p. 464.

Le chroniqueur Hugues de Flavigny fait cette remarque : « Dans la ville de Verdun, depuis les « premiers temps de la chrétienté jusqu'à Char- « lemagne, le droit que le clergé et le peuple

---

Villes.	*Évêques.*	*Années.*
Soissons.	Bandarid.	536.

Unanimi plebis omnis suessionicæ voto electus.

Gallia christ., t. IX, col. 336.

Soissons.	Draus.	654.

Proceres populi unanimis vocibus expetunt.... cum consensu totius populi.

Act. SS., 5 martii, t. I, p. 407.

Toul.	Garibald.	706.

A cunctis electus.

Hist. episc. tull., Hist. de Lorraine, t. I.

Toulouse.	Érembert.	656.

Jussu regum populique electione.

Act. SS., 14 maii, t. III, p. 391.

Tolosates cum ad suæ civitatis episcopatum postulârint.

Gallia christ., t. XIII, col. 8.

Tournai.	Éleuthère.	531.

Utriusque plebis acclamatione.

Act. SS., 20 februarii, t. III, p. 182.

Tournai.	Médard.	532.

Unanimiter elegerunt.

Gallia christ., t. III, p. 310.

Tours.	Euphrone.	556.

Turonici.... facto consensu.

Gregor. turon. Hist. Franc., lib. 4, cap. 15.

« ont d'élire l'évêque, a été respecté et maintenu. « Si la faveur des princes influa quelquefois sur « le choix, du moins ils n'empêchèrent jamais « l'élection, et ils la confirmèrent toujours[1]. »

---

1. Chron. virdun., Labbe, Nov. Bibl. man., t. I, p. 117.

Villes.	*Évêques.*	*Années.*
TOURS.	GRÉGOIRE.	572.

Clericorum turma nobilibus viris conserta, PLEBSque rustica simul et urbana, pari sententiâ.

Vita Gregor. turon. ed. Ruinart.

TRÈVES.	NICET.	527.

Dato consensu POPULI ac decreto regis.

Gregor. turon., Vit. patr., cap. 17.

TRÈVES.	MAGNERIC.	565.

Omnium PLEBIS vel principuum consultu.

Act. SS., 24 julii, t. VI, p. 184.

TRÈVES.	MODOALD.	640.

Clerus et POPULUS.

Act. SS., 12 maii, t. III, p. 57.

TRÈVES.	THÉODARD.	660.

Totiusque PLEBIS assensu.... unanimi applausu cleri et POPULI.

Act. SS., 10 septembris, t. III, p. 585.

TRÈVES.	LUTWIN.	713.

POPULI cum procerum dignitate.... clerus et POPULUS.

Act. SS., 29 septembris, t. VIII, p. 171, 174.

La justice et la nécessité de ce concours du peuple, pour la validité de l'élection épiscopale, étaient tellement reconnues, qu'en rapportant l'élection de saint Médard à l'évêché de Noyon,

---

Villes.	*Évêques.*	*Années.*
USEZ.	RORICIUS.	506.

Clerus et POPULUS episcopum eum nominârunt.

Gallia christ., t. VI, col. 612.

USEZ.	FIRMIN.	538.

Cleri namque ac POPULI suffragiis.

Gallia christ., t. VI, col. 612.

VAISONS.	QUINIDE.	654.

Annuente POPULO cumque pariter et clero..., POPULI suffragium præbitura vox una efficitur.

Act. SS., 15 februarii, t. II, p. 830.

VERDUN.	DESIRÉ.	533.

Electione cleri et POPULI.

Chron. virdun., Labbe, Nov. Bibl. man., t. I, p. 89.

VERDUN.	AGERIC.	553.

Omnes viri in electione incumbunt.... prævaluit sententia cleri et POPULI.

Chron. virdun., Labbe, Nov. Bibl. man., t. I, p. 91.

VERDUN.	CHARIMER.	591.

Cum consensu CIVIUM.

Gregor. turon. Hist. Franc., lib. 9, cap. 23.

Chron. virdun., Labbe, Nov. Bibl. man., t. I, p. 99.

VERDUN.	HERMENFRED.	612.

A VIRODUNENSIBUS.... in defuncti Charimeris locum suffectus est.

Gallia christ., t. XIII, col. 1168.

par le vœu unanime du clergé et du peuple, avec la circonstance que les évêques provinciaux, le roi et la cour approuvèrent le choix, l'historien ne manque pas de faire cette réflexion : « car

---

Villes.	*Évêques.*	*Années.*
VERDUN.	PAUL.	*vers* 630.

A clero POPULOque virdunensi enixè rogatus.

Gallia christ., t. XIII, col. 1169.

Palatinorum, cleri PLEBISque assensu, voluntatem nobilium, mediocrium ac omnium unanimem electionem.

Act. SS., 8 februarii, t. II, p. 176.

VERDUN.	GEREBERT.	665.

Unanimi cleri POPULIque consensu.

Gallia christ., t. XIII, col. 1170.

VERDUN.	AGREBERT.	*vers* 704.

Unâ POPULI atque cleri voce electus.

Gallia christ., t. XIII, col. 1170.

VERDUN.	ABBON.	715.

Dignusque.... habitus est à clero et POPULO.

Gallia christ., t. XIII, col. 1171.

VERDUN.	MADELUEUS.	*vers* 750.

Cunctorum votis in pontificatu eligitur.... unâ cleri POPULIque concordiâ.

Chron. virdun., Labbe, Nov. Bibl. man., t. I, p. 106.

VIVIERS.	VENANCE.	VIe siècle.

Cleri ac POPULI electione.

Act. SS., 5 augusti, t. II, p. 107.

« ils avaient lu que la voix du peuple est la voix « de Dieu[1]. »

L'agiographe qui rapporte l'élection de saint Nicet, à l'évêché de Besançon, vers le commen-

---

1. Legerant siquidem vocem populi vocem ipsam dominicam.

Act. SS. 8 junii, t. II, p. 91.

SECONDE DYNASTIE.

AMIENS. RAGEMBAUD. 949.

A clero et POPULO canonicè.

Marlot, Metrop. remens. hist., t. I, col. 578.

AUSONNE. IDALCAR. 907.

Per cleri et PLEBIS electionem.

Baluz. Miscell., t. VI, p. 52.

AUXERRE. ANGELELME. *vers* 802.

Cleri et POPULI collegit cœtum; ibi generali consensu accedente,... Angelelmus ab omnibus electus est.

Hist. episc. autissiod., Labbe, Nov. Bibl. manuscr., t. I, p. 431.

AUXERRE. HERIBALD. *vers* 818.

Clerus et POPULUS solemni electione factâ pontificatui suffecerunt.

Hist. episc. autissiod., Labbe, Nov. Bibl. manuscr., t. I, p. 432.

AUXERRE. URIBALD. *vers* 839.

Cleri et PLEBIS conniventiâ.

Hist. episc. autissiod., Labbe, Nov. Bibl. manuscr., t. I, p. 435.

AUXERRE. HERIFRID. *vers* 850.

In unum collatâ cleri et PLEBIS congerie.

Hist. episc. autiss. — Labbe, Nov. Bibl. man., t. I, p. 436.

cement du sixième siècle, assure que cette ville, depuis la primitive église, jouissait du droit d'avoir pour évêque seulement celui que le vœu commun du clergé et du peuple choisissait

---

Villes.	*Évêques.*	*Années.*
AUXERRE.	GERAN.	*vers* 872.

Cleri POPULIque fretus electione.

Hist. episc. autiss., Labbe, Nov. Bibl. man., t. I, p. 439.

AUXERRE.	BELTON.	*vers* 876.

Ab omni clero et POPULO.

Hist. episc. autiss., Labbe, Nov. Bibl. man., t. I, p. 442.

AUXERRE.	GUALDRIC.	*vers* 879.

Ab universo clero et POPULO.

Hist. episc. autiss., Labbe, Nov. Bibl. man., t. I, p. 442.

AUXERRE.	GUI.	*vers* 895.

Electione cleri et PLEBIS.

Hist. episc. autiss., Labbe, Nov. Bibl. man., t. I, p. 445.

AUXERRE.	RICHARD.	*vers* 960.

Tàm à clero quàm à PLEBE.

Hist. episc. autiss., Labbe, Nov. Bibl. man., t. I, p. 446.

BEAUVAIS.	ODOACRE.	881.

Cleri et PLEBIS ecclesiæ belvacensis.

Hincmar. opera, t. II, p. 188.

BEAUVAIS.	HONORAT.	888.

Clerus et POPULUS.... elegerunt.

Gallia christ., t. IX, col. 700.

BOURGES.	DÉODAT.	774.

Consentientibus OMNIBUS.

Gallia christ.; t. II, col. 20.

canoniquement, sans qu'aucune puissance pût leur en imposer un autre[1].

Hincmar, archevêque de Reims, qui mourut en 882, disait de l'élection canonique : « cette

1. Act. SS., 8 februarii, t. II, p. 168.

Villes.	*Évêques.*	*Années.*
BOURGES.	AGIULPHE.	811.

Unanimi CUNCTORUM assensu.

Hist. patr. arch. bituric., Labbe, Nov. Bibl. man., t. II, p. 65. Act. SS. 22 maii, t. V, p. 176.

CHÂLONS.	GUILLEBERT.	868.

Clerus et ORDO et PLEBS catalaunica.

Form. aut. prom. episc., Baluz. Capit. reg. franc., t. II, col. 614.

CHÂLONS.	BERTHAIRE.	893.

Clerus et PLEBS ejusdem ecclesiæ.... canonicè elegerunt.

Gallia christ., t. IX, col. 869; Flodoard, Hist. remens. eccles., lib. 4.

LANGRES.	TEUTBOLD.	888.

Concordi voto clerus et POPULUS.

Flodoard, Hist. remens. eccles., lib. 3.

LAON.	HENEDULFE.	

Clerus Laudunensis cum totius parrochiæ PLEBIBUS et sibi conjunctis præsulibus.

Labbe, Concil., t. IX, p. 280.

LAON.	RAOUL.	936.

Concorditer à CIVIBUS suis electo.

Flodoard, Hist. remens. eccles., lib. 4.

« élection doit être faite non seulement par le « clergé de la ville, mais aussi par celui des mo- « nastères, et par les prêtres de la campagne; « les laïques nobles, ainsi que les citoyens, doi- « vent également y concourir[1]. »

---

1. Baluz. Capit. reg. franc., t. II, col 595.

Villes.	*Évêques.*	*Années.*
LAON.	RORICON.	949.
LAUDUNENSES.... eligunt sibi. Gallia christ., t. IX, col. 21.		
MÂCON.	ADALRAN.	*vers* 950.
Omni clero simul et POPULO. Gallia christ., t. IV, col. 1050.		
MAGUELONE.	FREDOLE.	818.
PLEBS et clerus. Gallia christ., t. VI, col. 734.		
LE MANS.	ALDRIC.	832.
Eligente cum clero et POPULO. Baluz., Miscel., t. III, p. 3.		
METZ.	DROGON.	823.
Electione CIVIUM.... clerus omnisque POPULUS. Act. SS., 6 septembris, t. II, p. 784.		
METZ.	ADVENCE.	855.
Expetitus à clero et electus à PLEBE. Gallia christ., t. XIII, col. 715.		

Le principe invoqué par ce savant prélat est le même qu'avait déja proclamé le pape saint Léon; « parce que, dit-il, tous doivent concourir à élire « celui à qui tous doivent obéir. »

Villes.	*Évêques.*	*Années.*
METZ.	THIERRY.	964.

Communi OMNIUM acclamatione.

Gallia christ., t. XIII, col. 725; Act. SS., 6 martis, t. I, p. 480.

NANTES.	ACTARD.	855.

Petente clero et PLEBE.

Flodoard, Hist. eccles. remens., lib. 3.

NARBONNE.	THÉODARD.	885.

Cuncta narbonensis ecclesia, clerus videlicet et NOBILIORES LAICI, mediocres, quoque VULGUS.

Act. SS., 1 maii, t. I, p. 149.

NARBONNE.	AIMERI.	927.

Electione cleri et POPULI.

Gallia christ., t. V, col. 27.

NOYON.	HETILON.	879.

Ad Hetilonem clerus POPULUSque aspexit.

Marlot, Metrop. remens. hist., t. I, p. 481.

NOYON.	WALBERT.	932.

OMNIUM consensu electus.

Gallia christ., t. IX, col. 990.

NOYON.	RAOUL.	950.

Quem ipsi NOVIOMENSES sibi delegerant.

Gallia christ., t. IX, col. 991.

NOYON.	HADULPHE.	955.

Élu par le PEUPLE et le clergé.

Devisme, Hist. de Laon, t. II, p. 339.

Cet illustre archevêque écrivait à Charles-le-Chauve : « J'ai reçu une pétition du clergé et du « peuple de Senlis, qui, ayant à nommer un « évêque, sollicitent une élection libre et régu-

---

Villes.	*Évêques.*	*Années.*
ORANGE.	PONCE.	914.
Clerus et POPULUS.... uno consensu. Gallia christ., t. I, Inst. eccl. araus., p. 131.		
REIMS.	ÉBON.	816.
Secundum CANONICAM institutionem. Gallia christ., t. IX, p. 34.		
REIMS.	HINCMAR.	845.
A clero et POPULO. Flodoard., Hist. eccl. remens., lib. 3.		
REIMS.	FOULQUES.	882.
Omnique clero et POPULO. Flodoard., Hist. eccl. remens., lib. 3.		
REIMS.	HÉRIVÉE.	900.
OMNIUM calculo.... CANONICÈ electus. Marlot, Metrop. remens. hist., t. I, col. 526.		
REIMS.	HUGUES.	925.
Super electione.... tàm clericos quàm LAICOS ad voluntatem suam intendere fecit.... eligunt filium ipsius, nomine Hugonem, admodùm parvulum. Flodoard., Hist. eccl. remens., lib. 4.		
REIMS.	HUGUES.	949.
Clero POPULOque petente. Marlot, Metrop. remens. hist., t. I, col. 509.		
REIMS.	ADALBERON.	969.
Totius cleri et POPULI electione. Chron. mosom., D'Acheri, Spicil., t. II, p. 563.		

« lière, selon les règles canoniques; quand l'ac-
« cord des suffrages du clergé et du peuple sera
« constaté par une telle élection, et que vous
« l'aurez approuvée vous-même, je m'occuperai
« de sacrer l'élu [1]. »

---

1. Eandem electionem cum decreto canonico singulorum manibus roborato ad me adferat.... vestræ dominationis consensum cognoverimus..,. certum diem et locum.... designantes.

Baluz. Capit. reg. franc., t. II, col. 594.

Villes.	*Évêques.*	*Années.*
RENNES.	ÉLECTRAN.	866.

Electione atque decreto cleri et PLEBIS.

Formul. ant. prom. episc., Baluz., Capit., t. II, p. 621.

ROUEN.	RÉMI.	753.

CIVES.... pari voto et consensu.

Martenne, Thes. nov. anecd., t. III, col. 1667.

SEEZ.	GODEGRAND.	VIIIe siècle.

Ad pontificium à CUNCTIS exposcitur.

Act. SS., 3 septembris, t. II, p. 768.

SENS.	ANSEGISE.	871.

Clerus cum totis parrochiæ PLEBIBUS.

Baluz. Capit. reg. franc., t. II, col. 608 et 609.

TOUL.	GAUZLIN.	922.

OMNIUM votis pontificali infulâ sublimatus.

Act. SS., 7 septembris, t. III, p. 143.

Il était difficile, je dirai même impossible, que les élections épiscopales ne fussent pas quelquefois des concessions faites par le clergé et par le peuple aux désirs ou à l'autorité du gouvernement.

Villes.	*Évêques.*	*Années.*
TOUL.	GERARD.	963.
Clerus POPULUSque. Gallia christ., t. XIII, col. 977.		
TOUL.	BERTOLD.	995.
Cleri ac POPULI tullensis suffragiis. Gallia christ., t. XIII, col. 982.		
TOURS.	ACTARD.	871.
PLEBS et turonicus clerus. Thomassin, Vet. et nov. eccl. disc., t. II, p. 521.		
TROIS-CHÂTEAUX.	LAUDON.	839.
Clerus et POPULUS. Gallia christ., Instr. eccl. tricast., t. I, col. 709.		
TROIS-CHÂTEAUX.	PONCE.	852.
A clero et POPULO. Gallia christ., t. I, col. 710.		
TROIS-CHÂTEAUX.	PONCE II.	914.
Convenit clerus et POPULUS. Gallia christ., t. I, col. 711.		
VENCE.	WALDEN.	868.
Canonicè à plebe et POPULO veniciate electo. Gallia christ., t. III, col. 1215.		
VERDUN.	ANSTRAN.	815.
Elegerunt sibi clerus et POPULUS. Chron. virdun., Labbe, Nov. Bibl. man., t. I, p. 116.		

Quand Vulfaire, archevêque de Reims, mourut, l'empereur Charles-le-Chauve n'empêcha point le peuple de cette cité de faire, conformément aux règles canoniques, l'élection de celui qui devait succéder. Les suffrages se portèrent sur Gislemar.

Villes.	*Évêques.*	*Années.*
VERDUN.	HILDIN.	822.

Abiit pars cleri et PLEBIS ad Ludovicum imperatorem et petierunt sibi dari Hildinum.

Gallia christ., t. XIII, col. 1175.

VERDUN.	BERHARD.	870.

Unanimi cleri ac POPULI consensu.

Gallia christ., t. XIII, col. 1176.

VERDUN.	ADALBERON II.	986.

Clerus et POPULUS virdunensis.

Gallia christ., t. XIII, col. 1182.

TROISIÈME DYNASTIE.

AGDE.	PULVEREL.	*vers* 1214.

Clerus et POPULUS.

Gallia christ., t. VI. — Instr. eccl. agath., col. 332.

AMIENS.	GEOFFROI.	1104.

Unanimiter à clero et POPULO.

Thomassin, Vet. et nov. eccl. discip., t. II, p. 403.

ANGOULÊME.	GERARD II.	1101.

Petitione POPULI, electione cleri, assensu HONORATORUM.

Hist. pont. et comit. engol., Labbe, Nov. Bibl. man., t. II, 259.

Mais les évêques, chargés de prononcer sur sa capacité, le rejetèrent.

Alors l'empereur manifesta ouvertement son désir qu'Ebbon fût choisi; et le peuple usa de

---

Villes.	*Évêques.*	*Années.*
ANGOULÊME.	ROHO.	1018.

Concurrentibus OMNIUM votis.

Gallia christ., t. II, col. 991.

ANGOULÊME.	HUGUES II.	1140.

Unanimi electione, assensu HONORATORUM et totius POPULI.

Petrus cluniacensis, lib. 5, epist. 5.

ARRAS.	LAMBERT.	1093.

Cleri PLEBISque consensu electum unanimi.

Baluz. Miscell., t. V, p. 267.

ARRAS.	JEAN.	1099.

Communi voto.... tàm cleri quàm POPULI.

Act. SS., 27 januarii, t. II, p. 797.

ARRAS.	ALVISE.	1124.

UNANIMI voto.... universo clero et POPULO.

Baluz. Miscell., t. V, p. 402.

AUTUN.	HENRI.	1148.

Concilio et assensu religiosarum personarum et totius cleri et POPULI.

Sugerii, Epistola 43.

AUXERRE.	JEAN.	*vers* 990.

Simul et commune decretum.... cleri electione vel PLEBIS.

Hist. episc. autiss., Labbe, Nov. Bibl. man., t. I, p. 448.

son droit de suffrage en faveur d'un protégé recommandé de si haut[1].

Il faut le dire, une recommandation du prince pouvait être regardée comme un ordre absolu.

---

1. Gallia christ., t. IX, Instr. eccles. remens., col. 7.

Villes.	*Évêques.*	*Années.*
AUXERRE.	HUGUES.	*vers* 1000.

Electus EX MORE.

Hist. episc. autiss., Labbe, Nov. Bibl. man., t. I, p. 449.

AUXERRE.	HUMBAUD.	*vers* 1087.

A clero et POPULO civitatis.

Hist. episc. autiss., Labbe, Nov. Bibl. man., t. I, p. 456.

BEAUVAIS.	FOULQUES.	1089.

A clero et POPULO.

Gallia christ., t. IX, col. 711.

BEAUVAIS.	ÉTIENNE DE GARLANDE.	1100.

Omnisque congregatio belvacensis ecclesiæ, casati etiam, cum universo POPULO ejusdem civitatis.... cleri et POPULI pari voluntate et concordi consilio.

Baluz. Miscell., t. V, p. 321 et 322.

BEAUVAIS.	HENRI DE FRANCE.	1149.

Concordi tàm cleri et POPULI bellovacencis quàm metropolitani et coepiscoporum electione atque assensu....

Concors electio de clero et POPULO belvacensi.

Petrus cluniacensis, lib. 5, epist. 8; Gallia christ., t. IX, col. 723.

Flodoard, qui, en l'année 951, avait été élu par le clergé et le peuple de Tournai et de Noyon, s'autorisait de l'opinion d'Hincmar pour soutenir que les ordres de la cour ne devaient

---

Villes.	*Évêques.*	*Années.*
BOURGES.	ALBERIC.	1136.
Votis cleri et POPULI.		
	Marlot, Metrop. remens. hist., t. II, p. 285.	
CAHORS.	GAUSBERT.	990.
Electione cleri et POPULI.		
	Baluz. Capit. reg. franc., t. II, col. 629 et 630.	
CAMBRAI.	LIETBERT.	1050.
Clerus et POPULUS.... expetunt pastorem.		
	Act. SS., 23 junii, t. IV, p. 590.	
CAMBRAI.	MANASSÈS.	1094.
A POPULO, præter cleri voluntatem, electus.		
	Gallia christ., t. III, col. 23.	
CHÂLONS.	GAUTIER.	1080.
OMNIUM votis et assensu.		
	Gallia christ., t. IV, col. 887.	
CHARTRES.	IVES.	1090.
Clero et POPULO.		
	Urbani II, Epist. clero et populo carnotensi.	
CHARTRES.	FRANCON.	1088.
Eligente clero, suffragante POPULO.		
	Thomassin, Vet. et nov. eccl. discipl., t. I, p. 197.	
DIE.		1073.
Consensu unanimi cleri, POPULI et comitis ipsius.		
	Thomassin, Vet. et nov. eccl. discipl., t. I, p. 395.	

pas régler le choix des évêques, mais que ce choix appartenait aux églises qui leur étaient destinées : « Non, ajoutait il, un évêque ne doit « pas être nommé sur la recommandation du roi

---

Villes.	*Évêques.*	*Années.*
EMBRUN.	RAIMOND II.	1208.

Cleri, POPULI et suffraganeorum desideriis concurrentibus.

Thomassin, Vet. et nov. eccl. discipl., t. II, p. 404.

EMBRUN.	VIMIAN.	1056.

Electionem cleri et POPULI.

Gallia christ., t. III, col. 107.

LANGRES.	ROBERT.	1083.

Communi voto tàm cleri quàm POPULI.

Gallia christ., t. IV, col. 566.

LANGRES.	GODEFROI.	1139.

Cum universo clero et POPULO.... concorditer et CANONICÈ.

Petrus cluniacensis, lib. I, epist. 29; Gallia christ., t. IV, col. 575.

LAON.	HUGUES.	1112.

Communi totius cleri voluntate et POPULI expetitione.

Baluz., Miscell., t. V, p. 357.

LAON.	BARTHÉLEMI.	1113.

Electus unanimi totius cleri et POPULI assensu.

Son épitaphe contient ce vers :

Hunc sibi pastorem clerus POPULUSque requirunt.

Gallia christ., t. IX, col. 529 et 531.

« ou des puissants de la cour, mais par les suf-
« frages du clergé et du PEUPLE[1]. »

En 876, le pape Jean VIII avait dit, dans une lettre adressée au clergé et au peuple d'Autun :

---

1. Flodoard, Hist. eccles. remens., lib. 3, fol. 273.

Villes.	*Évêques.*	*Années.*
LIMOGES.	ICTER.	1053.

Sententiâ cleri et POPULI.... ex voluntate et consensu.... omnium que procerum et casatorum TOTIUSQUE POPULI atque totius cleri.

Gallia christ., t. II, col. 516; Labbe, Concil., t. IX, col. 1068.

LYON.	ALMARD.	980.

Clerus et POPULUS.... elegit.

Paradin, Hist. de Lyon, liv 2, ch. 30, p. 117.

LYON.	ODOLRIC.	1041.

Electione cleri et POPULI firmatione.

Gallia christ., t. IV, col. 83.

LYON.	HALINARD.	1047.

Unâ cleri et POPULI voce.

Gallia christ., t. IV, col. 85; Menestrier, Hist. de Lyon, p. 271.

LYON.	HUGUES.	1082.

Electione cleri et POPULI.

Gallia christ., t. IV, col. 98.

LYON.	GUILLAUME.	1163.

Clerus et POPULUS, conniventiâ Frederici imperatoris, elegerunt.

Gallia christ., t. IV, col. 125.

« C'est au suffrage unanime tant du clergé que « du PEUPLE de choisir l'évêque, et non à la volonté des rois, des princes ou des grands[1]. »

A la mort d'Herifrid, évêque d'Auxerre, Ra-

---

1. Baluz. Capit. reg. franc. t. II, col. 1496.

Villes.	*Évêques.*	*Années.*
LYON.	DROGON.	1164.
Pari voto et communi consensu tàm cleri quàm POPULI. Gallia christ., t. IV, col. 19.		
LYON.	GUICHARD.	1164.
Communi assensu cleri et POPULI. Gallia christ., t. IV, col. 127.		
MÂCON.	LANDRIC.	1072.
Unâ cleri et POPULI voce. Gallia christ., t. IV, col. 1064.		
MEAUX.	GILBERT.	995.
Votis OMNIUM. Act. SS., 12 februarii, t. II, p. 719.		
METZ.	ADALBERON.	984.
Votis POPULORUM et sanctorum. Vita Adalberonis, Labbe, Nov. Bibl. man., t. I, p. 671.		
METZ.	THÉODORIC II.	1005.
Tantâ cleri POPULIque comprobatione. Gallia christ., t. XII, col. 729.		
METZ.	HERIMAN.	1073.
Unanimi cleri ac POPULI consensu. Gallia christ., t. XIII, col. 732.		

gnard, vicomte de cette ville, employa tous les moyens qui dépendaient de lui pour obtenir l'épiscopat; Geran avait en sa faveur l'élection du clergé et du peuple, et le roi Charles-le-Simple l'agréa [1].

1. Gallia christ., t. IX, col. 34; Act. SS., 28 julii, t. VI, p. 597.

Villes.	*Évêques.*	*Années.*
METZ.	BURCHARD.	1090.
Cleri POPULIque suffragiis.		
	Gallia christ., t. XIII, col. 735.	
METZ.	POPPON.	1091.
METENSES.... cooptârunt.		
	Gallia christ., t. XIII, col. 736.	
NARBONNE.	DALMACE.	1080.
CANONICÈ.... electum.		
	Gregorii VII Epist. — Gallia christ., t. VI, p. 23.	
NARBONNE.	BERTRAND.	1097.
A clero, POPULO, comprovincialibus episcopis.		
	Gallia christ., t. VI. — Instr. eccl. narb., col. 28.	
NARBONNE.	RICHARD.	1106.
Communi totius cleri et POPULI consilio ac petitione.		
	Gallia christ., t. VI, Instr. eccl. narb., col. 28.	
NEVERS.	HUGUES III.	1074.
Communi cleri et POPULI consensu.		
	Gallia christ., t. XII, col. 635.	

Vers la même époque, Herbert, comte de Vermandois, parvint à obtenir les suffrages pour son fils Hugues, à peine âgé de cinq ans; le roi Raoul enjoignit au clergé et au peuple d'élire un évêque capable de gouverner leur église [1].

---

1. Flodoard, Hist. eccles. remensis, lib. 4, cap. 24.

Villes.	*Évêques.*	*Années.*
NOYON.	HUGUES.	1030.
Clerus et POPULUS.... communi voto. Marlot, Metrop. rem. hist., t. II, p. 68.		
NOYON.	BAUDRIC.	1098.
Magno cleri ac POPULI unanimitatis consensu. Baluz., Miscell., t. V, p. 309.		
NOYON.	LAMBERT.	1114.
NOVIOMENSES suffragati sunt. Gallia christ., t. IX, col. 1000.		
ORANGE.	GUILLAUME.	XIe siècle.
Clerus et POPULUS.... sibi elegerunt. Gallia christ., t. I, col. 712.		
PARIS.	FRANCON.	1020.
Eligente clero, suffragante POPULO. Fulberti, Epistola 8.		
PARIS.	GALON.	1104.
Clerus et POPULUS.... voto et voce. Ivon. carnot, epist. 171.		
PARIS.	PIERRE LE CHANTRE.	1196.
Ab universo clero et POPULO. Gallia christ., t. VII, col. 78.		

Le clergé et le peuple de Langres avaient élu Teutbold, qu'Aurélien, archevêque de Lyon, refusait de consacrer, parce qu'il avait nommé lui-même à l'évêché de Langres; le souverain pontife

---

Villes.	*Évêques.*	*Années.*
LE PUY.	GUI.	976.

A clero et POPULO.... unanimiter.

Gallia christ., t. II., Instr. eccl. anic., col. 223.

LE PUY.	FRÉDOLE.	XIe siècle.

Electus concorditer à clero et POPULO.

Gallia christ., t. II, col. 698.

LE PUY.	PIERRE.	1030.

Non solùm clerus sed etiam POPULUS et militia elegerunt.

Gallia christ., t. II, col. 698.

REIMS.	ÉBULON.	1021.

A clero et POPULO.

Gallia christ., t. IX, col. 64.

REIMS.	MANASSÈS.	1095.

Clerus et POPULUS.... communi cleri PLEBISque consensu.

Baluz., Miscell., t. V, p. 287 et 289.

REIMS.	SANSON.	1140.

OMNIUM votis electus.... CANONICA electio.

Marlot, Metr. rem. hist., t. II, p. 329.

REIMS.	HENRI DE FRANCE.	1161.

A clero et POPULO.

Marlot, Metrop. rem. hist., t. II, p. 387.

SENS.	LÉOTHERIC.	1000.

Totius et cleri et POPULI consensu, non quidem unanimi.

Gallia christ., t. II, col. 34.

invita Aurélien[1] à remplir son devoir.

Mais celui-ci, indécemment obstiné, persista dans son refus.

Alors le pape consacra lui-même Teutbold II,

1. Flodoard, Hist. eccles. remensis, lib. 4, cap. 1.

Villes.	*Évêques.*	*Années.*
SENS.	MAINARD.	1050.

Ab universo clero et POPULO electus.

Gallia christ., t. XII, col. 37.

SENS.	RICHER.	1062.

Ab omni clero et POPULO electus.

Gallia christ., t. XII, col. 38.

SENS.	DAIMBERT.	

Ab omni clero et POPULO electus.

Gallia christ., t. XII, col. 41.

SENS.	MICHAEL.	1194.

Assensu regis Philippi et totius POPULI senonensis.

Gallia christ., t. XII, col. 55.

TOUL.	BRUNO.	1026.

A clero et POPULO.

Gallia christ., t. XIII, col. 986.

TOUL.	PIERRE.	1165.

OMNIUM voluntate.

Hist. episc. tull., Hist. de Lorraine, t. I.

TOUL.	EUDES DE VAUDEMONT.	1192

Votis OMNIUM est electus.

Hist. episc. tull., Hist. de Lorraine, t. I.

et écrivit à l'archevêque que celui-là n'est point évêque, qui n'a pas été demandé par le clergé et par le peuple.

Bertaric avait été nommé évêque de Châlons, pendant le règne d'Eudes.

L'évêque désigné trouva des obstacles à sa consécration; le pape Formose reprocha à Foulques, archevêque de Reims, son refus de consacrer Bertaric, que le clergé et le peuple de la

---

Villes.	*Évêques.*	*Années.*
TOURNAI.	HERBERT.	1114.

TORNACENCES elegerunt.

Gallia christ., t. IX, col. 1090.

TOURNAI.	PIERRE LE CHANTRE.	1191.

Vota CIVIUM, testimonia POPULORUM, HONORATORUM arbitrium, electio clericorum.

Thomassin, Vet. et nov. eccl. discipl., t. II, p. 403.

TROYES.	MAINARD.	1032.

Ab omni POPULO expetitus.

Gallia christ., t. XII, col. 495.

USEZ.	PIERRE.	1150.

Electus est à clero et POPULO.

Gallia christ., t. VI, col. 620.

VERDUN.	RAIMBERT.	1024.

Unâ cleri et POPULI voce.

Gallia christ., t. XIII, col. 1185.

ville de Châlons, disait-il, avaient élu canoniquement, avec le consentement du roi[1].

Au dixième siècle, l'an 913, Charles-le-Simple eut à s'expliquer sur une élection épiscopale; il s'agissait de la ville de Trèves, il décida en ces termes :

« Celui que le clergé et le PEUPLE de Trèves « éliront, d'un même consentement, parmi les « enfants de leur propre église, sera leur évêque[2]. »

En 990, Gausbert fut élu évêque de Cahors.

Le procès-verbal de son ordination contient deux circonstances à remarquer[3].

1° Quoique Hugues Capet fût monté sur le trône depuis trois ans, son autorité n'étant pas encore reconnue dans cette ville, les évêques de Clermont, d'Albi et de Périgueux consacrèrent Gausbert, avec le consentement et l'approbation de Guillaume, comte de Cahors.

2° Dans l'acte de consécration, qui avait la date : RÉGNANT LE ROI CHARLES, on rappela le principe que l'évêque doit être demandé par le

1. Gallia christ., t. IX, col. 869.
2. Gallia christ., t. XIII. — Instr. eccl. trevir., p. 317.
3. Baluz. Capit. reg. franc., t. II, col. 629.

clergé et par le PEUPLE, de peur que la cité ne méprise ou ne haïsse un évêque qu'elle n'aurait pas désiré.

J'ai eu occasion de dire que la révolution, qui plaça sur le trône de France le chef de la troisième dynastie, n'altéra point le principe du concours du peuple aux élections épiscopales.

On se souvient qu'en 998 le concile de Rome rejeta la nomination de l'évêque du Puy, et qu'un des motifs fut qu'il avait été nommé sans le vœu du clergé et du PEUPLE.

Ce prince ayant nommé, en 1031, Richard à l'évêché de Langres, contre la volonté du clergé et du peuple, le nouveau prélat fut forcé d'abandonner son siége épiscopal[1].

Vers 1050, Léon IX avait nommé un évêque à Nantes; mais le comte, le clergé et le peuple se plaignant de l'irrégularité de cette nomination, chassèrent l'évêque, et Quiriac fut élu[2].

Sous Urbain II, l'église d'Arras fut séparée de celle de Cambrai. Plusieurs lettres de ce pape

---

1. Gallia christ., t. IV, col. 556.
2. Mém. pour servir à l'hist. de Bretagne, col. 397.

établirent en principe que le clergé et le peuple devaient faire une élection canonique[1].

Le clergé et le peuple d'Arras s'adressèrent à l'archevêque de Reims, pour lui faire part de l'élection de Lambert, et le pape écrivit à celui-ci : « Cher frère, vous avez été élu par « le consentement unanime du clergé et du « PEUPLE[2]. »

Grégoire VII ordonna au clergé et au peuple d'Orléans de rejeter un évêque qui n'avait pas obtenu l'élection du clergé et du peuple.

Et bientôt il félicita l'un et l'autre d'avoir élu Sanson pour pasteur[3].

Il existe de ce pape un grand nombre de lettres adressées au clergé et au peuple des cités de la France.

Ce même pontife, si impérieux[4], si implacable, dont l'audace prétendait que les princes n'é-

---

1. Baluz. Miscell., t. V, p. 247, *et passim.*

2. Baluz. Miscell., t. V, p. 254 et 267.

3. Thomassin, Vet. et nov. eccl. disc., t. II, p. 396.

4. Parmi ses prétentions je remarque :
Quòd SOLIUS PAPÆ pedes OMNES PRINCIPES deosculentur.
Quòd à fidelitate INIQUORUM subjectos potest absolvere.
Epist. summ. pontif. t. III, p. 661.

8.

taient que les sujets de l'église, ce prêtre qui voulait que les trônes des rois ne fussent que les marchepieds de l'humble chaire de saint Pierre, Hildebrand protégea toujours hautement les principes de l'élection canonique par le clergé et le peuple.

Il proclamait sans cesse que c'était au clergé et au peuple de choisir des évêques.

Le concile de Rome tenu, l'an 1080, invitait le peuple et le clergé à écarter toute ambition mondaine, à ne céder ni à la crainte ni aux bienfaits, et à faire toujours des choix selon Dieu.

Mais il ajoutait : « Si quelque vice altère l'élec-« tion, elle restera sans effet, et il ne sera pas « permis de la renouveler. Le droit de nommer « appartiendra au saint-siége ou au métropo-« litain [1]. »

Une telle décision apostolique, qui dépouillait ainsi l'assemblée électorale du moyen de réparer une erreur ou une injustice, eût paru peut-être, sous un autre pape qu'Hildebrand,

---

1. Epistol. summ. pontif., t. III, p. 807; Labbe, Concil., t. X, col. 38.

une sage prévoyance, une prudente mesure; mais sous Grégoire VII, il faut y voir, y reconnaître un trait de caractère, un moyen, une intention de s'emparer d'un plus grand pouvoir, une usurpation du prince de l'église sur ses sujets chrétiens.

Le pape Eugène III rétablissant, en 1146, l'évêché de Tournai, en donna avis, par une lettre adressée au roi de France, et par une autre adressée au clergé et au PEUPLE de Tournai[1].

Ives de Chartres écrivit au sujet de la nomination de l'évêque de Paris : « Nous n'approuverons que l'élection de celui que le consentement du clergé et du PEUPLE aura choisi[2]. »

Ce même Ives de Chartres, tout zélé qu'il était pour la prérogative royale, se permettait de dire, au sujet des élections épiscopales : « Les prières des rois sont des menaces[3]. »

Henri, moine de Cîteaux, frère du roi de France, Louis VII, ayant été élu évêque de Beauvais, saint Bernard consulta Pierre-le-Vénérable, abbé de Cluni; celui-ci fut d'avis de respecter

1. D'Acherii Spicil., t. III, p. 497 et 498.
2. Thomassin, Vet. et nov. eccl. discipl., t. II, p. 399.
3. Id. ibid., p. 400.

une élection faite par le clergé et le peuple[1].

Fidèle aux maximes canoniques, le même abbé de Cluni soutint, contre le comte d'Angers, l'élection de l'évêque de Lisieux, que le clergé, le peuple et toute l'église avaient nommé à l'épiscopat.

Et au sujet de l'élection de l'évêque d'Angoulême, faite par le clergé sans aucune exception, par le choix, l'assentiment des honorés et de tout le peuple, il reprochait à saint Bernard de repousser un évêque que le roi et le métropolitain, le clergé et le peuple approuvaient d'un commun consentement[2].

Saint Bernard lui-même demandait la confirmation de la nomination de l'évêque de Châlons, pour l'élection duquel la totalité du clergé et du peuple n'avait eu qu'une voix et qu'un vœu[3].

En 1124, Alvise ayant été unanimement élu évêque d'Arras, le pape témoigna au clergé et au peuple de cette ville, combien il en était satisfait[4].

---

1. Thomassin, Vet. et nov. eccl. discipl., t. II, p. 402.
2. Biblioth. cluniac., p. 693.
3. S. Bernardi opera, epist. 13.
4. Baluz. Miscell., t. V, p. 405.

Louis-le-Jeune, à son tour, adressa un pareil témoignage au clergé et au peuple[1].

Il écrivait ainsi au PEUPLE d'Arras dans un temps où l'on est assuré, d'après les documents les plus authentiques, que la ville d'Arras avait des magistrats municipaux; ce qui ne permet pas de douter que ces magistrats n'eussent, dans tous les temps, fait une partie principale et essentielle des assemblées électorales.

1. Baluz. Miscell., t. V, p. 402.

CHAPITRE IX.

Preuves précises de l'intervention des magistrats municipaux dans les assemblées électorales où le clergé et le peuple nommaient les évêques.

Quand les anciens documents nous fournissent des preuves si nombreuses et si incontestables du concours du peuple aux élections épiscopales, douterait-on que ce peuple n'y assistât sous la conduite et la surveillance de ses magistrats locaux? concevrait-on que, dans des lieux si différents, et à des époques si diverses, les habitants eussent consommé un acte si solennel, si important, au nom de la cité, sans être conduits et dirigés par leurs propres magistrats? Je pourrais sans doute me dispenser de rassembler ici quelques-unes des indications que l'histoire fournit; toutefois je ne crois pas qu'il soit convenable de les dédaigner.

Les lois de Justinien, relatives à l'élection de l'évêque, indiquent expressément qu'elle doit être faite par le clergé et les MAGISTRATS de la cité[1].

Deux lettres du pape Léon Ier ont déja été rapportées, et ont constaté que l'assemblée électorale, qui nommait l'évêque, était composée comme celle qui choisissait le défenseur de la cité.

Dans chacune de ces lettres, Léon Ier s'au-

---

1. Sancimus igitur, quoties opus fuerit episcopum ordinari, clericos et PRIMATES civitatis, cujus futurus est episcopus, ordinari, mox in tribus personis decreta facere.... ut ex trium personarum pro quibus talia decreta facta sunt melior ordinetur electione et periculo ordinantis.

Justin. novell. CXXIII, cap. 1 de Ordin. episcop.

Le texte grec porte ; Τοὺς πρώτους τῆς πόλεως.

Præsentem sancimus legem per quam sancimus ut, quoties usu venerit episcopum ordinari, conveniant clerici et PRIMORES civitatis qui ordinandus est episcopus, etc. etc.... ut ex tribus ità electis personis melior eligatur electione et judicio ordinantis.

Justin. novell. CXXXVII, cap. 2.

Van-Espen cite en ces termes la novelle 123 :

« Quin et Novellæ Justiniani expressè volunt in elec-
« tione. »

Episcopi, unà cum clero, PRIMATES civitatis, cui episcopus ordinandus est, intervenire.....

Jus eligendi unà cum clero ad HONORATOS sive PRIMATES civitatis transtulisse videtur, tanquàm qui PLEBEM et POPULUM civitatis repræsentant.

Van-Espen, t. I, p. 82.

torise des vœux, du témoignage des HONORÉS, qualification du sénat municipal.

A la fin du sixième siècle et dans les premières années du septième, Grégoire-le-Grand, écrivant au sujet des élections épiscopales, adressait ses lettres au clergé, à l'ORDRE et au peuple des cités[1].

---

1. Gregorius Ursino duci, clero et ORDINI et plebi ariminensis civitatis.

.....Vestra concurrat electio....

Gregorius clero et ORDINI et plebi consistenti Perusiæ.

Gregorius clero et ORDINI et plebi vivanensis ecclesiæ.... invicem vestræ voluntatis omninò in unius dignâ electione concordet assensus.

Gregorius clero et nobilibus, ORDINI et plebi consistentibus Neapoli.... ORDINI et plebi consistenti Neapoli.

Gregorius clero ORDINI et plebi consistenti Nepæ.

Gregorius Joanni clero, ORDINI et plebi consistenti Crotonæ.

Gregorius ORDINI et plebi consistenti in Albano.

Gregorius ORDINI et plebi consistenti in Terracinâ.

Gregorius ORDINI et plebi consistenti Ravennæ.

Gregorius clero, ORDINI et plebi consistenti Messanæ.

....Qui dùm fuerit postulatus cum solemnitate decreti omnium subscriptionibus roborati, etc.

Gregorius clero, ORDINI, et plebi Tadinati....

Qui dùm fuerit postulatus cum solemnitate decreti omnium subscriptionibus roborati.... ad nos veniat ordinandus.

Gregorius clero ORDINI et plebi panormitanæ civitatis.

Labbe, Concil., t. V, col. 1065, 1074, 1077, 1078, 1079, 1088, 1106, 1107, 1174, 1323, 1361, 1522.

On retrouve encore la suscription de ses lettres au clergé, à l'ORDRE et au peuple de

Rimini,	Nepi,	Ravenne,
Perouse,	Crotonne,	Messine,
Viane,	Albano,	Tadinatum,
Naples,	Terracine,	Palerme.

Cette désignation d'ORDRE indiquait incontestablement le corps municipal, les magistrats, chefs de la curie et du peuple.

Une élection épiscopale avait été faite à Naples; l'évêque désigné n'accepta pas. Grégoire-le-Grand s'adressa au duc de Campanie, et le chargea de convoquer les CHEFS et le peuple, afin de s'occuper d'une autre élection[1].

Ce pontife, prescrivant à la ville de Zara, de ne pas communiquer avec le prêtre Maxime, s'adresse aux prêtres, aux diacres et au clergé, aux NOBLES et au peuple de Zara[2].

---

1. Ut convocantes PRIORES vel populum civitatis de electione alterius cogitatis.

Labbe, Concil., t. V, col. 1107.

2. Gregorius presbyteris, diaconibus et clero, NOBILIBUS ac populo Jaderæ consistentibus.

Ut à Maximi prævaricatoris communione abstineant.

Labbe, Concil., t. V, col. 1238.

Dans une autre circonstance, relative à une élection épiscopale dont la validité était contestée, il écrit au clergé et aux NOBLES CITOYENS de Naples, c'est-à-dire, à l'ORDRE, au sénat municipal[1].

Ainsi il est incontestable, comme j'ai eu déjà occasion de le prouver, que ces désignations d'ORDRE, de NOBLES, d'HONORÉS, s'appliquent à la corporation municipale, aux magistrats, chefs de la cité.

Ce mot de NOBLES est employé par des biographes, pour désigner le sénat de la cité, les chefs de la curie, à une époque où les Gaules étaient encore sous la domination romaine.

Euverte, évêque d'Orléans, voulut, avant sa mort, assurer le choix de son successeur.

« Ayant convoqué l'assemblée des NOBLES, il « leur annonce son prochain trépas, et, avec « une douceur persuasive, il leur demande de « connaître le vœu commun de tous sur ce choix. »

« Et comme le choix du peuple variait, il dit : « Si vous voulez véritablement un pasteur choisi

---

1. Gregorius clero et NOBILIBUS civibus neapolitanis. Labbe, Concil., t. V, col. 1416.

« par Dieu même, nommez après moi Aignan[1]. »

Aignan fut nommé en 391.

Ainsi, assister aux élections épiscopales, avec le peuple, y représenter la cité, était pour les HONORÉS, les PRINCIPAUX, les CHEFS de la curie, l'ORDRE, le SÉNAT, un devoir autant qu'un droit.

En 472, la mort de l'archevêque de Bourges excita dans cette ville de grandes dissensions touchant le choix de son successeur.

Sidoine Apollinaire, évêque de Clermont, fut appelé à Bourges, afin que sa présence et ses conseils concourussent à rétablir la paix et protégeassent l'élection.

Par qui et comment fut-il appelé?

Lui-même nous l'apprend. Ce fut par un décret des citoyens, décret rendu par le sénat municipal de la cité[2].

---

1. Sentiens se jàm ad celestia regna vocandum, accersito CONVENTU NOBILIUM, indicat suum transitum mox futurum, dulci eos affatur eloquio, ut de successore subrogando agnosceret commune omnium votum.

Cumque varia electio populi fieret.... dixit : « Si verè pas- « torem vultis electum a domino, fratrem et compresbyte- « rum meum Anianum noveritis in meo constitui loco.

Vita S. Aniani; Hubert, Antiq. hist. de l'église royale Saint-Aignan d'Orléans, preuves; p. 1.

2. Bituricas, DECRETO CIVIUM petitus, adveni. Causa fuit

L'agiographe qui a fait connaître la nomination de saint Didier, à l'évêché de la même ville, en 550, nous apprend qu'il fut nommé par la faveur, le suffrage et l'élection des PRINCIPAUX, du clergé et du peuple[1].

Pour l'élection de Grégoire de Tours en 572, la foule du clergé avait été réunie aux HOMMES NOBLES, c'est-à-dire, aux MAGISTRATS et au peuple[2].

Lors des élections, il se faisait souvent entre le clergé et le peuple des négociations et des traités, qui terminaient heureusement les agitations et les disputes des partis : voici ce qui se passa à Limoges, sous le règne de Clotaire II.

Le clergé et le peuple de Limoges ne pouvaient fixer leur choix ; pour arriver à un résultat, ils convinrent de deux candidats également recommandables, et ils s'en rapportèrent à la préférence que le roi accorderait à l'un des deux.

---

evocationis titubans ecclesiæ status, quæ nuper summo viduata pontifice, utriusque professionis ordinibus ambiendi sacerdotii quoddam classicum cecinit. Fremit populus per studia divisus. Multi sese non offerunt solùm sed inferunt.

Sidon. Apollin., epist. 6, liv. 7.

1. Voyez page 82.
2. Voyez page 90.

Loup et un autre prêtre furent présentés, le prince choisit le premier[1].

Guillaume, évêque de Bourges, fut choisi par Eudes, évêque de Paris, auquel les électeurs avaient remis le droit de nommer, parce qu'ils ne pouvaient s'accorder; le choix devait être fait entre trois abbés de l'ordre de Citeaux[2].

A la mort d'Arnuste, évêque de Narbonne, le clergé et le peuple de cette cité s'accordèrent à appeler Rostang, évêque d'Arles, pour obtenir ses sages avis sur le choix du successeur[3].

Mais comment supposer ces négociations et ces traités, si l'on n'admet la présence et l'intervention des magistrats du peuple? n'est-il pas évident qu'eux seuls pouvaient porter les paroles de paix, et stipuler pour lui et l'engager?

L'évêque Bertolin était parvenu à l'épiscopat de Soissons, par voie de simonie. Quand il

---

1. Act. SS., 24 maii, t. V, p. 171.

2. Labbe, Nov. Bibl. manusc., t. II, p. 379.

3. Clerus et populus narbonensis congregati, ut viderent quo pacto.... alium archiepiscopum eligerent, optimè factum putârunt, si vicinum suum Rostagnum archiepiscopum arelatensem ad concilium vocarent.

Gallia christ., t. VI, col. 24.

vit approcher la mort, il fit assembler les chefs du peuple, leur manifesta ses remords; il abdiqua l'épiscopat, et d'après l'indication de Bertolin lui-même, saint Draus fut nommé unanimement pour lui succéder[1].

Saint Ursin, archevêque de Bourges, pressentant qu'il approchait du terme de ses jours, convoqua auprès de lui les anciens du clergé et les MAGISTRATS DE LA CITÉ, et leur désigna pour son successeur un citoyen des plus distingués par sa naissance, par sa religion et par ses mœurs, nommé Senicien[2].

Golvin fut élu évêque de Léon dans le septième siècle, par les CHEFS DE LA CITÉ[3].

Dans le même siècle[4], Sigebert approuva l'élec-

---

1. Voyez page 89.

2. At ipse (Ursinus) morbo in dies vehementiùs ingravescente, dissolutionem sui corporis imminere præsnoscens, convocatis ad se senioribus sui cleri et PRIMORIBUS civitatis, quemdam ex nobilioribus virum valde religiosum et bonis moribus ornatum, nomine Seniacum, sibi fore successorem destinavit.

Hist. patriarch. Bituric. — Labbe, Nov. Bibl. man., t. II, p. 9.

3. Voyez page 84.

4. Sigibertus.... petitione PRIMORUM civitatis ammonitus, approbans electionem.

Act SS., 2 octobris, t. I, p. 335.

tion de Leudomer, évêque de Châlons, d'après la pétition des CHEFS de la ville.

Le concile tenu à Châlons-sur-Saône, en 649, contient cette disposition :

« Si l'évêque d'une cité meurt, l'élection de « son successeur ne doit être faite que par les « évêques provinciaux, le clergé et SES CONCI- « TOYENS [1]. »

Dans la seconde moitié du neuvième siècle, le pape Jean VIII, écrivant aux citoyens de Ravenne, au sujet de leur archevêque, s'adressa aux prêtres, au SÉNAT et au peuple de Ravenne [2].

Lorsque, en 731, Eucher eut été nommé évêque d'Orléans, tout le peuple, convoqué par le SÉNAT, adressa une députation à Charles Martel, pour obtenir la confirmation de ce choix [3].

---

1. Voyez page 66.

2. Sacerdotibus et SENATUI populoque ravenati fidelibus nostris.

Epist. summorum pontificum, t. III, p. 512.

3. Tunc verò omnis plebs Aurelianorum à SENATU accersita, domino annuente, ad Carolum inclytum sœculi principem Francorum, legatos cum munere atque humili prece mittunt :... obsecramus.... ut.... Eucherium famulis tuis plebi Aurelianorum pontificem jubeas adnecti.

Act. SS. Ord. S. Benedicti, pars. I, sæcul. 3, p. 596.

Il est sans doute incontestable que ce SÉNAT, que composaient les magistrats municipaux, l'ordre, les chefs de la curie, assistait à l'élection, puisqu'il convoquait le peuple.

Je crois convenable d'annoncer que l'agiographe qui a donné la vie de saint Eucher, écrivait dans le siècle même où le saint avait vécu; en parlant du SÉNAT, il a donc employé une expression usitée de son temps.

Guillebert fut élu à Châlons, en 868, par le clergé, l'ORDRE et le peuple [1].

A Laon, le clergé et le peuple de toute la paroisse, ayant avec lui ses CHEFS, nommèrent Henedulfe, en 876 [2].

Lorsqu'en 1095, les suffrages unanimes du clergé et du peuple élurent Manassès archevêque de Reims, une lettre du pape Urbain II, exprima combien ce choix lui était agréable.

A qui fut-elle adressée? je l'ai déja dit: « Au « clergé, à l'ORDRE, aux chevaliers et au PEUPLE « de Reims. »

Quel corps, quelle magistrature désignait et

---

1. Voyez page 95.
2. Ibid.

pouvait désigner cette expression d'ORDRE, sinon les échevins, l'antique magistrature municipale de Reims?

Et quand, peu d'années après, Manassès, archevêque de Reims, écrit au clergé, à l'ORDRE et au peuple de Térouane, croira-t-on que ce prélat, qui savait si bien que l'ORDRE signifiait la corporation municipale de Reims, eût adressé sa lettre à l'ORDRE de Térouane, si cette cité n'avait été gouvernée par des magistrats municipaux?

Cette démonstration évidente que le mot ORDRE indique pour la ville de Reims sa corporation municipale, ne permet-elle pas de croire que cette même expression employée à l'égard des autres villes, désigne la même magistrature.

En 1001, Girard II fut élu évêque d'Angoulême, d'après la demande du peuple, l'élection du clergé, le consentement des HONORÉS[1]; et Hugues II le fut, en 1140, par l'élection unanime, l'assentiment des HONORÉS et de tout le peuple[2].

Il est hors de doute qu'en 1191, la ville de

---

1. Voyez page 101.
2. Voyez page 102.

Tournai avait un maire, des magistrats municipaux et des échevins.

Pierre le Chantre fut nommé évêque, et il le fut par les vœux des citoyens, l'assentiment des peuples, l'opinion des HONORÉS, l'élection des clercs[1].

Croira-t-on, dira-t-on que les magistrats locaux ne présidaient pas le peuple qui élisait, quand les HONORÉS sont nommés et spécifiés dans les écrits d'Étienne de Tournai, qui annonce l'élection de cet évêque? Se refusera-t-on à reconnaître dans ces HONORÉS les magistrats populaires qui avaient conservé les droits électoraux de la curie?

S'il est prouvé qu'à cette époque, qu'à la fin du douzième siècle, un écrivain se sert de cette expression d'HONORÉS, pour désigner les magistrats populaires, n'est-il pas évident que la même expression, employée précédemment, ne doit s'entendre que dans le même sens?

Une formule rapportée par Baluze, pour la rédaction du décret d'élection de l'évêque, indique le clergé, l'ORDRE et le peuple[2].

---

1. Voyez page 112.
2. Baluz. Capit. reg. franc., t. II.

Ce décret était rédigé et signé pour attester la vérité et la validité de l'élection; pouvait-il l'être sans la participation des magistrats?

Flodoard, annonçant l'élection d'Hincmar à l'archevêché de Reims, dit : « Le décret ayant « été rédigé et signé par les électeurs [1]. »

La formule qui rapporte l'élection d'Électran, à l'évêché de Rennes, dit : « Par l'élection et le « DÉCRET du clergé et du peuple [2]. »

Les DÉCRETS de l'élection d'Henedulfe à l'évêché de Laon [3], et d'Ansegise à l'archevêché de Sens, annoncent qu'ils ont été signés par les électeurs [4].

A Rome, le décret d'élection du pape était signé par les chefs du peuple, par les magistrats de la cité, dont la signature représentait celle des laïques.

Doutera-t-on qu'il n'en fût de même dans les autres cités?

---

1. Igitur à clero et à PLEBE ipsius metropolis.... Hincmarus electus est. Sicque DECRETO peracto, eligentium manibus roborato, ecclesiæ remensi ordinatur Hincmarus.

Flodoard, Historia ecclesiæ remensis, lib. 3, col. 152.

2. Voyez page 99.
3. Baluz. Capit. reg. franc., t. II, col. 605.
4. Id. Ibid., col. 608.

Qu'on lise la formule de la lettre par laquelle le métropolitain invitait à la cérémonie de la consécration du nouvel évêque; qui était appelé? Les prêtres, les diacres, les HONORÉS, les clercs, les POSSESSEURS et tout le PEUPLE[1].

Indépendamment des preuves positives que les divers passages fournissent de l'existence de magistrats municipaux, et de leur présence à l'assemblée qui élisait l'évêque, je ne crains pas d'avancer que les seuls mots : « Élu par le clergé « et par le PEUPLE, » ne doivent laisser aucun doute sur la présence des chefs du clergé et des chefs du peuple.

En effet, cette formule « Par le clergé et par « le PEUPLE, » a été plusieurs fois employée et en différentes cités, pour indiquer des élections épiscopales faites à une époque où il est démontré qu'il existait dans ces cités une corporation municipale, et les historiens de cette époque disent, comme ceux des temps antérieurs, que l'élection a été faite « par le clergé et par le « PEUPLE. »

---

1. Presbyteris, diaconis, HONORATIS clericis, et possessoribus vel cunctæ PLEBI illius ecclesiæ.

Baluz. Capit. reg. franc., t. II, col. 638.

Qu'il me suffise d'indiquer ici les cités de

Narbonne	en	1080 et 1097.
Reims	en	1095.
Amiens	en	1104.
Arras	en	1124.
Bourges	en	1136.
Langres	en	1139.
Angoulême	en	1140.
Autun	en	1148.
Beauvais	en	1149.
Usez	en	1150.
Reims	en	1161.
Tournai	en	1191.
Agde	en	1214[1].

Si, par le mot POPULUS, PEUPLE, les anciens écrivains n'avaient pas désigné les habitants de la cité, ayant à leur tête leurs magistrats, il eût fallu, depuis l'époque où l'existence des corporations municipales est incontestable, que ces écrivains se fussent servi de nouvelles expressions pour désigner, dans ce nouvel état de choses, un corps électoral différemment organisé.

---

1. Voyez pages 108, 110, 101, 102, 104, 105, 102, 102, 103, 112, 112, 101.

Mais on a dit toujours, PAR LE CLERGÉ ET PAR LE PEUPLE, parce qu'il n'y avait aucun changement essentiel dans la composition de l'assemblée électorale.

Enfin une circonstance que je me permettrai de faire remarquer encore, c'est qu'on ne trouve point, dans les récits des diverses et nombreuses élections, que le comte, le duc, ni aucun agent direct de l'autorité royale, y soit jamais intervenu à la tête du peuple de la cité; et n'est-il pas permis de tirer de cette preuve négative une induction en faveur de la présence des magistrats populaires, des chefs de la curie, des magistrats municipaux?

CHAPITRE X.

Élections épiscopales déférées aux chapitres; doléances des états d'Orléans; ordonnance de Charles IX qui admet encore le concours du peuple à ces élections.

Depuis que les seuls cardinaux élisaient les papes, les chanoines des cathédrales prétendirent à élire seuls les évêques. Ils crurent devenir maîtres des nominations, mais ils ne firent qu'augmenter l'influence de la cour; il était plus aisé au roi de forcer le choix du chapitre que celui du clergé et du peuple d'une cité.

Le chapitre de Rouen en fit une malheureuse expérience.

En 1184, il avait élu un archevêque; le roi lui demanda de nommer Gauthier.

Les chanoines supplièrent le prince de déclarer s'il ordonnait cette nomination, ou si seulement il priait le chapitre de la faire.

La réponse du roi fut courte et piquante: « Je veux et je prie qu'elle soit faite[1]. »

---

1. De electione Walterii archiepiscopi Rotomagensi. .... Regis Hainrici, Cùm autem archiepiscopus Rotroldus

Le chapitre la fit.

Après douze siècles de possession, les élections épiscopales[1] furent retirées au peuple; l'article 24

---

mortuus esset, orta est lis et contentio inter regem et capitulum, ità quòd capitulum elegit Robertum de Novoburgo..., volentes quòd Robertus de Novoburgo esset archiepiscopus. Rex verò timens ne irent contra voluntatem suam, noluit sustinere hoc et elegit Galterum de Constantiis... volens quòd idem Galterus esset archiepiscopus; capitulum verò pro posse suo regi contradixit. Tandem canonici, videntes regem turbatum, interrogaverunt eum, utrum hoc vellet fieri de jure regio, vel precibus. Rex verò dixit: volo et precor ut ità fiat. Capitulum verò acquiescens voluntati regis, receperunt Galterum prænominatum et eum constituerunt archiepiscopum.

Gallia christ., t. XI. —Inst. eccl. Rotom., col. 26 et 27.

1. Le concile de Latran de 1215, canon 24, établit trois formes d'élection.

§ 1er. Scrutin.

Assumantur tres de collegio.... qui secretò et singulatim vota cunctorum diligenter exquirant.... ut is, collatione adhibitâ, eligatur, in quem omnes vel major vel sanior pars capituli consensit.

§ 2. Compromis.

Vel saltem eligendi potestas aliquibus viris idoneis committatur qui, vice omnium, ecclesiæ viduatæ provideant.

§ 3. Inspiration et acclamation.

De pastore aliter electio facta non valeat nisi forte communiter esset ab omnibus quasi per inspirationem divinam, absque vitio, celebrata.

Labbe, Concil., t. XI, col. 176.

du quatrième concile de Latran, tenu en 1215, régla la manière dont les chapitres devaient choisir les évêques.

Cependant ni cette innovation, ni l'ordre de choses établi par la pragmatique de saint Louis, par les autres pragmatiques, et par le concordat de Léon X et de François Ier, ne purent effacer du cœur des Francais le sentiment des droits primitifs dont leurs pères avaient joui et comme chrétiens et comme citoyens.

Quand les circonstances politiques permirent à la nation d'exposer, dans ses doléances, les griefs nombreux et divers, dont elle désirait le redressement, le souvenir du concours du peuple aux élections épiscopales, de ce droit qui, né avec le christianisme, avait été exércé avant la monarchie même, dicta les réclamations qui furent présentées aux États d'Orléans, en 1560, et Charles IX publia l'ordonnance suivante[1]:

« Ordonnance du roi Charles IX, faite en son « conseil, sur les plaintes et doléances et remon-

---

1. Les édits et ordonnances, etc., par maistre Pierre Néron et Estienne Girard, etc.; Paris, 1643, in-8°, p. 128.

« trances des députés des trois États, tenus en « la ville d'Orléans. »

« Art. 1. Tous archevêques et évêques seront « désormais, sitôt que vacance adviendra, esleus « et nommés : à savoir les archevesques par les « évesques de la province et chapitre de l'église « archiépiscopale, les évesques par l'archevesque « évesques de la province et chanoines de l'église « épiscopale, appelés avec eux douze gentils- « hommes, qui seront esleus par la noblesse du « diocèse, et douze notables bourgeois, qui se- « ront esleus en l'hostel de la ville archiépisco- « pale ou épiscopale. Tous lesquels convoqués à « certain jour par le chapitre, s'accorderont de « trois personnes de suffisance et qualité re- « quises par les saints décrets ou conciles, âgés « au moins de trente ans, qu'ils nous présen- « teront, pour, par nous, faire élection de celui « des trois que nous voudrons nommer à l'ar- « chevesché ou évesché vaquant. »

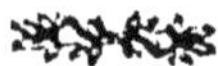

CHAPITRE XI.

Faits qui corroborent les preuves qui ont déja constaté l'existence de la corporation et de la magistrature municipales.

Parmi les faits divers qui fourniraient les plus forts indices de l'antique existence de la corporation municipale et de ses magistrats, quand même les preuves précédentes ne seraient pas connues, je me borne à choisir les suivants, qui ajouteront encore à la conviction, à la certitude que déja les hommes impartiaux ont acquise sans doute.

§ 1er.

Documents qui désignent le PUBLIC, *le* PEUPLE, *comme corporation.*

Le testament d'Ephibius, de l'an 696, porte que le jugement du sénat condamnera à quatre cents sols d'or pour le public celui qui oserait transgresser ses volontés dernières[1].

1. Senatorio judicio ad libras cccc auri in PUBLICO reddere compellatur.

Voyez t. I, p. 22.

Cette amende en faveur du public ne pouvait concerner que l'universalité des habitants, la municipalité locale.

Le capitulaire de 802 suffirait pour constater l'existence du pouvoir municipal sous Charlemagne et dans le neuvième siècle, et ne laisser aucun doute sur l'exercice des droits qui y sont attachés.

Ce capitulaire porte : « Si les hommes libres « qui habitent auprès des lieux maritimes, avertis « par un message de venir au secours, négligent « leur devoir, que chacun d'eux paie une amende « de vingt sols, la moitié au domaine, la moitié « au PEUPLE[1]. »

« Si le messager a été maltraité, l'amende sera « de quinze sols en faveur du PEUPLE, et de la « même somme pour la recette des domaines. »

Comment la loi aurait-elle accordé des amendes

---

1. De liberis hominibus qui circa maritima loca habitant. Si nuntius venerit ut ad succurrendum debeant venire, et hoc neglexerint, unusquisque solidos viginti componat, medietatem in dominico, medietatem ad POPULUM. Si ictus fuerit, solidos quindecim componat ad POPULUM et fredo dominico.

Baluz. Capit. reg. franc., t. I, col. 377.

au peuple, s'il n'avait existé une organisation municipale qui en exerçât les droits?

Un capitulaire de l'empereur Lothaire, de l'an 824, décide que si une église est construite en quelque lieu où elle soit nécessaire, les hommes libres, qui doivent entendre l'office divin, la doteront de douze arpents de terre et de deux serfs, afin que le prêtre puisse trouver sa subsistance.

Et il ajoute : « Si le PEUPLE ne veut pas doter « cette église, qu'elle soit détruite[1]. »

On voit évidemment par ce texte que les hommes libres sont le peuple; mais ce peuple

---

1. Præcipimus ut singulæ plebes secundum antiquam consuetudinem fiant restauratæ. Quòd si filii ejusdem ecclesiæ eas restaurare noluerint, à ministris reipublicæ distringantur ut volentes nolentesque nostram observent præceptionem.

Baluz. Capit. reg. franc., t. II, col. 324.

Quòd si fortè in aliquo loco sit ecclesia constructa, quæ tamen necessaria sit, et nihil dotis habuerit, volumus, ut secundum jussionem domni et genitoris nostri, unus mansus duodecim bunariis de terrâ arabili ibi detur, et mancipia duo aut liberis hominibus qui ad eadem ecclesia officium Dei audire debent, ut sacerdos ibi possit esse et divinus cultus fieri. Quòd si populus facere noluerit, destruatur.

Baluz. Cap. reg. Franc t. II, col. 327.

ne peut fournir à la dotation de l'église, qu'en délibérant, et s'imposant des contributions, en achetant un terrain et des esclaves, en faisant un acte de donation en faveur de l'église; comment peut-on concevoir qu'il n'existe pas une administration municipale, des magistrats populaires dans un pays dont les hommes libres sont appelés à une telle délibération, à une telle contribution, à un tel ordre d'administration?

§ 2.

Stipulations, ventes faites par les habitants en corps.

En 814, un jugement rendu entre l'évêque de Soissons et celui de Noyon, pour régler la démarcation des diocèses, fut acquiescé par les personnes intéressées[1]; l'historien dit :

« Donnèrent leur consentement les évêques,

1. Consenserunt suprascripti episcopi, et chorepiscopi abbates, presbyteri et diaconi, et pars ecclesiæ noviomensis clerici ac LAICI, et pars ecclesiæ suessionicæ, similiter clerici et LAICI, et uno animo unoque consensu confirmare decreverunt.

Flodoard, Hist. eccl. remens., lib. 2, fol. 136.

« chorévêques, abbés, prêtres, diacres, et la par-« tie de l'église de Noyon; clercs et LAÏQUES, et « la partie de l'église de Soissons, également, « clercs et LAÏQUES. »

Ces laïques pouvaient-ils valablement stipuler les intérêts des églises, s'ils n'étaient les organes des citoyens, les magistrats municipaux?

Dans un plaid de l'an 920, tenu par Ugbert, évêque de Nîmes, au sujet des dixmes de Luc[1], on lit: « L'aleu que les HOMMES de Ville-Luc ven-« dirent aux HOMMES demeurant à Ville-Quart. »

§ 3.

Biens communaux.

Quelques documents indiquent que les cités, les cantons possédaient des biens en commun, ce qui ne peut guère exister qu'autant qu'il y a un régime municipal, et des administrateurs des biens de la cité?

On lit, dans une formule de Lindenbrog, un acte de transmission de biens avec terres, bois,

1. Alodem quem HOMINES de Villâ Luco venundaverunt ad homines commanentes de Villâ Quarto.

Menard, Hist. de Nîmes, t. I, preuves, p. 19.

champs, prés, pâturages, COMMUNAUX et esclaves [1].

Ces communaux indiquent le droit que l'acquéreur obtenait de participer aux avantages qui compétaient à sa propriété nouvelle, sur les biens communs où ordinairement les troupeaux paissaient, où les propriétaires coupaient du bois, etc.

L'acte de vente passé, en 877, d'un manse situé en Bourgogne, donne, pour un confront, le SENTIER COMMUNAL, et pour un autre la voie publique [2].

Il est donc évident que dans ce pays il y avait des biens qui appartenaient à l'universalité des habitants, une chose commune.

L'acquéreur fait donation de cette manse, et les confronts sont désignés de la même manière.

Dans une donation, de l'an 1003, une terre est désignée confrontant la terre des FRANCS DE PRUSSILIAC [3].

---

1. Cum terris, silvis, campis, pratis, pascuis, COMMUNIIS nec non et mancipiis.

Formul. lindenbrog., n° 56.

2. De uno fronte CENTERIUS COMMUNALIS pergit, de alio verò fronte strada publica pergit.

Perard, Recueil de pièces curieuses, p. 155, 156.

3. De aliâ parte terra FRANCORUM de Prussiliaco.

Perard, *ibid.*, p. 168.

N'est-ce pas là aussi une terre de l'universalité des Francs qui habitent ce pays?

Le comte Geoffroi fit, en 1055, une donation d'une propriété à laquelle l'acte indique, pour confront, les vignes du FIEF COMMUNAL d'Arles, et c'est le comte, le prince lui-même, qui reconnaît l'existence de ce fief communal.

§ 4.

Espagnols réfugiés.

Sous le règne de Charlemagne, des Espagnols, opprimés dans leur pays par les Sarrasins, se réfugièrent sur les frontières voisines de l'Espagne; ce prince les autorisa à s'y établir, et leur accorda des terres qu'ils cultivèrent.

En 812, ils se plaignirent de ce qu'on les vexait, et de ce qu'on les dépossédait; il adressa à huit comtes l'ordre de cesser les vexations, leur défendant d'exiger aucun cens, etc.

Plus tard, Louis-le-Débonnaire écrivait aux citoyens de Lérida:

« Je sais que vous êtes persécutés par les « Sarrasins, je me propose d'aller à votre secours; « mais si vous voulez venir en France, je vous « accorderai votre ANTIQUE ET PLEINE LIBERTÉ;

« vous n'aurez à payer ni cens, ni tribut, vous « vivrez sous vos PROPRES LOIS, et je vous re« cevrai honorablement comme amis et associés, « pour la défense du royaume[1]. »

Un décret de ce prince[2], relatif aux Espa-

---

1. OMNIBUS PRIMATIBUS ET CUNCTO POPULO EMERITANO.

....Quia et LIBERTATEM vobis tollere et injustis censibus ac tributis vos onerare atque humiliare molitus est....

ANTIQUAM LIBERTATEM vestram plenissimè et sine ullâ diminutione vobis uti concedimus et absque censu vel tributo immunes vos esse permittimus; et non aliam LEGEM nisi quâ ipsi vivere volueritis, vos tenere jubemus.... vos amicos et socios in defensione regni nostri honorificè habemus.

Baluz. Capit. reg. franc., t. II, col. 817 et 818.

2. I. Eodem videlicet modo, ut sicut cæteri liberi homines cum comite suo pergant!... alius verò census ab eis, neque à comite, neque à junioribus et ministerialibus ejus, exigatur.

II. Ipsi verò majoribus causis.... ad comitis sui mallum omnimodis venire non recusent. Cæteras verò MINORES CAUSAS MORE SUO, sicut hactenùs fecisse noscuntur, INTER SE MUTUÒ definire non prohibeantur.

III. ....liceat illi eos distringere ad JUSTITIAS faciendas QUALES INTER SE definire possunt.

VII. ....cujus constitutionis, in unâquâque civitate ubi prædicti Hispani habitare noscuntur, tres descriptiones esse volumus; unam quam episcopus ipsius civitatis habeat, et alteram quam comes et tertiam ipsi Hispani qui in eodem loco conversantur.

Baluz. Capit. reg. franc., t. I, col. 550—552.

gnols, qui, sous son règne et sous celui de Charlemagne, s'étaient réfugiés en France, explique en détail les conditions de leur existence politique.

1° Ils iront, comme les autres hommes libres, à l'armée avec le comte.

2° Dans les causes criminelles et civiles majeures, ils seront tenus de vénir à l'assemblée du comte, au plaid, toutes les fois qu'ils seront accusés.

3° Quant aux autres causes de moins d'importance, il leur est permis de les terminer mutuellement entre eux, à LEUR MANIÈRE, comme ils ont fait jusqu'à présent.

Voilà des hommes libres en possession de terminer leurs affaires entre eux, c'est-à-dire par les magistrats de leur choix, sans avoir à rendre aucun compte; peut-on ne pas voir dans cette déclaration du prince la reconnaissance du droit de se juger et de s'administrer en tout ce qui n'est que d'intérêt local?

L'article III porte que, si l'Espagnol propriétaire appelle auprès de lui d'autres hommes dans la partie qu'il occupe, ceux-ci seront soumis à la juridiction locale, sauf les affaires qui sont du ressort du comte.

Enfin l'article VII annonce que cette charte sera déposée en triple exemplaire dans chaque cité où les Espagnols habitent :

1° Entre les mains de l'évêque de la cité ;

2° Entre les mains du comte ;

3° Entre celles des Espagnols.

Or il est bien évident que ce lieu où habitent les Espagnols, où l'on dépose en leurs mains la charte qui les naturalise et les protége, est le siége même de leur administration municipale, etc.

En effet, qui serait dépositaire de la charte, du titre commun, s'il n'existait pas un pouvoir municipal, des magistrats locaux, etc.?

On a souvent parlé de cette charte, mais on n'a pas remarqué que ces Espagnols étaient des hommes libres, des propriétaires qui, pour échapper au joug des Sarrasins, avaient cherché un réfuge dans la Septimanie, en des pays précédemment changés en solitude par les gouverneurs francs; l'empereur ne leur accorde pas la liberté, mais la leur conserve.

C'étaient ou des Visigoths ou des descendants des anciens Espagnols, qu'on désignait en Espagne par la qualification de Romains, comme en France, la même qualification se donnait aux descendants des anciens Gaulois.

Ces réfugiés avaient des institutions assez semblables à celles des habitants de la France méridionale, qui vivaient sous la loi romaine.

Entre autres magistrats créés par les institutions romaines, les Visigoths conservèrent le défenseur de la cité; leur loi portait expressément, qu'il serait nommé par l'évêque et par le peuple[1].

Aussi, le savant auteur du MARCA HISPANICA, expliquant le décret de Louis-le-Débonnaire, n'hésite pas à dire qu'en accordant à ces Espa-

---

1. Jubemus ut numerarius, vel DEFENSOR, qui electus ab episcopis vel populis fuerit, commissum peragat officium, ità tamen ut dùm numerarius vel defensor ordinatur, etc.

Fori Judicum, lib. 12, art. 3, dans le Codex leg. antiq., p. 208.

Cette loi fut faite sous le roi Chintasvinte.

Le glossaire placé à la suite du Fuero Juzgo dit :

DEFENSOR. Syndicus, qui negocia civitatis suscipiebat, tribunus plebis DECRETIS CIVIUM ELECTUS, ut disciplinæ invigilaret, tributa curaret, naucleros et mercatores tueretur, etc.

gnols la faculté de juger entre eux les affaires minimes, dépendantes de la juridiction municipale, le prince leur accordait tacitement le droit de se donner des magistrats municipaux[1].

De ces concessions, faites à des étrangers, je tire une juste induction qui sert encore à prouver l'existence de la liberté municipale dans nos cités.

Croira-t-on que, si elles n'avaient été en possession des mêmes avantages, on les eut si gratuitement prodigués à ces refugiés?

§ 5.

Noms de plusieurs cités inscrits sur les monnaies pendant les trois dynasties.

Une preuve de la liberté municipale des villes

---

1. Jurisdictioni comitis eos parere jubet, non solùm in causis majoribus ut sunt homicidia.... sed etiam in omnibus causis, seu civiliter, seu criminaliter agatur, si à comite in jus vocati fuerint....

Minores causas, mutuo consensu, inter se definire illis permittitur, quod pertinet ad duumvirorum et magistratuum municipalium officium, quorum eligendorum facultas hic concessa intelligitur.

P. de Marca, Marca hisp., lib. 3, col. 300.

résulte encore de l'inscription de plusieurs noms de CITÉS sur les monnaies publiques[1].

---

1. Parmi ces villes, on distingue :

Villes.	*Désignations.*	*Princes.*
AMIENS.	cité.	Charles-le-Chauve.
ANGERS.	cité.	Charles-le-Chauve.
	cité.	Eudes.
ARLES.	cité.	Childebert I.
	citoyens.	Carloman.
ARRAS.	cité.	Charles-le-Chauve.
AUCH.	cité.	Première dynastie.
AUTUN.	cité.	Charles-le-Chauve.
AUXERRE.	cité.	Première dynastie.
	cité.	Charles-le-Chauve.
	citoyen.	Carloman.
BAVAI.	cité.	Charles-le-Chauve.
BAYEUX.	cité.	Charles-le-Chauve.
BEAUVAIS.	cité.	Charles-le-Chauve.
BESANÇON.	cité.	Charles-le-Chauve.
BOULOGNE.	cité.	Première dynastie.
BOURGES.	habitants.	Charles-le-Chauve.
	cité.	Raoul.
	habitants.	Lothaire.
	ville.	Louis VI.
CAMBRAI.	cité.	Première dynastie.
	citoyen.	Lothaire, empereur.
	cité.	Charles-le-Chauve.

Cette qualification se trouve sur une monnaie de Cambrai désignée sous le nom de monnaie de saint Gaucher.

Le gouvernement aurait-il permis l'usage d'une expression qui désignait un titre, un droit, si ce titre, ce droit n'avaient pas existé? aussi, à

Villes.	*Désignations.*	*Princes.*
Châlons-sur-Marne.	cité.	Charles-le-Chauve.
Châlons-sur-Saône.	citoyen.	Charles-le-Chauve.
	cité.	Henri I.
Chartres.	cité.	Charles-le-Chauve.
Clermont.	citoyen.	Première dynastie.
Évreux.	cité.	Charles-le-Chauve.
Lyon.	citoyen.	Charles-le-Chauve.
Mans (le).	cité.	Charles-le-Chauve.
Marseille.	cité.	Childéric II.
Meaux.	cité.	Charles-le-Chauve.
Nantes.	cité.	Charles-le-Chauve.
Narbonne.	cité.	Charles-le-Chauve.
Nevers.	cité.	Charles-le-Chauve.
	cité.	Charles-le-Chauve.
Orléans.	cité.	Première dynastie.
	cité.	Charles-le-Chauve.
	cité.	Robert.
	cité.	Philippe I.
	cité.	Louis VI.
Paris.	cité.	Clovis II.
	parisiens.	Louis-le-Débonnaire.
	cité.	Charles-le-Chauve.
	parisiens.	Charles-le-Chauve.
	cité.	Charles-le-Simple.
	parisiens.	Charles-le-Simple.
	cité.	Hugues-le-Grand.

mesure que les comtes réussissaient à opprimer les cités, et que les rois réussissaient à concentrer en leurs seules mains les divers genres

Villes.	*Désignations.*	*Princes.*
	cité.	Hugues Capet.
	cité.	Hugues Capet.
	cité.	Robert.
	cité.	Louis-le-Gros.
	citoyen.	Louis-le-Gros.
POITIERS.	cité.	Première dynastie.
REIMS.	citoyen.	Louis-le-Débonnaire.
	cité.	Charles-le-Chauve.
	cité.	Charles-le-Simple.
RENNES.	cité.	Charles-le-Chauve.
ROUEN.	cité.	Charles-le-Chauve.
SENS.	cité.	Gontran.
	habitants.	Louis-le-Débonnaire.
	cité.	Charles-le-Chauve.
	cité.	Raoul.
	habitants.	Charles-le-Simple.
	cité.	Charles-le-Simple.
	ville.	Louis-d'outremer.
SOISSONS.	cité.	Charles-le-Chauve.
SENLIS.	cité.	Louis VI.
STRASBOURG.	cité.	Louis-le-Débonnaire.
	cité.	Lothaire, roi.
TÉROUENNE.	cité.	Charles-le-Chauve.
TOUL.	cité.	Première race.
TOURS.	citoyen.	Charles-le-Chauve.
	cité.	Louis-le-Bègue.

d'autorité, cette qualification de CITÉS, et bientôt le nom même des villes, disparurent de l'empreinte des monnaies.

Quand cette nouvelle indication de la liberté municipale des grandes villes s'est conservée sur les antiques monnaies, eût-il été convenable de l'omettre?

Villes.	*Désignations.*	*Princes.*
	cité.	Louis-le-Bègue.
TROYES.	cité.	Première dynastie.
	cité.	Louis et Carloman.
	cité.	Louis et Carloman.
VERDUN.	citoyen.	
	citoyen.	
VIENNE.	citoyen.	
	citoyen.	

Voyez : le Traité historique des monnaies de France, par Le Blanc, *passim.*; Duby, Monnaies des prélats, des barons; les Histoires particulières des villes, etc. etc.

CHAPITRE XII.

De la séparation du gouvernement et de l'administration municipale, sous les trois dynasties.

Cette séparation essentielle et fondamentale établie entre les actes, les agents du gouvernement et les actes, les agents de l'administration municipale pour les affaires locales, cette démarcation politique, dont l'empire romain avait donné l'exemple, et qui conciliait le gouvernement monarchique avec une administration populaire, continua plus ou moins expressément sous les trois dynasties.

Je ne crains pas d'avancer que jamais ni Clovis ni Charlemagne ni Hugues Capet ne firent des lois ou des actes d'administration pour s'immiscer dans les affaires locales des cités.

Quand on parcourt les diverses et nombreuses lois des princes des trois dynasties jusqu'à l'époque des chartes de communes, on ne remarque aucune disposition qui suppose des rapports entre le gouvernement et les cités, pour ce qui concerne l'administration locale, et certes si cette administration n'avait pas été entièrement et absolument abandonnée aux magistrats des cités, aux chefs de la corporation municipale, ne trouverait-on pas dans les actes législatifs de de tant de rois, du moins dans les Capitulaires de Charlemagne, quelques réglements relatifs, soit à la manière d'administrer les cités, soit aux devoirs de leurs magistrats.

Quoi! Charlemagne eut soin de faire, pour ses propres domaines, des réglements très-sages, mais peut-être minutieux, où éclate la prévoyance d'un habile économe; il exigea qu'on lui rendît un compte détaillé des plus simples produits de ses terres; il publia pour ses domaines un vrai code d'administration et d'économie rurale[1]! Et ce grand homme, ce législateur de tant de pays, n'aurait rien eu à ordonner pour rendre l'administration des cités plus utile, plus économique, plus régulière! une telle indifférence peut-elle se concevoir, à moins qu'on n'adopte l'idée très-vraie, sans doute, que l'ad-

---

1. Capitulare de villis Karoli magni.
Baluz. Capit. reg. franc., t. I, col. 331—342.

ministration des cités, quant aux intérêts locaux, ne concernait ni le gouvernement ni ses agents.

En étudiant les Capitulaires, on est frappé non seulement de cette absence de toute législation relative à l'administration locale des cités, mais surtout de ce que jamais les princes n'ont adressé leurs lois à des ÉCHEVINS, à des BONS HOMMES, qui pourtant composaient essentiellement la corporation et la magistrature municipales, et que l'histoire et les documents nous montrent comme membres de cette corporation, comme magistrats municipaux, à l'époque où les rois commencèrent à concéder des chartes de commune.

Charlemagne, Louis-le-Débonnaire, Charles-le-Chauve, etc., adressent toujours leurs diplômes, leurs chartes, leurs lois, aux évêques, abbés, ducs, comtes, vidames, vicaires, centeniers, commissaires; mais ils ne nomment jamais, et dans aucune circonstance, les membres de l'administration locale, les magistrats municipaux, les ÉCHEVINS, les BONS HOMMES[1].

---

1. Voyez: Diplomata, Chartæ, etc., les Capitulaires et autres recueils, etc., *passim*.

Le mot de CITÉ n'est pas même écrit dans les commissions données aux ducs et aux comtes, comme agents de l'autorité royale, comme membres du gouvernement[1]. Il est même employé peu fréquemment dans les actes législatifs.

Cette incurie apparente, ce silence des législateurs s'explique aisément; c'est que respectant la loi romaine qui protégeait les institutions municipales des cités, ne devant et ne voulant faire aucun capitulaire SUR ou CONTRE cette loi, ils ne

---

1. Voyez ces commissions dans les Formules de Marculfe, etc.

Le mot de CITÉ se trouve dans un passage qui mérite d'être connu :

« Qu'on ne permette pas aux mendiants d'errer en vaga- « bonds dans les divers pays; que chaque CITÉ nourrisse ses « pauvres, et qu'on ne leur accorde aucun secours qu'autant « qu'ils travailleront de leurs mains. »

On remarquera que cette expression de la loi, « chaque « CITÉ nourrisse, » suppose évidemment une organisation municipale.

Mendici per regiones vagari non permittuntor; suos pauperes quæque CIVITAS alito; illis, nisi manibus operentur, nullus quicquam dato.

Beatus Rhenanus, lib. 2, Rer. german., p. 95; Baluz. Capit. reg. franc., t. II, col. 1165.

pouvaient rien statuer touchant les droits ou les devoirs de la corporation municipale[1].

Le mérite ou la justice des divers princes des deux premières dynasties, dont les uns avaient promis de respecter la loi romaine, et dont les autres, en héritant du trône, crurent avec raison être liés par les serments ou les promesses de leurs prédécesseurs, fut de garder le silence le plus absolu au sujet des droits municipaux exercés par les cités : ils laissèrent les diverses corporations administratives exercer des droits transmis d'âge en âge, régir les intérêts locaux et les affaires communes. Et pourquoi auraient-ils attenté aux libertés municipales des cités, quand ils maintenaient leurs habitants dans le droit non moins puissant, et bien plus envié, de se réunir en assemblées électorales pour le choix des évêques?

Enfin, un dernier fait qui atteste encore l'existence des corporations municipales dans l'Occident, c'est le soin même qu'un empereur prit de les abolir dans l'Orient, par une loi qui

1. Voyez tome I, page 327.

était jugée nécessaire pour qu'elles cessassent d'exister.

Vers la fin du neuvième siècle, tandis que l'Occident conservait, sous les princes qui avaient succédé à la domination romaine, une partie des institutions municipales accordées aux peuples jadis subjugués par les armes des maîtres du monde, un empereur d'Orient, Léon, appelé le Philosophe, héritant du trône de Constantinople, crut indispensable d'abolir, par une loi expresse, les antiques lois relatives aux curies et aux décurions [1].

Cet acte législatif est une preuve évidente que, même dans l'Orient, il restait encore quelque chose des institutions municipales; le prince

---

1. Inter veteres de DECURIONIBUS et CURIIS latas leges, quædam gravia intolerabiliaque munera decurionibus injunxerint, curiis autem privilegium ut quosdam magistratus constituerent, SUÂQUE AUCTORITATE CIVITATES GUBERNARENT, præbuerint.

Quæ nunc, eò quòd res civiles in alium statum transformatæ sint, omniaque ab unâ imperatoriæ majestatis sollicitudine atque administratione pendeant, tanquàm incassùm, circa legale solum, oberrant, nostro decreto submoventur.

Leon. Novell. constit. 46 *quem admodum*.

avoue qu'elles conféraient aux cités le privilége de choisir leurs magistrats et de s'administrer.

En même temps que Léon-le-Philosophe effaçait, dans les pays qui avaient le malheur d'être soumis à ses lois, ces précieux vestiges de la législation et de la civilisation romaines, il appelait au secours de son empire, ces hordes de Turcs, qui plus tard devaient établir, à Constantinople même, le trône du despotisme, du fanatisme et de l'ignorance.

CHAPITRE XIII.

Assemblées des comtés sous les trois dynasties.

Les assemblées de provinces ou de comtés sont une conséquence, et je dirai, le complément du régime municipal, qui alors est appliqué à une plus grande étendue de pays, quant aux intérêts de localité et à l'administration particulière.

Je crois ne pas m'écarter de mon sujet, si je présente ici quelques notions sur la tenue et la forme des assemblées politiques et administratives des comtés, sous les trois dynasties.

Les divers conquérants des Gaules y trouvèrent établies et les assemblées des cités, et les assemblées des provinces; je crois avoir démontré qu'ils ne détruisirent pas le régime municipal, et j'ajouterai qu'ils permirent, qu'ils ordonnèrent les assemblées des provinces ou des comtés.

Ainsi, indépendamment des assemblées municipales et des plaids judiciaires, il exista des réunions politiques et administratives, des plaids provinciaux, où le comte, les magistrats des cités, les échevins, les bons hommes réglaient les intérêts locaux, convenaient des demandes qu'on devait adresser aux plaids suprêmes, à l'assemblée nationale.

C'est dans ces plaids généraux du comté que les agents du gouvernement faisaient publier et enregistrer les capitulaires.

L'existence des assemblées provinciales ou comices de comtés, est constatée par plusieurs documents, et notamment par l'édit de Pistes, chapitre 36[1] :

« Ainsi qu'il est porté dans le chapitre 24 du

1. Volumus ut, sicut, in secundo libro capitulorum decessorum ac primogenitorum nostrorum continetur, capitulo XXIV, hæc capitula, quæ, nunc et alio tempore, consultu fidelium nostrorum, à nobis constituta sunt, à cancellario nostro, archiepiscopi et comites eorum, de propriis civitatibus, modò, aut per se, aut per suos missos, accipiant, et unusquisque per suam diœcesim cæteris episcopis, abbatibus, comitibus, aut aliis fidelibus nostris ea transcribi faciant, et in suis comitatibus, coram omnibus, relegant, ut cunctis nostris ordinatio et voluntas nota fieri possit. Cancellarius autem noster nomina episcoporum et comitum qui ea accipere curaverint, notet, et ea ad nostram notitiam perferat ut nullus hoc prætermittere præsumat.

Baluz. Capit. reg. franc., t. II, col. 191.

« second livre des capitulaires, établis d'après « l'avis de nos fidèles, nous voulons que les arche- « vêques et les comtes, chacun dans sa ville, les « reçoivent de notre chancelier, ou par lui ou « par ses envoyés; et que chacun les fasse trans- « crire dans son diocèse par les autres évêques, « abbés et comtes, et par nos autres fidèles, et « qu'ils LES RELISENT DEVANT TOUS, DANS LEURS « COMTÉS, afin que tous puissent connaître notre « ordre et notre volonté; le chancelier notera « les noms des évêques et des comtes qui auront « eu soin d'accepter ces capitulaires et nous en « donnera connaissance. »

Ces dispositions prouvent le soin et la néces- sité de promulguer les lois dans chaque comté, afin qu'elles fussent connues par tous les ha- bitants.

Une assemblée du comté offrait sans doute le moyen le plus facile et le plus sûr.

Les principales fonctions de ces assemblées présidées par le comte, et quelquefois même par l'envoyé royal, consistaient :

1° A faire des propositions qui étaient sou- mises ensuite à l'assemblée nationale;

2° A entendre la lecture et la promulgation

des nouveaux capitulaires, à les souscrire, formalité nécessaire pour rendre la loi exécutoire dans le comté, formalité qui, comme on le voit, précéda, de plusieurs siècles, l'enregistrement des lois par les cours souveraines.

Il reste un monument bien précieux de cette formalité de la promulgation des lois; je l'ai rapporté précédemment; c'est la relation de la publication et de l'enregistrement de divers capitulaires de Charlemagne dans l'assemblée du comté de Paris, en 803[1].

On y lit que : « Les échevins, les évêques, les « abbés et les comtes signèrent ces capitulaires « de leur propre main, et promirent de les « observer. »

Cette promulgation de la loi, cette signature, cet enregistrement et cette promesse d'en exécuter les dispositions, étaient l'observation de l'ancien usage, et un capitulaire de la même année le recommanda expressément et spécialement au sujet des capitulaires ajoutés à la loi.

D'autres capitulaires de Charlemagne portent en titre :

---

1. Voyez page 15.

« Que nos commissaires fassent connaître ces « capitulaires à tous avant Noël [1]. »

J'ai déja indiqué des textes relatifs à la promulgation, à l'enregistrement et à la souscription des lois.

Il eût suffi de citer le Capitulaire de 803, dont j'ai eu occasion de rapporter les expressions, et qui veut expressément qu'on INTERROGE LE PEUPLE sur les capitulaires ajoutés à la loi, et qu'après le CONSENTEMENT DE TOUS, tous les SOUSCRIVENT et les confirment [2].

Quant aux propositions que ces assemblées avaient droit de soumettre aux comices nationaux, on lit dans un capitulaire que Charlemagne publia en 805, relatif aux impositions sur les marchandises, aux droits de passage sur les ponts, et de la navigation, etc.

« S'il y a quelque point sur lequel il s'élève « des doutes, que l'envoyé royal INTERROGE, « PRENNE DES INFORMATIONS, pour les soumettre

---

1. Hæc missi nostri ante nativitatem domini omnibus cognita faciant.

Baluz. Capit. reg. franc., t. I, col. 450.

2. Voyez page 16.

« à notre prochaine assemblée, que nous tien« drons avec les envoyés royaux[1]. »

Un capitulaire de Charles-le-Chauve, de l'an 853[2], est intitulé :

« Voici ce que nos envoyés doivent dire au « PEUPLE, etc. »

Comment ces envoyés auraient-ils parlé au peuple, autrement que dans l'assemblée particulière et politique de chaque comté?

Au commencement de la troisième dynastie, les assemblées de comté furent sans doute moins fréquentes, parce que, sous le régime féodal, les rapports politiques et administratifs n'étaient plus aussi étendus ni aussi réglés. Alors la représentation du comté fut restreinte et concentrée dans les seuls vassaux qui obéissaient directement au comte ou au duc; toutefois l'usage de consulter les personnages plus spécialement intéressés à la gloire ou aux avantages du comté

---

1. Si quid verò fuerit undè dubitetur, ad proximum placitum nostrum, quod cum ipsis missis habituri sumus, interrogetur.

Baluz. Capit. reg. franc., t. I, col. 426.

2. Ista denuntianda sunt populo à missis nostris.

Baluz. Capit. reg. franc., t. II, col. 64.

subsistait toujours, et dans des circonstances difficiles, le seigneur suzerain prenait avis de ses vassaux, et réglait sa conduite conformément à leurs conseils.

J'en citerai un exemple très-remarquable.

Hugues-le-Grand, craignant qu'après sa mort, Hugues-Capet, son fils, ne fût pas en état de se maintenir par lui-même contre le roi de France, rassembla les grands de son duché, et, d'après leur avis, il crut convenable que son fils se recommandât au jeune Richard, duc de Normandie[1].

Cependant ces assemblées de comté étaient encore, dans quelques parties de la France, ce qu'elles devaient être : les membres des municipalités, les envoyés des citoyens y conservaient leurs rangs et leurs droits.

En 1080, une assemblée fut tenue à Narbonne; il s'agissait d'accorder à l'église de Saint-Pastour et de Saint-Just la dîme du sel et du poisson.

---

1. Hugo denique dux senio fessus, cùm novissimum sui exitûs diem cerneret imminere, ascitis principibus sui ducatûs, eorum consultò, flore juventutis vernanti Richardo duci filium suum nomine Hugonem commendare studuit, ut, ejus patrocinio tutus, inimicorum fraudibus non caperetur. Willelmi gemeticensis, Hist. Norm., lib. 4, cap. 12.

Le clergé, la noblesse, et les citoyens, qu'on a ensuite désignés par la qualification de tiers-état, se réunirent en assemblée de comté[1].

Le clergé fut représenté par l'évêque élu de Narbonne, les évêques de Béziers et d'Agde, et plusieurs abbés, chanoines, etc.;

La noblesse, par Ermengaud, comte d'Urgel, le vicomte de Narbonne, Aymeric, neveu de l'évêque, Raynaud Amat, Alfaire de Saint-Nazaire et ses frères, etc, et autres centurions, hommes illustres et nobles;

Le tiers-état, par tous les CITOYENS de Narbonne, dont plusieurs sont nommés dans le procès verbal, etc., avec une innombrable multitude d'habitants de la même province.

La concession fut faite par la volonté, le consentement et les vœux des susdits seigneurs et CITOYENS de Narbonne.

Il s'agissait d'un impôt qui devait peser sur tous en général, et sur chacun en particulier: le concours des volontés était donc nécessaire, parce que chacun s'obligeait à l'exécution de l'acte.

On jugera sans doute qu'une telle assemblée n'était pas une innovation.

---

1. Hist. du Languedoc, t. II, preuves, col. 308.

Un autre document, non moins précis, qui constate le concours des députés des villes à l'assemblée du comté de Barcelonne, mérite d'être connu; il date de 1126.

Ce comté reconnaissait encore à cette époque la suzeraineté de la France; il était donc régi par les lois et les coutumes françaises, et sans doute la tenue et la composition de cette assemblée politique ne faisaient que reproduire l'antique usage.

L'évêque Oldegar, dans un moment où la tranquillité publique permettait de s'occuper de l'état politique de l'intérieur, invita le comte de Barcelonne à convoquer des comices dans cette ville, pour travailler à diverses réformes; le comte y consentit.

Cette assemblée fut composée d'évêques, d'abbés, de comtes, de nobles et de COMMISSAIRES DES VILLES, et elle se tint sous la présidence de l'évêque[1].

L'auteur de l'Histoire du royaume de Bourgogne et d'Arles, Alphonse d'Elbene, archevêque d'Albi, secrétaire d'état sous Henri IV, fait

---

1. Invitavit comitem ut comitia indiceret Barcinonæ, in

mention de deux assemblées des États du royaume d'Arles, tenues à la fin du dixième siècle, et peu avant l'an 1000.

Voici ses expressions[1] :

---

quibus rei publicæ status reformaretur et secularium adversus ecclesiastica jura emendarentur excessus.

Annuit comes propositioni præsulis et conciliis convocatis adfuere :

Raymundus ausonensis }
et Bernardus gerundensis } episcopi;

Abbates;

Comites;

Nobiles;

Et URBIUM principatûs COMMISSARII quibus omnibus præfuit Oldegarius.

Vita S. Oldegarii, Act. SS., 6 martii, t. I, p. 489.

1. Boso se in regnum cum Willermo recepit. Eò cùm venisset, passim omnes proceres et nobiles illi obviàm fuere, et usque esset Arelate, omnes CIVITATUM regni DECURIONES, barones, comites et duces, cæterique nobiles fidelitatis sacramentum præstiterunt.

Alph. d'Elbene, de Regno Burgundiæ transj. et Arelatis, lib. 3, p. 136.

Quâ re intellectâ Rodulphus, rebus omnibus ad profectionem præparatis, quàm celerrimè potuit, cum Vuillermo Arelatem contendit. Ibi cùm esset, omnes proceres ac DECURIONES CIVITATUM totiùs regni, summâ cum animi alacritate cum excipiunt, et jusjurandum fidelitatis præstant, et regno absque ullâ controversiâ potitur.

Alph. d'Elbene, *ibid.*, p. 158.

« Boson se rendit, avec Guillaume, dans le « royaume d'Arles, et quand il approchait, les « grands et les nobles vinrent, de tous côtés, à sa « rencontre. »

« A Arles, tous les DÉCURIONS DES CITÉS du « royaume, les barons, les comtes, les ducs, « et les autres nobles lui prêtèrent serment de « fidélité. »

L'archevêque d'Albi avance que Raoul, frère de Boson, lui succéda au royaume d'Arles.

Et il le dit en ces termes :

« A cette nouvelle, Raoul ayant tout disposé « pour son départ, se dirige aussitôt vers Arles, « avec Guillaume. Il arrive; tous les grands, et « les DÉCURIONS des CITÉS du royaume, l'ac- « cueillent avec la plus grande joie, lui prêtent « serment de fidélité, et il jouit du trône sans « aucun obstacle. »

Voilà sans doute deux faits importants dans l'histoire du droit municipal, et dans celle des états provinciaux ; mais plus ils seraient décisifs, plus il faut mettre de scrupule à ne les adopter comme vrais, qu'après un mûr examen et une sage et franche discussion ; j'avoue donc que les règles d'une saine critique ne permettent pas d'admettre le fond du récit de l'historien, quant à ce qui concerne Boson, prétendu roi d'Arles. D'ailleurs Raoul, ou Rodolphe III, roi d'Arles, en 993, monta sur le trône comme héritier de Conrad-le-Pacifique, et non comme héritier de son prétendu frère Boson.

Toutefois, si l'auteur a été trompé par des mémoires infidèles ou des chroniques inexactes, il est vraisemblable qu'il ne l'a pas été sur l'existence des magistrats des cités, venus à Arles, pour prêter serment de fidélité.

L'archevêque d'Albi, conseiller d'Henri IV, ne cédait ni à des préjugés, ni à des vues d'intérêt, en parlant des décurions ou consuls des cités du royaume d'Arles, à l'époque de l'an 1000; il est évident qu'une assemblée des États et l'intervention des consuls des cités à la fin du dixième siècle, n'étaient pas des événements qui choquassent son érudition historique.

En Provence, l'assemblée des États et l'organisation municipale sont de la plus haute antiquité, et il est vraisemblable que la plupart des villes avaient toujours joui, comme la cité de Marseille et celle d'Arles, de la liberté municipale, que toutes tenaient également des Romains.

L'histoire parle des États de Provence assemblés à Tarascon, en 1146, et à Aix, en 1165, États où prenaient rang les députés des villes, et dont la forme ne varia guère dans la suite.

Je ne crains pas d'assurer que ces assemblées des États de Provence, au douzième siècle, n'étaient que la continuation d'un usage antique.

LIVRE IV.

DOMINATION ROYALE.

CHAPITRE PREMIER.

Preuves de l'existence des administrations municipales, à l'époque de l'établissement des communes, etc.

Des personnes impartiales, que les faits et les titres, précédemment exposés, auront pleinement convaincues de l'existence et de l'exercice du droit municipal en France, sous les trois dynasties, regretteraient peut-être qu'en dernier résultat, ces preuves si précises et si variées manquassent d'un complément utile et désirable. Ces personnes voudraient sans doute acquérir la certitude que, parmi les nombreuses cités qui, dans l'origine, et sous la domination romaine, jouissaient incontestablement de la liberté municipale, quelques-unes en conservèrent l'exercice jusques à l'époque de l'établissement des communes.

Je me hâte de répondre à leur vœu, et je serai même réduit à me borner dans le choix des documents qui prouvent individuellement la liberté municipale de plusieurs de nos villes.

J'indiquerai seulement les titres des cités de

Périgueux,	Narbonne,
Bourges,	Nîmes,
Marseille,	Metz,
Arles,	Paris,
Toulouse,	Reims,

dont le droit municipal avait précédé l'établissement même de la monarchie.

§ 1er.

Cité de Périgueux.

Parmi les cités qui, pendant le moyen âge et durant l'époque de l'anarchie féodale, ont le mieux défendu leurs libertés municipales, et conservé le dépôt fidèle des institutions romaines, il faut nommer surtout la cité de Périgueux.

Municipe romain, Périgueux[1] eut son sénat, ses duumvirs; il jouissait de toutes les attributions et de tous les avantages qui, sous la domination romaine, constituaient le régime municipal.

Il existe encore à Périgueux des restes considérables d'un magnifique amphithéâtre; on y a trouvé des inscriptions, entre autres celle qui atteste qu'un de ses magistrats, animé de ces sentiments généreux qu'inspirent souvent les institutions et les habitudes municipales, le duumvir L. Marullius, fit, pour ses concitoyens, les frais d'un aquéduc qui donnait les eaux à la ville[2].

Jamais les comtes de Périgord ne parvinrent

---

1. Voici une inscription relative à Périgueux, qui anciennement portait le nom de VESUNNA:

TVTELAE. AVG.
VESVNNAE
SECVNDVS
SOTER. L. D. S. D.

2. L. MARRVLLIVS. L. MARVLLI
ARABI FILIVS QVIR. AETER
NVS IIVIR AQVAS, etc.
Carte topographique de Périgueux: Mém. sur la constit. polit. de la ville et cité de Périgueux, 1775, in-4°.

à imposer le joug à Périgueux; ils le tentèrent souvent, mais toujours en vain; la cité resta soumise directement au roi, sans aucune autorité intermédiaire; la féodalité entourait Périgueux, le cernait, pour ainsi dire, de toutes parts, et il conserva toujours sa liberté.

Les habitants exerçaient les droits municipaux et les droits de haute et basse justice, ils prenaient le titre de CITOYENS-SEIGNEURS de Périgueux, avaient des magistrats de leur choix, et faisaient directement hommage au roi pour la cité, dans les mêmes termes que les comtes de Périgord faisaient hommage pour le comté.

En un mot, Périgueux possédait, au commencement de la troisième dynastie, les avantages que chaque cité eût possédés pareillement, si les droits acquis et conservés pendant long-temps n'avaient été plus ou moins altérés et modifiés par les usurpateurs féodaux.

L'acte du plus ancien hommage rendu par les citoyens de Périgueux au roi de France est de l'an 1204[1].

---

1. Nos tenemur domino nostro Philippo, illustri regi Franciæ, et hæredibus suis, in perpetuum facere fidelitatem

Les consuls, la commune existaient alors de temps immémorial.

A Périgueux, deux confraternités municipales avaient chacune ses magistrats, sa juridiction, son sceau particulier[1].

La première était dans la cité même.

La seconde était au Puy-Saint-Front.

En 1240, ces deux municipalités ou confraternités se réunirent en une seule : mais ce fut par l'effet de leur propre volonté.

On lit dans le traité d'union : « Comme la cité

---

contra omnes homines et fæminas, qui possunt vivere et mori. Tenemur ei et heredibus suis tradere totam villam de Petragoris integrè, ad magnam vim et ad parvam, quotiens-cunque dominus noster Philippus, rex Franciæ, et hæredes sui indè nos requisierint.

RÉPONSE DU ROI.

Dictam villam retinemus nobis et hæredibus nostris in perpetuum, ità quòd neque nos, neque hæredes nostrî à manibus nostris eam poterimus removere et nos tanquam proprios burgenses nostros eos manutenebimus fideliter.

Mém. sur la constit. polit. de Périgueux.

1. Sigillum confraterniæ majoris petragor....
Confraternia minor, consulatus, homines de Podio, etc....

Mémoire servant de supplément, etc.

« est libre, et n'est sujette à la juridiction de « personne, etc.... »

« Ce sera à la volonté des consuls que l'armée « de l'universalité marchera[1]. »

En 1565, quand l'ordonnance de Moulins eut réuni la justice des villes à la justice royale, les citoyens de Périgueux furent encore admis à prêter hommage au roi pour la cité et banlieue, avec tous les droits de justice haute, moyenne et basse, dans la cité et banlieue. Ainsi Périgueux conserva tous ses droits municipaux.

---

1. Capitulum sancti Stephani et omnes clerici,
Milites et donzelli,
Et alii laïci civitatis petragoricensis,
Consules et communia ville Podii sancti Frontonis....
Fedus inivimus, etc.

Una fiat UNIVERSITAS perpetuò duratura, quæ secundum ANTIQUAS CONSUETUDINES ville Podii sancti Frontonis petragoricensis gubernetur, et ipsæ consuetudines observentur, ità quòd ad UNIVERSITATEM regendam de consilio et assensu dictæ UNIVERSITATIS eligantur major et consules.

Cùm CIVITAS SIT LIBERA ET NULLIUS JURISDICTIONI SUBJECTA.... plenam habent jurisdictionem cognoscendi de omnibus causis in civitate.

Ad voluntatem vel dispositionem consulatûs ibit universitatis exercitus et ducetur.

Rec. des titres et autres pièces justif. des mém. sur la constit. polit. de Périgueux, 1775, p. 33—40.

Ces droits n'avaient été ni conquis, ni usurpés, ni octroyés; il semblait que cet illustre vestige, ce signe vivant de l'antique liberté municipale, fût une protestation constante contre les outrages et les violences des seigneurs féodaux qui ne respectaient pas les droits des habitants des cités, et opprimaient sans cesse les habitants des campagnes.

§ 2.

Cité de Bourges.

Bourges avait des arènes, un amphithéâtre et tout ce qui caractérisait la cité romaine [1].

L'auteur de la vie de sainte Estadiole, née à Bourges, dans le septième siècle, dit qu'elle appartenait à d'illustres parents, qui, selon la dignité mondaine, étaient recommandables par la noblesse sénatoriale [2].

Grégoire-de-Tours cite un jugement rendu par les CHEFS de la ville [3].

---

1. Gallia christ., t. II, p. 2.

2. Secundum sæculi dignitatem nobilitate senatoriâ florentibus.

Act. SS., 8 junii, t. II, p. 133.

3. Sententiâ PRIMORUM urbis.

La Thaumassière, Hist. de Berri, liv. 3, ch. 1.

Bourges est une des cités qui, n'ayant pas été troublées dans l'exercice de leurs droits municipaux, n'eurent jamais besoin de former des fédérations défensives contre des oppresseurs, et jouirent paisiblement de l'antique liberté municipale.

Sous la première dynastie, les évêques de Bourges, Sulpice, Didier, Austregisile, avaient été élus canoniquement par les suffrages du clergé et du PEUPLE.

Sous la seconde dynastie, l'évêque Agiulphe fut nommé du consentement de tous.

On trouve des monnaies de cette époque où est empreint soit le nom de la cité de Bourges, soit celui de ses habitants.

Deux de ces monnaies, l'une de Charles-le-Chauve, et l'autre du roi Lothaire, portent: BITURICES, les HABITANTS DE BOURGES;

Une, du roi Raoul, CITÉ de BOURGES, et enfin une autre, de Louis-le-Gros ou de Louis-le-Jeune, la VILLE DE BOURGES.

Le sentiment de la liberté est exprimé d'une manière expresse et honorable dans l'ancienne coutume de Berri.

L'article 1er de cette coutume la proclame:

« Les habitants de la ville et septaine de Bourges « sont libres. »

« Cet article, dit La Thaumassière[1], contient « un des plus beaux et plus anciens privilèges « des citoyens de cette ville de Bourges, fondé « sur une coutume et usage si anciens, qu'il n'est « mémoire du contraire, confirmé par les anciens « seigneurs de cette ville, et par les rois succes- « seurs, les uns aux autres, depuis que le roi, « Philippe Ier eut acquis le vicomté de Bourges « de Eudes Arpin, dernier de nos vicomtes. »

Ce fut en 1107, que Philippe Ier acheta la vicomté de Bourges du vicomte Herpin, qui se disposait à entreprendre le voyage d'outre-mer.

Il existait à Bourges un corps municipal dont les membres étaient appelés PRUDHOMMES.

Dans son histoire du Berri, La Thaumassière parle en ces termes de l'ancienne administration de Bourges[2]:

« La ville de Bourges était autrefois gouvernée « par quatre prudhommes, qui étaient élus par « les bourgeois, et auxquels, le jour de l'élec- « tion, ils passaient procuration pour le gou-

1. La Thaumassière, Nouv. Comment. sur les cout. gén. de Berri.

2. Livre 3, page 137.

« vernement de la ville et des affaires com-
« munes. »

Pendant l'archiépiscopat de Volgrin, sur son avis, et d'après la prière du clergé et du PEUPLE, Louis-le-Gros avait, par une charte, corrigé quelques mauvaises coutumes qui existaient dans Bourges.

En 1145, Louis VII confirma cette charte.

L'article 5, relatif à ces mauvaises coutumes, porte que le hauban ne sera ordonné que trois fois dans l'année, à l'époque convenable.... et en prenant l'avis des BONS HOMMES de la cité.

Louis VI et Louis VII s'exprimaient ainsi, parce que ces BONS HOMMES étant les chefs de la corporation municipale, il leur appartenait de régler ce qui concernait la perception du droit de hauban [1].

---

1. Art. V.. Præpositus autem atque vigerius, quotiescumque volebant, halbannum submovebant, et villanos sese redimere coërcebant; de quo quoque præceptum ab ipso est, ut illa redemptio halbanni remaneat, et halbannum tamen ter in anno fiat, termino competenti, sine omni redemptione, ne rustici sua negotia amittant, et hoc consilio BONORUM HOMINUM ipsius civitatis.

Art. IX. Statutum verò à patre nostro est, ut quicumque...

L'article IX de la charte de Louis-le-Jeune s'exprime en ces termes :

« Il avait été réglé par notre père que qui-« conque.... et s'ils font quelque tort dans la « ville, ils le répareront selon l'évaluation des « BARONS de la cité. »

De Laurière, éditeur de cette charte, fait, sur ce mot de BARONS, la remarque qu'il désignait les principaux citoyens.

J'ajouterai que les mots BARONES, BARONS, et PROBI HOMINES, PRUDHOMMES, sont employés comme synonymes dans les chartes concédées en 1145, par Louis-le-Jeune et en 1224, par Louis VIII.

---

quòd si infra urbem aliquid forifecerint, pro laude BARONUM ipsius civitatis, emendabunt.

Ordon. des Rois de France, t. I, p. 10.

C'est ainsi que l'on appelait les principaux citoyens de la ville de Bourges, comme ceux de Londres, suivant l'autorité qui suit de Mathieu Paris : « *In Henrico III.* Londo-« nienses, propter civitatis dignitatem et civium antiquitatem, « BARONES consuevimus appellare. Vide Spelman in barones « de London. »

Ordon. des Rois de France, t. I, p. 10, aux notes.

Le mot BARONS désignait donc les magistrats municipaux.

Philippe-Auguste accorda une nouvelle charte en 1181.

Les diverses concessions, assurées par ces divers titres, ne sont relatives qu'à des objets de législation ou de police locales.

Il n'y est question ni de maire ni d'échevins ni de jurés, parce que la corporation, la juridiction municipales, existant de temps immémorial à Bourges, c'étaient les BONS HOMMES, BONI HOMINES, ou les PRUDHOMMES, PROBI HOMINES, qui administraient la cité[1].

La charte de Philippe-Auguste porte:

Art. 5. « Jusqu'à ce qu'il ait été jugé, selon « les coutumes, par les PRUDHOMMES de Bourges. »

Art. 9. « Par les PRUDHOMMES de la cité aux-

---

1. L'article IX de la charte de 1145 porte:

Quòd si infra urbem forisfecerint pro laude BARONUM ipsius civitatis emendabunt.

Et l'article XI de la charte de 1224:

Quòd si infra urbem aliquid forisfecerint, pro laude PROBORUM HOMINUM ipsius civitatis emendent.

Ordon. des Rois de France, t. I, p. 10 et 49.

« quels les jugements de cette ville et de la Sep-« taine appartiennent DE TOUTE ANTIQUITÉ[1]. »

La Thaumassière, sur la coutume de Berri, dit : « les PRUDHOMMES ÉLUS au GOUVERNEMENT « de Bourges et de Dun-le-Roi avaient la juri-« diction. »

L'article XIII porte que c'est aux PRUDHOMMES à régler l'heure où les ouvriers de la campagne doivent quitter le travail[2].

Les trois chartes désignent tous les magistrats municipaux, par les mots BONS HOMMES, PRUD-HOMMES, BARONS.

Un arrêt de 1261, rendu au parlement de la Pentecôte, maintint les droits municipaux de la ville de Bourges, et déclara que la justice s'exerçait par les bourgeois et par les clercs et chevaliers de la Septaine[3].

L'an 1474, Louis XI, en punition d'une émeute qui avait éclaté à Bourges contre ses officiers,

---

1. PROBOS HOMINES ipsius civitatis ad quos omnia judicia... ab antiquo dignoscuntur pertinere.

Ordon. des Rois de France, t. XI, p. 222.

2. Ante horam quæ à PROBIS HOMINIBUS statuetur.

Ordon. des Rois de France, t. I.

3. Registres du parlement *Olim*, t. I.

à l'occasion de l'établissement d'un nouvel impôt, abolit l'antique magistrature, et y substitua un maire et douze échevins dont les emplois étaient annuels et à sa seule nomination.

Cette injustice du prince finit avec sa vie; en 1483, un des premiers actes du règne de Charles VIII[1], restitua à Bourges ses antiques droits, et rétablit sa magistrature municipale; le droit de l'élection fut rendu aux habitants: seulement on appela ÉCHEVINS les quatre magistrats qu'autrefois on nommait PRUDHOMMES.

§ 3.

Cité de Marseille.

Avant la conquête des Gaules par les Romains, la cité de Marseille se gouvernait elle-même.

Six cents citoyens nommés à vie composaient le conseil.

Ils devaient être pères de famille, fils et petit-fils de citoyens de Marseille.

Quinze d'entre eux avaient le soin des affaires.

Strabon et Valère Maxime assurent que les

1. Ordonnances des rois de France, t. XVIII, p. 11.

Romains accordèrent à la cité de Marseille, et aux pays qui lui obéissaient, le privilége de se gouverner selon leurs anciennes lois[1].

Des monuments postérieurs attestent que Marseille fut soumise au régime des autres villes des Gaules[2].

Une lettre du pape Zozime est adressée au clergé, à l'ORDRE et au PEUPLE de Marseille[3].

Le recueil de Cassiodore contient une lettre par laquelle Théodoric annonce aux Marseillais qu'il leur rend l'immunité dont leur pays jouissait par le privilége des princes, et qu'il leur remet le tribut de l'année[4].

Des monnaies de la première dynastie portent: CITÉ DE MARSEILLE.

---

1. Strabo, lib. 4. — Valer. Max., lib. 2, cap. 7.

2. Il suffit d'indiquer l'inscription concernant un duumvir de Marseille :

Q. MEMMIO. MACRINO Q. II. VIR. MASSIL. etc.

Dans son Histoire de Marseille, t. II, p. 318, Ruffi rapporte un autre monument.

3. Zozimi epist. 2.

4. Immunitatem vobis, quam regionem vestram constat principum privilegio consecutam, hâc auctoritate largimur. Censum prætereà presentis anni relaxat vobis munificentia nostra.

Cassiodor., Variar., 4, 26.

Son nom se trouve aussi sur celles de Louis-l'Aveugle, qui, en 891, possédait le royaume d'Arles.

Par un titre de l'an 1095, ou environ, les fils de Geoffroi, vicomte de Marseille, font une vente à l'UNIVERSALITÉ DES CITOYENS DE MARSEILLE, CIVIUM MASSILIENSIUM UNIVERSITATI[1].

Il est donc hors de doute que la ville de Marseille conserva, pendant la domination des vicomtes, sa liberté administrative; elle agissait, stipulait, acquérait et possédait comme corps municipal.

Dès 1108, Marseille fait des traités d'alliance avec Gaëte, Pise, Gènes, etc.

Quand les princes de la famille de Barcelone obtinrent le comté de Provence, ils trouvèrent Marseille en possession des droits municipaux, et ils les respectèrent.

Les monnaies de Raymond Bérenger offrirent

---

1. Gaufredus Irat, Guido Carmelencus, Guillelmus de la Garde, Pontius de Fos, qui dominium d'Ieres, Bragançon, pluresque id genus alias toparchias, CIVIUM MASSILIENSIUM UNIVERSITATI, pecuniis præsentibus ac numerato pretio divendiderunt.

Guesnay, Prov. massil., p. 310.

d'un côté : LE COMTE DE PROVENCE, COMES PRINCIÆ, avec la tête du comte, et de l'autre : CITÉ DE MARSEILLE, CIVITAS MASSIL., avec un édifice représentant la maison commune.

Les comtes de Provence tentèrent souvent, avec plus ou moins de succès, d'usurper ou de restreindre les droits de la cité de Marseille, dont l'indépendance, plus active et plus caractérisée que celle des autres villes, rivalisait avec leur autorité.

Dans le douzième siècle, Marseille faisait des acquisitions, achetait même les droits de la vicomté, se confédérait avec la république d'Arles, et transigeait avec les comtes de Provence.

Nulle tradition, nul titre n'indique, et rien ne permet de présumer que jamais des droits municipaux aient été conférés à Marseille, ni avant ni depuis la domination des comtes de Provence.

Les citoyens de cette ville avaient une telle idée de leur liberté et de leur indépendance, qu'en 1230, ils se crurent en droit de céder au comte de Toulouse la cité inférieure appelée vicomtale, avec juridiction, domaine et seigneurie, et tout ce qui leur appartenait dans l'enceinte de cette cité [1].

§ 4.

Cité d'Arles.

La cité d'Arles, colonie des Romains, devenue

---

1. In publico parlamento Massiliæ, in cimeterio B. Mariæ de Acuis, ad sonum campanarum, et per vocem præconum, more solito, congregato, nos sindici.... communis Massiliæ, de voluntate et assensu POPULI Massiliensis et omnium et singulorum in dicto parlamento astantium.... Donamus.... D. R. comiti Tolosæ.... civitatem inferiorem Massiliæ, quæ vice-comitalis vulgariter seu publicè nuncupatur, et quidquid juris communis seu UNIVERSITAS Massiliæ habet, vel habere debet, in eâdem civitate. Itemque omnem jurisdictionem, dominium et SENHORIAM, quod vel quam habemus, vel habere quocumque modo, seu ex quâcumque causâ, possumus aut debemus in prædictâ civitate inferiori Massiliæ, seu jurisdictione ejusdem, occasione dominationis et senhoriæ, vel in ejus territorio, seu tenemento, et in castris et villis, in hermis et in cultis, in terrâ et in aquis, et quibuslibet aliis juribus corporalibus et incorporalibus, ad COMMUNE seu ad UNIVERSITATEM Massiliæ, quocumque modo, et ad dictam civitatem inferiorem pertinentibus, sive sint census, vel leudæ aut usatica seu redditus portûs vel maris aut littoris, etc. etc.

Il fut stipulé qu'à la mort du comte, la donation ferait retour à la commune de Marseille.

Hist. du Languedoc, t. III, preuves, col. 352.

la métropole des Gaules, dans le cinquième siècle, fournit des preuves incontestables de l'existence du gouvernement municipal dans le moyen âge.

Le nom de la cité d'Arles est inscrit sur les monnaies de la première et de la seconde dynastie [1].

Une charte de 962 contient la rédaction d'un traité entre le comte d'Arles et le monastère de Saint-Victor de Marseille.

« En présence, est-il dit, DE TOUS LES HOMMES « d'Arles, des JUGES et des CHEFS.... de l'avis des « CHEFS d'Arles [2]. »

---

1. Voyez tome I, page 5, et tome II, page 153.

2. Publicè in conspectu Bosonis.... atque in præsentiâ OMNIUM VIRORUM ARELATENSIUM judicumque ac principum, scilicet omnibus his nominibus, Rainoardo judice, Lamberto judice, Pontio vicecomite, Arnulpho Rostagno, etc. etc....

Jàm prædicto præsule et comite excellentissimo, hanc notitiam diffinitionis, consentiente ejus filio Rothbaldo, et fratre ejus Vuillelmo comite atque CONSILIANTIBUS ARELATENSIUM PRINCIPIBUS.... anno 962....

Lambertus judex firmavit.

Raynoardus fir.

Pontius fir., etc. etc.

Guesnay Provinc. massil., p. 277.

Ces JUGÉS, ces CHEFS qui assistaient à cet acte important, n'étaient et ne pouvaient être autres que les magistrats municipaux, chefs de tous les hommes d'Arles présents; et on ne peut en douter quand on voit, dans le titre même, les noms de deux juges, et celui du vicomte Pons, précéder les noms des nombreux magistrats d'Arles qui conseillent le traité.

Dans une donation faite solennellement, en l'an 1055, on trouve, pour confront, les vignes du fief COMMUNAL.... situées dans la COMMUNAUTÉ d'Arles[1].

Quelle est la personne qui indique le fief COMMUNAL, et qui en désigne l'emplacement dans la COMMUNAUTÉ d'Arles? le comte lui-même.

Dix ans après, le comte de Provence[2] confirme une donation, avec l'adhésion DES CITOYENS DE LA VILLE d'Arles.

En 1079, Grégoire VII adressait ses lettres,

---

1. Consortes à parte orientis et à parte aquilonis vineas de feaudo COMMUNALI.... hæ vineæ sunt in COMMUNITATE arelatensi.

Anibert, Mem. sur la rép. d'Arles, 1re partie, p. 112.

2. Faventibus CIVIBUS urbis.

Martenne, Vet. script., ampl. coll., t. I, col. 468.

pour l'élection d'un archevêque, à tout le clergé et au PEUPLE d'Arles[1].

Pascal II écrivit de même à l'un et à l'autre[2].

Et quand Gibelin, archevêque d'Arles, eut été créé patriarche de Jérusalem, vers 1107, il fit ses adieux au clergé et au PEUPLE[3].

L'empereur Conrad III, chargeant, en 1144, l'archevêque d'exercer, comme son lieutenant, les droits regaliens à Arles, en fait l'énumération dans le diplôme : mais il ne s'y trouve rien qui soit relatif à l'administration de la cité[4]. Les droits municipaux sont tacitement réservés aux citoyens; et il y a d'autant moins de doute sur ce point, qu'il est historiquement prouvé qu'à cette époque il existait des consuls; leurs noms mêmes nous ont été conservés.

La liste des magistrats, appelés successivement aux fonctions de consuls, remonte à 1132[5].

On raporte à l'an 1131 l'époque de l'établis-

---

1. Guesnay, Provinc. massil., p. 306.
2. Saxi, Pontif. arelat., p. 219.
3. Guesnay, Provinc. massil., p. 316.
4. H. Bouche, Hist. de Provence, t. I, p. 819.
5. Anibert, Mém. sur la rép. d'Arles, 2e partie, p. 248.

sement du consulat dans la ville d'Arles; un acte de 1131 est daté de la première année du consulat[1].

Mais si le consulat a commencé en 1131 à Arles, il est bien certain que cette magistrature n'a fait que remplacer l'ancienne magistrature municipale, et que les droits des citoyens n'ont pas commencé à cette époque.

Il ne paraît pas que Lothaire II, alors empereur, et roi d'Arles, eût fait à ce sujet aucune concession.

Quoique la charte de Frédéric II, confirmant celle de Frédéric Ier, annonce que celui-ci avait accordé le consulat à la ville d'Arles, et une juridiction aux consuls, tout démontre que Frédéric Ier ne fit pas une concession fondamentale, mais seulement une nouvelle et plus ample organisation de cette magistrature municipale, puisqu'il ne devint empereur qu'en 1152.

Il faut donc admettre que cet empereur n'établit pas à Arles le régime municipal dont l'existence antérieure est si évidemment constatée, mais qu'il accorda aux magistrats mu-

---

1. Anibert, Mém. sur la républ. d'Arles, 2e partie.

nicipaux un pouvoir plus étendu, et surtout des attributions judiciaires.

Arles, république sous les consuls, eut un podestat, jusqu'à ce qu'en 1251 les citoyens, tant de la cité que du bourg, se soumirent eux, la cité et le bourg, au comte de Provence et à ses successeurs; mais il fut déclaré expressément que c'était à titre de DONATION GRATUITE.

On pense bien que les habitants d'Arles conservèrent leurs droits municipaux sous les comtes de Provence.

§ 5.

Cité de Toulouse.

Cette cité célèbre qui, pendant la domination romaine, avait son capitole et son sénat [1], et exerçait la plénitude des droits municipaux,

---

1. Toulouse est une des villes des Gaules qui, sans avoir été colonies romaines, acceptèrent ou obtinrent, comme municipes, le régime municipal.

Le titre de capitoul est resté à ses magistrats, de ce que jadis on nommait CAPITULARII, des citoyens qui, remplissant des fonctions municipales, assistaient aux assemblées, aux délibérations du corps municipal, nommées de CAPITULA.

ne paraît pas en avoir rien perdu pendant le cours du moyen âge. Aucun document n'indique le commencement de ses franchises et de ses libertés, ni même l'époque où sa magistrature municipale prit le titre de CONSULAT.

Sous la première et sous la seconde dynastie, des monnaies offrirent le nom de Toulouse; et ce nom se retrouve avant l'an 1000, à l'époque du comte Pons, sur la monnaie du pays[1].

D'un côté on lit LE COMTE PONS, et de l'autre: VILLE DE TOULOUSE.

Sous Guillaume V, la monnaie offre, d'un côté, le nom du comte, et de l'autre: CITÉ DE TOULOUSE.

Un historien rapporte qu'Humfrid, vers le milieu du neuvième siècle, se rendit maître de Toulouse, à la faveur des intelligences qu'il s'était ménagées avec les habitants, et il fait cette réflexion: « Selon la manière ordinaire des Toulousains, qui ont coutume de disputer leur ville aux comtes. » Cette réflexion ne prouve-t-elle pas que les habitants de Toulouse formaient

1. Saint-Vincent, Monnaies, pl. 1.

alors une corporation municipale, dont les chefs rivalisaient avec les comtes[1] ?

La liste de ses consuls a été conservée depuis l'an 1147, mais on juge bien que le consulat existait long-temps avant[2].

Les magistrats municipaux de Toulouse, dans le douzième siècle, avaient le droit de juger les contestations relatives à la propriété[3].

Il était dans leurs attributions de publier, en certains cas, des ordonnances criminelles.

Toulouse jouissait non seulement de la liberté municipale, mais encore d'une sorte d'indépendance qui n'appartenait guère à d'autres cités.

Quelle idée ne doit-on pas avoir de l'autorité municipale de Toulouse, quand on la voit faire la guerre ou la paix en son propre nom, sans

---

1. Hunfridus Gothiæ marchio, sine conscientiâ Caroli regis, factione, solito more Tolosanorum qui comitibus suis eàndem civitatem supplantare sunt soliti, Tolosam Raimundo subripit et sibi usurpat.

Annal. Franc. bertin., Du Chesne, Hist. Franc. script., t. III, p. 216.

2. La Faille, Annales de Toulouse, t. IV, notes historiq., pag. 35.

3. Hist. du Languedoc, t. III, preuves, col. 171.

l'assistance du comte, quand on voit ses consuls commander l'armée communale, stipuler dans des traités, en arrêter et en signer les conditions?

En 1202, les consuls assemblèrent les citoyens qui marchèrent, en corps d'armée, contre Rabastens. Les habitants de ce pays offrirent de s'en rapporter au jugement du comte et de sa cour. Les consuls ayant accepté la condition, l'armée se retira. Un accord fut ensuite consenti entre les consuls de Toulouse et les seigneurs de Rabastens, le 10 juin 1202[1].

En 1203, les mêmes consuls[2], à la tête de l'armée toulousaine, assiégeaient le château d'Au-

1. La Faille, Annales de Toulouse, t. I, p. 53.

2. Dum consules Tolosæ, urbis et suburbii, erant in obsidione castri Altivillaris in communi exercitu Tolosæ, propter injurias et malefacta distringenda, quæ Visianus, etc. Concordia talis fuit quòd consules Tolosæ, urbis et suburbii, pro seipsis et omnibus hominibus et fæminis urbis Tolosæ et suburbii solverunt et reliquerunt, etc., ubi consules Tolosæ urbis et suburbii erant cum communi exercitu.

1203, regnante Philippo rege Franciæ, Ray. Tolos. com. et Raym. episc.

Traité de la noblesse des capitouls de Toulouse, p. 77; La Faille, Annales, t. I, p. 55.

villars; ces consuls conclurent et signèrent un traité de paix tant en leur nom qu'en celui des habitants.

On ne connaît pas l'époque de la création des prudhommes, qui exerçaient à Toulouse une juridiction municipale, et entraient dans le conseil de ville, mais on trouve divers documents qui attestent et leur existence et leurs attributions.

En 1152, les capitouls et le conseil de ville de Toulouse firent des statuts : on y lit que ceux qui les transgresseront seront jugés par les prudhommes [1].

Un titre émané de Raymond, comte de Toulouse, en l'année 1188, présente et indique les prudhommes comme membres de la magistrature municipale, puisqu'ils doivent, en cas d'absence des consuls, remplir les fonctions déléguées à ces magistrats municipaux, puisque ces prudhommes prêtent le même serment que les consuls.

Dans plusieurs titres le mot de PRUDHOMME

---

1. Voyez page 46.

est évidemment synonyme de magistrat municipal.

En quelques circonstances, les délibérations étaient prises par un si grand nombre d'habitants, qu'il fallait réunir l'assemblée dans un pré appelé de Carbonel[1].

Un document annonce que le parlement, le commun colloque, s'était tenu hors de la porte dite Villeneuve[2].

Sans doute ces formes n'avaient pas été établies depuis les comtes de Toulouse, qui n'eussent rien gagné à protéger de telles assemblées municipales ou politiques, inévitablement inquiètes; mais il est vraisemblable que le res-

---

1. Consules urbis Tolosæ et suburbii, et UNIVERSITAS ejusdem urbis et suburbii, in communi et generali colloquio, ab ipsis consulibus et eorum mandato, convocato, et congregato in communi prato, quod dicitur Carbonelli; in conspectu et præsentiâ domini Raimundi, Dei gratiâ ducis narbonensis, comitis Tolosæ, etc.

Catel, Hist. des comtes de Tolose, p. 35.

2. Hæc recognovit prædictus dominus Raimundus, Dei gratiâ, comes Tolosæ in communi colloquio foràs ad portam dictam Villanova, scilicet in præsentiâ et audientiâ totius populi qui ibi erat.

Catel, Hist. des comtes de Tolose, p. 35.

pect pour des usages antiques ne permettait plus de les abolir.

Aussi, en 1247, le comte Raymond reconnaît-il d'une manière expresse et solennelle, que la propriété et la possession du consulat de la ville de Toulouse et de son faubourg appartenaient, de fait et de droit et à jamais, à la communauté et universalité présente et future de Toulouse, ville et faubourg[1].

Le comte de Toulouse exprimait, en cette circonstance, un principe aussi vrai que juste, savoir que le droit municipal était pour les cités, qui en jouissaient de toute antiquité, une propriété sacrée, un patrimoine politique dont on ne pouvait les dépouiller sans injustice.

---

1. Dominus Raymundus Dei gratiâ comes Tolosæ.... recognovit et dixit et asseruit in veritate quod totus consulatus Tolosæ urbis et suburbii erat et esse debebat, in perpetuum, in proprietatem et possessionem communitatis et universitatis Tolosæ urbis et suburbii præsentis atque futuræ, etc. etc.

Recueil des Titres, etc., de la ville et bourgeoisie de Tolose, in-4°, 1663.

§ 6.

Cité de Narbonne.

Narbonne, première colonie romaine, établie dans les Gaules [1], conserva, comme plusieurs autres cités, l'exercice de son droit municipal.

Dans le huitième siècle, Narbonne, occupée par les Sarrasins, est livrée aux troupes de Pépin; les Visigoths, anciens habitants de cette ville, stipulent la condition de garder leurs lois et leurs coutumes, ou pour me servir des expressions d'une chronique, obtiennent qu'on les laisse se gouverner eux-mêmes [2].

Une telle stipulation indique l'existence actuelle d'une autorité municipale, d'une administration populaire, dont l'occupation momentanée de Narbonne par les Sarrasins, n'avait interrompu ni les droits ni l'exercice; aussi, on

1. Voyez tome I, page 14.
Ausonii Claræ urbes, n° 13.

2. Dato sacramento Gothis.... dimitteret eos regere.... Permitteret eos legem suam habere....
Voyez page 5.

voit dans un plaid de 933, que cette ville renfermait des habitants Romains, Visigoths et Francs, qui vivaient chacun selon leur loi [1].

Pour maintenir de telles distinctions, pour en justifier, on sent combien est nécessaire l'action d'un pouvoir municipal, l'assistance de magistrats locaux.

Sous Charles-le-Chauve, le nom de Narbonne paraît sur les monnaies avec son titre de CITÉ.

Dans un plaid de l'an 1080, on lit : « Et autres CITOYENS et CHEVALIERS ; » et ensuite : « Aux prières des susdits seigneurs et CITOYENS de Narbonne [2]. »

J'ai déja cité l'acte de donation de la même date : « Avec l'avis et l'approbation de tous les nobles et NON NOBLES de la ville et de la contrée [3]. »

---

1. Voyez page 7.

2. Et alii CIVES et milites.... precibus prædictorum seniorum et CIVIUM narbonensium.

Hist. du Languedoc, t. II, preuves, col. 308.

3. Cum consilio et præsentiâ.... et omnium nobilium et IGNOBILIUM URBIS ET PATRIÆ.... cuncti verò adfuere narbonenses CIVES et milites ejusdem provinciæ.

Hist. du Languedoc, t. II, preuves, col. 308 et 309.

La même année 1080 offre une assemblée où assistèrent tous les CITOYENS de Narbonne[1].

De telles indications prouveraient suffisamment l'existence de la magistrature municipale?

Aussi, en 1166, les consuls de Narbonne font-ils, au nom de la commune et de tout le peuple de la cité qu'ils représentent, un traité avec les Génois[2].

Ces consuls, ces magistrats municipaux, quand et comment ont-ils été institués? Peut-on présumer que ce soit depuis 1080, époque où les titres connus parlent des citoyens de Narbonne? Rien ne le prouve; ces magistrats existaient donc de toute ancienneté; ils appartenaient à la suite de ces magistrats qui avaient stipulé avec Pepin la conservation des lois que les habitants tenaient des Romains.

A l'époque où les prétentions des évêques et des comtes affectaient de méconnaître le droit des villes, dans le cours du treizième siècle, des

---

1. Voyez page 171.

2. Inter Januenses et Narbonenses per consules communis et totius populi narbonensis.

Hist. du Languedoc, t. II, preuves, p. 499.

monnaies offrent d'un côté le nom de l'évêque, et de l'autre NARBONA CIVITAS, CITÉ DE NARBONNE[1], comme, quatre siècles avant, avec ce même nom de cité de Narbonne, elles portaient celui de Charles-le-Chauve[2].

§ 7.

Cité de Nîmes.

L'antiquité de la colonie de Nîmes est prouvée par les monuments et par l'histoire[3].

Pendant le moyen âge, et sous l'empire successif des Visigoths et des Francs, cette cité romaine conserva son droit municipal: il en reste des preuves spéciales.

Un document particulier, qui a paru indiquer l'existence de l'autorité municipale dans Nîmes, au dixième siècle, mérite d'être examiné.

---

1. Duby, Monnaies des prélats, etc., t. I, p. 7.

2. Voyez page 154.

3. Il serait superflu de citer ici les titres de l'antique colonie de Nîmes.

Voyez l'Histoire du Languedoc, tome Ier, aux preuves; l'Histoire de Nîmes, par Menard; les divers ouvrages sur les antiquités de Nîmes; Grutter, etc. etc.

La comtesse Berthe, veuve de Raymond Ier, comte de Rouergue, et son fils, le comte Raymond, firent, le 7 septembre 961, une donation de divers domaines en faveur de la cathédrale de Nimes.

Il est expressément énoncé dans ce titre[1] que, si les donateurs, ou toute autre personne, ravissaient au chapitre les divers biens donnés, ces biens feraient retour aux parents de la comtesse, et que, si ces parents ne les réclamaient pas, ils appartiendraient à la PUISSANCE PUBLIQUE de Nimes.

Les expressions de l'original : « AD IPSAM PO-

---

1. Ad locum sacrum sanctæ Dei genitricis Mariæ.... Ego.... Bertha humilis comitissa et filius meus Raymundus inclitus comes.... ad præfatam casam Dei, sanctæ Mariæ sedem principalem et ad canonicos, ibidem Deo famulantibus tàm præsentibus quàm futuris donare volumus aliquid de alodem nostrum....

Si quis contra hanc donationem vel alimoniam istam ad irrumpendum venerit, aut nos venerimus vel quicumque homo hoc fecerit quæ de potestate de ipsos canonicos vel de illorum alimoniâ istas res evadere voluerit, ad propinquos meos revertant, et, si propinqui mei istas res inquietare non valuerint, ad ipsam potestatem de Nemauso publicè revertant istas res.

Hist. du Languedoc, t. II, preuves, col. 113 et 114.

« TESTATEM de Nemauso PUBLICÈ revertant, » ont été diversement interprétées.

Les savants auteurs de l'Histoire générale du Languedoc ont émis cette opinion :

« Elle ordonne par cet acte, supposé que ses « proches vinssent à dépouiller l'église de Nismes « des biens qu'elle lui donne, que ces domaines « appartiendroient dès lors au PODESTAT de cette « ville. »

« Il s'ensuit, ce semble, de ces termes, que « Nismes jouissoit alors de son ancienne liberté, « et que cette ville était gouvernée par des ma- « gistrats municipaux; car le mot POTESTAT si- « gnifie ici apparemment la même chose que « celui de PODESTAT, dont on s'est servi dans la « suite pour désigner les principaux magistrats « municipaux des villes de Provence, d'Italie et « de Languedoc[1]. »

Quelque favorable que soit cette opinion à la preuve de l'existence de la magistrature municipale, je suis loin de l'adopter en ce qu'elle explique POTESTATEM par PODESTAT : je ne pense pas que le mot latin doive être pris dans le sens

1. Histoire du Languedoc, tome II, page 96.

restreint, affecté postérieurement au magistrat qu'il a désigné surtout en Italie; je crois au contraire, d'après l'examen de l'ensemble du titre, qu'il faut prendre ce mot dans le sens général de POUVOIR, PUISSANCE, PROPRIÉTÉ.

En effet, il est d'abord employé dans ce sens; le titre énonce le cas où on enlèverait les biens au pouvoir du chapitre DE POTESTATE DE IPSOS CANONICOS, et alors les donateurs veulent que ces biens passent à leur famille, et, si elle ne les réclame pas, au pouvoir public de Nîmes.

C'est donc de l'expression PUBLICÈ, et non de l'expression POTESTATEM, que je tirerais une induction de l'existence de l'autorité municipale de Nîmes au dixième siècle, si cette existence n'était constatée postérieurement par des titres qui la supposent très-ancienne, puisqu'ils montrent cette autorité en exercice, sans qu'on trouve l'époque où elle a commencé[1].

On a vu que dans un plaid tenu en 917, à

---

1. Menard, dans son Histoire de Nîmes, t. I, p. 150, a traduit DOMAINE PUBLIC; mais il paraît qu'il entend par cette expression, le domaine du vicomte. Il n'est pas nécessaire de discuter cette opinion.

Anduse[1], ville voisine de Nimes, des curiales, des défenseurs, figurent comme magistrats; l'organisation municipale romaine avait donc été conservée dans les environs de Nimes.

Un acte de 1144 contient une vente faite par le vicomte au PEUPLE de Nimes[2]. Les consuls sont nommés dans ce titre, et l'année suivante, ce vicomte contracte encore avec tous les CITOYENS de Nimes présents et futurs[3].

Si le titre de 1144 n'indiquait pas expressément les consuls de Nimes, qui ne sont pas mentionnés dans celui de 1145, on douterait peut-être que ces consuls existassent à Nimes dans la première moitié du douzième siècle.

Un titre de 1193 contient un nouveau réglement[4] sur le consulat.

Le peuple convoqué doit choisir, par chaque division de la ville, cinq électeurs qui, au nombre de vingt, nomment quatre consuls, etc., etc.

---

1. Voyez tome I, page 334 et 335.
2. POPULO Nemausi.
   Menard, Hist. de Nîmes, t. I, preuves, p. 31.
3. Omnibus CIVIBUS Nemausi presentibus et futuris.
   Menard, Hist. de Nimes, t. I, preuves, p. 34.
4. Histoire du Languedoc, t. III, preuves, col. 185.

Enfin, après diverses révolutions que le pouvoir municipal subit dans la cité de Nîmes, les commissaires de Louis IX y rétablirent[1] le consulat en 1254.

Les citoyens se plaignaient de ce qu'un sénéchal de Beaucaire et un viguier de Nîmes avaient changé les formes de l'élection des consuls observées auparavant et depuis les temps anciens, et avaient surtout enlevé la liberté d'élire.

Le consulat fut rétabli tel qu'il était quand le roi devint maître du pays.

En 1213, la cité de Nîmes avait fait un traité d'alliance avec celle d'Arles[2].

---

1. Menard, Hist. de Nîmes, t. I, preuves, p. 80.

2. Anno ab incarnatione domini M. CC. XIII, tertio idus Augusti, regnante Philippo rege Francorum.

.... Societas et confederatio facta est inter arelatensem et nemausensem civitates et eorum districtum ad pacem tuendam et justitiam pleniùs exequendam, quod omnes, tàm milites quàm cives utriusque civitatis, tàm majores quàm minores, singuli et universi tenentur salvare et defendere.... jura et libertates ipsis competentes, sicut sua propria unaqueque civitas sibi et suis defenderet.... Tenentur et adjutorium et juvamen sibi invicem prestare ad defensionem utriusque civitatis, ex quo ipsis per dominos archiepiscopum are-

N'est-ce pas un fait bien remarquable qu'une pareille stipulation, consentie par les membres de la corporation municipale, par le pouvoir administratif, sans l'intervention ni directe ni indirecte du chef politique ou de ses agents?

Une seule autorité intervient dans ce traité: l'archevêque d'Arles et l'évêque de Nîmes, qui sont parties avec les consuls et les citoyens de chaque cité.

Ne reconnaît-on pas, à de tels caractères, l'indépendance du pouvoir municipal?

§ 8.

Cité de Metz.

Sous la domination romaine, Metz jouissait des institutions municipales, dont il ne paraît pas

---

latensem et episcopum nemausensem et consules utriusque civitatis, innotuerit....

Hæc omnia et singula.... invicem dominus archiepiscopus arelatensis et consules et cives arelatenses infrascripti ex unâ parte, et dominus episcopus nemausensis et consules et cives nemausenses infrascripti ex alterâ, pro se et universitatibus suis, promiserunt observare usque ad decennium.

Menard, Hist. de Nîmes, t. I, preuves, p. 52.

qu'elle ait été privée pendant le moyen âge[1].

Le nom de CITÉ DE METZ se trouve sur une monnaie de Childéric II.

Divers documents, dont quelques-uns ont déja été indiqués[2], attestent qu'entre autres magistrats, la cité de Metz avait des échevins, soit quand elle faisait partie de la France, soit quand elle obéissait à l'empire.

On lit le nom des échevins de Metz dans plusieurs titres depuis 906 jusqu'à l'époque où l'autorité municipale subit un changement funeste vers la fin du douzième siècle.

En 1126, Étienne de Bar, évêque de Metz, fit diverses concessions à l'abbaye de Saint-Arnould.

Soit nécessité, soit prudence, la charte fut soumise à l'approbation de trois des principaux[3] magistrats de la ville, du premier échevin, et des notables qui tous renoncèrent à leurs prétentions.

En 1161, une nouvelle concession fut faite

---

1. Voyez l'Histoire de Metz, t. I, *passim*.

2. Voyez pages 17 et suiv.; et l'Hist. de Metz, t. III, aux preuves, *passim*.

3. Hist. de Metz, t. II, p. 248.

par le même évêque, avec le consentement tant du clergé que du PEUPLE[1].

Il y avait à Metz un MAÎTRE ÉCHEVIN, un PREMIER ÉCHEVIN.

Ce maître échevin était élu ainsi que l'évêque, par le clergé et le peuple : il exerçait ses fonctions pendant toute sa vie.

En 1179 ou 1180, l'évêque Bertram, muni du consentement des citoyens clercs et laïques, publia une nouvelle charte dans laquelle il est dit : que la charge de maître échevin sera désormais annuelle, et qu'il ne sera plus nommé par le clergé et le peuple réunis[2].

---

1. Tàm cleri quàm POPULI pari assensu adhibito.
Hist. de Metz, t. III, preuves, p. 123 et suiv.

2. La charte de l'évêque Bertram est adressée :

CLERO ET POPULO METENSI.

....Cleri.... militum et CIVIUM communicato consilio....

La charge du maître échevin ne sera plus qu'annuelle.

Ut, stabilitate officii cessante, consueta pariter cessaret insolentia, et futuri postmodùm scabini justiùs et humaniùs agerent potestatem.

L'élection de l'échevin.... « Quem clerus simul et POPULUS « celebrare consueverant,... » est accordée à six personnes seulement.

Gallia christ., t. XIII, Instr. eccl. metensis; p. 407.
Voyez aussi l'Hist. de Metz, t. III, preuves, p. 138.

En réduisant à une année les fonctions du maître échevin, qui était jadis nommé à vie, la charte donne pour motif que la courte durée du pouvoir et des fonctions de ce magistrat le rendra plus juste et plus humain.

Et pour dépouiller le peuple du droit et de l'usage antique d'élire ce magistrat suprême, la charte invoque le prétexte d'éviter les occasions des querelles et des dissensions qui éclatent ordinairement dans les élections faites par la multitude.

L'empereur Frédéric Ier, par un diplôme de la même année, adressé au clergé et au peuple, confirma cette charte.

Mais cette charte même qui porta atteinte aux droits municipaux de la cité de Metz, constate solennellement que, jusques alors, l'assemblée populaire, la réunion du clergé et du peuple de Metz avaient élu municipalement le premier magistrat de la cité.

§ 9.

Cité de Paris.

La magistrature municipale de Paris avait un principe et un caractère particuliers, d'autant plus remarquables, qu'ils ne se retrouvaient peut-être dans la magistrature d'aucune autre cité.

On sait que, profitant des avantages de la navigation de la Seine, Paris, dans les temps anciens, faisait un commerce local, très-étendu et très-florissant.

J'ai rapporté l'inscription du monument élevé par le collége des nautes pendant la domination romaine[1].

Quoiqu'il n'existe ni monument ni titre qui prouve qu'un sénat municipal, et les diverses magistratures, accordées par les institutions romaines, existassent dans l'antique cité de Paris, on n'en doit pas moins regarder le fait comme certain, puisque rien ne permet de présumer le contraire. La cité de Paris pouvait-elle ne pas jouir des institutions romaines devenues le patrimoine politique de toutes les autres cités des Gaules?

Guillaume Le Breton indique assez, d'après les

1. Voyez tome I, page 126.

traditions de son temps, que Paris en jouissait [1].

J'ai fait connaître les colléges qui, quelquefois, comprenaient la plus grande partie des habitants d'une cité; ces corporations, autorisées et protégées par la loi, avaient une organisation régulière, des assemblées générales, se choisissaient des patrons, des chefs recommandables ou puissants qui devenaient des magistrats spéciaux; elles imposaient à leurs membres des contributions; aptes à hériter et à contracter, elles recevaient ou empruntaient des sommes et en payaient l'intérêt annuel; c'étaient, en quelque sorte, des corporations municipales secondaires, placées à côté de la magistrature des décurions, rivalisant avec elle, et qui, en certaines circonstances, avaient plus de ressources et plus d'éclat.

Il paraît qu'à Paris la corporation des nautes, principal collége local, acquit assez de puissance

---

1. Regentes
Se populosque suos, reddendo tributa quotannis
Debita Romanis, legesque sequendo paternas.
Philippidos, lib. I.

et de moyens pour attirer dans ses attributions, les attributions même du corps municipal.

Une telle révolution doit-elle étonner?

Pendant les troubles et les désordres que les diverses invasions et les querelles intestines excitèrent dans les Gaules, même depuis que les rois francs possédaient Paris, il n'est pas surprenant que la corporation la plus importante, celle qui, par le commerce, entretenait les moyens de richesse et de subsistance, ait envahi les attributions de la première magistrature locale.

Les faits parlent au défaut de documents plus spéciaux.

La première fois que les lois ou les récits de l'histoire font mention de l'autorité locale dans Paris, il s'agit de la corporation des nautes, des MARCHANDS DE L'EAU; et le vaisseau, emblême de cette corporation, devenu les armes de la ville, ne démontre-t-il pas matériellement que cette corporation des marchands de l'eau et la corporation municipale s'étaient identifiées par une heureuse fusion?

La dissertation de M. Le Roi, insérée en tête de l'histoire de cette ville, par Félibien, contient plusieurs preuves de cette assertion: je les indiquerai en y joignant quelques considérations particulières pour les corroborer.

On a vu précédemment que la cité de Paris a, sous les trois dynasties, conservé sur les monnaies son titre antique, sa qualification municipale de CITÉ, puisqu'on y lit : CITÉ DE PARIS, CITOYEN DE PARIS.

Il est même remarquable que l'une de ces monnaies porte d'un côté le nom de Hugues, duc par la grâce de Dieu, et de l'autre CITÉ DE PARIS, en sorte que le duc qui usurpait les droits du roi, respectait encore ceux de la cité.

Dans l'assemblée de comté, tenue à Paris en 803, les échevins remplissaient des fonctions municipales, enregistraient les capitulaires, et au nom de la cité, promettaient de les observer.

Ces mêmes échevins n'étaient pas étrangers à la corporation des nautes ou marchands de l'eau; aussi des documents postérieurs les appellent ESCHEVINS DES MARCHANDS[1], ce qui prouve

---

1. Cùm tabernarii parisienses dicerent contra PRÆPOSITUM et SCABINOS MERCATORUM parisiensium....

Hist. de Paris, t. I, dissert., pièc. justif., p. 102.

Dans l'arrêt rendu par le parlement, en 1268, l'expression

que les chefs du commerce étaient devenus chefs municipaux, ou que ceux-ci s'étaient placés à la tête du commerce.

Le titre de PRÉVÔTS DES MARCHANDS DE L'EAU DE PARIS, donné aux premiers magistrats municipaux, indique encore cet amalgame des deux corporations.

Il est très-vrai que l'expression LA MARCHANDISE DE L'EAU, ou simplement la MARCHANDISE, furent à Paris synonymes de corps municipal.

Le greffier de la ville était appelé le greffier de la MARCHANDISE.

L'assemblée de ces marchands ou membres de la corporation municipale s'appelait PARLOIR.

Ces marchands de l'eau, pour subvenir aux besoins de la ville et de leur parlement ou parloir, établissent des droits à prélever sur les compagnies ou sociétés de la hanse de Paris, exercent la police, administrent la basse justice, perçoivent des droits d'étalonage, etc.

Une courte analyse des principaux documents concernant la ville de Paris ne laissera aucun doute.

PRÆPOSITI MERCATORUM AQUÆ PARISIUS est corrélative à CIVES.

Félibien, Hist. de Paris, t. I, dissertation, p. XXXV.

En 1121, Louis VI remet aux MARCHANDS l'impôt de soixante sols établi sur chaque vaisseau chargé de vin.

Vingt ans après, Louis VII vend aux BOURGEOIS un emplacement appelé *Grève*[1].

Ce prince, en l'an 1170, s'exprime en ces termes[2] : « Accordons à nos citoyens de Paris, « qui sont MARCHANDS PAR EAU, la confirmation « des coutumes qu'ils avaient au temps de « Louis VI notre père.

« Ces coutumes sont telles de toute ancienneté: « personne ne peut amener à Paris de la mar- « chandise par eau, etc., s'il n'est Parisien, mar- « chand de l'eau, ou s'il n'a pour associé de son « commerce quelque Parisien, marchand de l'eau. »

En cas de contravention, il est prononcé une

---

1. Hist. de Paris, t. I, dissert., pièc. justific., p. 95.

2. Cives nostri parisienses qui MERCATORES sunt PER AQUAM....

Consuetudines suas quas tempore patris nostri Ludovici regis habuerant.

Consuetudines autem eorum sunt tales ab ANTIQUO. Nemini licet mercatoriam Parisius per aquam adducere.... nisi ille sit PARISIENSIS AQUE MERCATOR vel nisi aliquem parisiensem aque mercatorem socium in ipsâ mercatoriâ habuerit.

Hist. de Paris, t. I, dissert., pièc. justific., p. 96.

amende dont la moitié appartient au roi, et l'autre moitié aux Parisiens marchands de l'eau, etc. etc.

Un titre de 1192, accordé par Philippe-Auguste aux bourgeois de Paris, porte :

« Nul ne pourra décharger à Paris du vin « amené par eau, si les PRUDHOMMES parisiens « ne reconnaissent qu'il est résident et domicilié « dans cette ville[1]. »

Ce qui démontre que les marchands de l'eau étaient le corps municipal ou en faisaient partie, c'est que ces marchands stipulèrent un traité avec les commerçants français et bourguignons touchant les limites du privilége de la hanse de Paris. On lit dans ce traité :

« En cas de contravention, l'amende se par- « tagera entre le roi et les marchands parisiens[2]. »

Et le roi, en 1204, confirma ce traité.

En 1213, il autorisa ces marchands de l'eau à

1. Hist. de Paris, t. I, dissert., pièc. justific., p. 97.

2. Si autem contra has conventiones facerent Burgundiones et alii mercatores de terrâ, MERCATORES parisienses haberent medietatem de emendâ, quam nos propter hoc levaremus.

Hist. de Paris, t. I, dissert., pièc. justific., p. 98.

percevoir des droits sur chaque bateau de vin, pour employer le produit de cette imposition à la construction d'un nouveau port[1].

Postérieurement, et en 1220, il accorda aux marchands de la hanse de l'eau de Paris la faculté d'établir des jurés crieurs, de régler les mesures, en exerçant à cet égard la basse justice et la police[2].

Un titre de l'an 1250 dit :

« Nul ne peut être crieur à Paris, se il n'en a « impétré le congié du prévost des marchands « de Paris et des échevins, ou de celuy qui « tiendra leur lieu[3]. »

Ce qui explique bien précisément que les marchands de l'eau formaient la corporation municipale de Paris, c'est l'acte de février 1281, par lequel le prévôt des MARCHANDS DE L'EAU et les échevins des mêmes marchands vendent les droits de seigneurie, de propriété, de cens, qu'ils possédaient sur des maisons et des emplacements[4].

---

1. Hist. de Paris, t. I, dissert., pièc. justific., p. 98.
2. Id. ibid., p. 99.
3. Id. ibid., p. 101.
4. Guillelmi Bourdon PREPOSITI MERCATORUM aque Pa-

La vente fut faite par le prévôt et les quatre échevins, du consentement de leurs confrères appelés en parlement.

Deux circonstances relatives à cet acte méritent d'être relevées. Non seulement il est expressément approuvé par Philippe-le-Hardi, mais encore ce prince permet aux marchands de l'eau d'employer le prix de la vente à acheter des cens et des fonds de terres.

Le roi avait aussi son prévôt à Paris : ce magistrat n'était que l'homme du gouvernement, et non celui de l'administration.

---

risius, Johannis dicti Augier, Johannis Barbette, Johannis Arode et Johannis Bigue SCABINORUM dictorum MERCATORUM....

Avons vendu et amorti au prieur et au couvent de l'ordre des frères prescheurs de Paris, pour onze vingt livres parisis, quanques nous avions et eusmes onques de droit de seigneurie, de franchise, de propriété, de saisine, de cens, de fonds de terre et de croix de cens....

Et sur les lieux dessusdits nous avons autant de justice et de seigneurie, de vente, de saisine et de coustumes, comme nous avons en notre autre terre à Paris.

Nos autem premissa omnia et singula (dit le roi), quantùm in nobis est, volentes concedimus MERCATORIBUS supradictis, ut ipsi in terrâ nostrâ possint acquirere et emere de dictis undecies viginti libris tantùm terre, etc.

Hist. de Paris, t. I, dissert., pièc. justific., p. 103 et 104.

En 1285, ce prévôt voulut soumettre les bourgeois à paver quelques chemins en dehors de Paris; les bourgeois soutinrent que le pavage de ces chemins n'était pas à leur charge, et le roi lui-même condamna la prétention de son prévôt[1].

Le prévôt de la marchandise de l'eau, Jean Arode[2], rendit en 1291, avec le conseil des bonnes gens de la ville de Paris, un jugement qui confisqua le vin qu'avait introduit un étranger.

Le jugement fut prononcé au PARLOUER AUX BORJOIS du prévôt[3].

On lit dans ce jugement que le PARLOUER ou juridiction municipale avait ses clercs et ses sergents, etc.

Quelquefois le prévôt du roi et le prévôt des marchands de l'eau se réunissaient pour faire des réglements de police[4].

Ainsi, en 1193, leur ordonnance commune régla la somme que les jurés maçons et char-

---

1. Hist. de Paris, t. I, dissert., pièc. justific., p. 94.
2. On a vu qu'il était échevin en 1281.
3. Hist. de Paris, t. I, dissert., pièc. justific., p. 95.
4. Id. ibid., p. 106.

pentiers pouvaient exiger à raison de leurs droits de visite, etc.

Le prévôt des marchands et les échevins avaient une juridiction civile : ils prononçaient sur les contestations relatives aux héritages; ils interprétaient et appliquaient les dispositions de la coutume de Paris[1].

On trouve des actes de notoriété émanés de leur tribunal sur divers articles de cette coutume.

La preuve de l'indépendance de l'autorité municipale de Paris résulte encore de ce qu'elle réglait sa propre organisation.

En 1296, les prévôts, les échevins et les autres bonnes gens de Paris décident :

« Que l'on eslira vingt-quatre preudomes de « Paris, qui seront tenus venir au parlouer, au « mandement du prévost et des eschevins qui « conseilleront[2], etc. »

Enfin un titre de 1336 désigne encore la corporation municipale de Paris, par le mot MARCHANDISE[3].

---

1. Hist. de Paris, t. I, dissert., p. 106, 107, 108, 109.
2. Id. ibid., p. 109.
3. « Que come le prevost des marchands et les eschevins « de la ville de Paris ayent achetté pour le proufit commun

Après la sédition des maillotins, en 1382, Charles VI[1] mit sous sa main la prévôté des marchands, l'échevinage de Paris et sa juridiction; le prévôt du roi fut substitué à celui des marchands.

Toutes maîtrises et communautés de métiers furent abolies.

Les titres et papiers de la magistrature municipale furent enlevés.

Depuis, les droits municipaux furent restitués à la ville, mais il ne fut plus question de MARCHANDS DE L'EAU.

§ 10.

Cité de Reims.

La cité de Reims est une de celles qui ont conservé les preuves les plus évidentes de l'antique liberté municipale.

« de ladite MARCHANDISE, ou nom d'icelle, etc...., et puissent ou nom et pour ladite MARCHANDISE tenir franchement, etc. »

Sachent touz que tant pour le prouffit commun de ladite MARCHANDISE, come pour l'amour que nous avons à ladite ville de Paris.... leur avons ottroyé, etc.

Hist. de Paris, t. I, dissert., pièc. justific., p. 114.

1. Hist. de Paris, t. I, dissert., pièc. justific., p. 119.

C'est que ses droits ont été souvent attaqués, défendus, et conséquemment reconnus; c'est que ses magistrats et ses citoyens ont eu, dans tous les temps, le courage et les moyens de résister aux prétentions des archevêques et à la tyrannie de leurs agents; alors tout ce qui a été entrepris pour détruire les droits et abolir les titres de la cité, n'a servi qu'à affermir les uns, et à rendre les autres plus authentiques.

En applaudissant à la fermeté et au succès des habitants de Reims, peut-on se défendre de l'idée pénible que, dans plusieurs autres cités, les tentatives des ducs et des comtes ecclésiastiques ou laïques n'ont pas été aussi heureusement repoussées; que des villes jouissant des mêmes droits, avec les mêmes titres, n'ont pas également réussi à les faire reconnaître et à les maintenir?

Dans le douzième siècle, la cité de Reims prétendait être en possession de la liberté municipale depuis une époque antérieure à l'épiscopat de saint Rémi[1].

1. Dummodò eos jure tractaret, et legibus vivere pateretur, quibus civitas continuè usa est à tempore sancti Remigii Francorum apostoli.

J. de Sarisbery, Epist.

Sous Louis-le-Débonnaire, sous Charles-le-Chauve, sous Charles-le-Simple, des monnaies portent l'indication de CITOYENS de REIMS, de CITÉ de REIMS[1].

Des documents positifs[2] attestent que plusieurs archevêques, et notamment

Ebbon	en	816,
Hincmar	en	845,
Foulques	en	882,
Hugues	en	949,
Adalberon	en	969,
Ébulon	en	1021,
Manassès	en	1095, etc. etc.,

furent élus canoniquement, par le clergé et par le PEUPLE.

Après la déposition de l'archevêque Manassès, une lettre de Grégoire VII recommandait, en 1080, à Philippe Ier de prendre soin qu'aucun trouble, aucun artifice n'empêchât l'élection canonique que le clergé et le PEUPLE se disposaient à faire d'un nouvel évêque[3].

---

1. Voyez page 15; et Marlot, Metrop. rem. hist., t. I, p. 561.

2. Voyez page 98 et 110.

3. Ut electionem quam præfatæ ecclesiæ clerus et POPULUS,

Dans les premières années du règne d'Hugues Capet, Arnoul, archevêque de Reims, exigea que les chevaliers et les CITOYENS prêtassent serment de fidélité à ce prince[1].

Non seulement, sous la seconde dynastie, les échevins exerçaient leurs fonctions dans cette cité, mais encore ils les exerçaient sous la troisième, et peu avant l'établissement de la commune; ce fait constaté ne laissera aucun doute sur le point important que l'échevinage de Reims n'avait pas commencé avec le droit de commune.

En 817, le comte de Reims tient un plaid où les échevins assistent[2].

Pendant l'archiépiscopat d'Hincmar, en 846,

Deo annuente, facturus est, nullo ingenio aut studio, quominus canonicè fiat, impedias.

Marlot, Metrop. rem. hist., t. II, p. 176.

1. Une lettre d'Hugues Capet, au pape Jean XV, porte: Milites ac OMNES CIVES jurare coegit ut in nostrâ persisterent fide.

Marlot, Metrop. rem. hist., t. II, p. 43.

2. Ante illustrem virum.... comitem seu judices quos SCABINEOS vocant, etc., in mallo publico.

Marlot, Metrop. rem. hist., t. I, p. 390.

plusieurs échevins prononcent un jugement à la suite duquel leurs noms sont inscrits[1].

J'ai cité précédemment une lettre d'Urbain II adressée au clergé, à l'ORDRE, aux chevaliers et au peuple de Reims[2].

En 1109, l'archevêque Raoul accorde, pour le marché, une charte qui est souscrite par le vidame, par un juge, et par quatre échevins dont les noms sont désignés[3].

L'exemple de l'établissement de quelques communes engagea les habitants de Reims à

---

1. Per judicium SCABINIORUM quorum hæc sunt nomina, Geimfridus, Ursoldus, Fredericus, Ursiaudus, Hroderaus, Helcherus, Ratbertus, Gislehardus.

J. Sirmondi, Not. ad capit. Baluz., t. II, col. 791.

2. Urbanus episcopus.... clero, ORDINI, militibus, et PLEBI Remis consistentibus.

Baluz. Miscell., t. V, p. 290.

3. Dudo Pincerna, Constantius, Hugo, Theodoricus, SCABINI.

Marlot, Metrop. rem. hist., t. II, p. 245.

Dans un traité autorisé par l'archevêque, en 1106, au sujet d'une dîme, on trouve parmi les signatures des laïques MAJOR DE SUBURBIO, LE MAIRE DU FAUBOURG.

Marlot, Metrop. rem. hist., t. II, p. 238.

En 1125, une charte de l'archevêque Raynald est souscrite par Eudes qualifié DECANI CIVITATIS.

Marlot, Metrop. rem. hist., t. II, p. 273.

solliciter de Louis-le-Jeune une faveur pareille; mais il est hors de doute que Reims jouissait alors de la liberté municipale et de l'échevinage.

Cette demande fut faite, pendant la vacance du siége épiscopal, entre le décès de Raynald, arrivé en 1137, et l'élection de Sanson, nommé vers 1140.

On n'a pas retrouvé le titre de commune accordé par Louis-le-Jeune à la cité de Reims; mais une lettre adressée par ce prince au maire et à la commune, vers l'an 1140, porte:

« Que ce titre était conforme à celui de la « commune de Laon[1].

Avant l'élection de Sanson, l'archiépiscopat de Reims fut proposé à saint Bernard[2]. L'abbé

---

1. Ludovicus.... Majori totique communiæ remensi.

Nos, humili petitioni et precibus vestris assensum præbentes, ad modum communiæ laudunensis, communiam vobis indulsimus.

Marlot, Metrop. rem. hist., t. II, p. 326.

La commune de Laon, supprimée en 1112, avait été rétablie en 1128.

2. A clero et populo Remensi, ob dudùm cognitas animi dotes et divinitùs acceptam doctrinam, Raynaldo II vivis exempto, in archiepiscopum postulatus, et à Catalaunensibus, post Herbertum, electus dicitur. At, posthabitis hisce ma-

de Clairvaux, montant sur le siége épiscopal, n'eût été qu'un prélat de l'église de France; ses vertus, ses talents et sa renommée lui avaient acquis une autorité d'opinion supérieure à toute la puissance que conféraient les dignités et les titres ecclésiastiques, autorité sous laquelle fléchissaient avec respect les peuples, les princes, les rois, le clergé, les évêques et le pape lui-même, en un mot, toute la chrétienté; il se refusa aux honneurs et aux périls de l'épiscopat.

Cependant, après l'installation de l'évêque Sanson, les citoyens et ce prélat soumirent leurs prétentions rivales à la médiation de l'abbé de Clairvaux[1].

Il arrive à Reims, il entre dans le palais de la cité, environné de la foule du clergé et du peuple; il fait tous ses efforts pour rétablir la paix; mais le succès de concilier un prélat et une commune n'était pas réservé au pieux cé-

---

joris prælaturæ oneribus, sufficere sibi credit, vir quàcumque dignitate excelsior, si viduatis sedibus idoneos pastores procuraret, etc.

Marlot, Metrop. rem. hist.; t. II, p. 278.

1. Marlot, Metrop. rem. hist., t. II, p. 278.

nobite qu'on regardait justement comme l'oracle de l'église.

L'existence de ce palais de la cité[1] suffirait à prouver l'existence antérieure des magistrats municipaux; il ne pouvait avoir été construit depuis l'établissement de la commune; elle ne datait que de deux ans au plus.

Une monnaie frappée sous l'archevêque Sanson, porte d'un côté le nom de Sanson, et de l'autre : CITÉ DE REIMS.

En 1161, le frère de Louis VII, Henri de France, fut archevêque de Reims; soit caractère, soit orgueil de la naissance, il ne voulut pas souffrir que, dans sa ville archiépiscopale, les magistrats populaires rivalisassent avec lui de pouvoir et d'autorité; il essaya de les inquiéter dans la possession de la liberté municipale et de l'échevinage.

Jean de Sarisbery, témoin oculaire des troubles et des malheurs occasionés par l'ambition altière de l'archevêque, atteste que ce prélat tenta d'imposer aux citoyens de Reims des servitudes injustes et intolérables[2].

---

1. Marlot, Metrop., rem. hist., t. II; p. 562.
2. Conspiraverunt enim cives, de clericorum consilio et

Animés par le clergé, et soutenus des chevaliers, ils osèrent résister, s'emparèrent des tours, et chassèrent de la Ville les officiers et les partisans de l'archevêque.

---

auxilio militum, mittentes contra archiepiscopum, qui novas quasdam et indebitas et intolerabiles servitutes volebat imponere civitati; et ecclesiarum turres et domos munitiores occupantes, officilibus et amicis archiepiscopi ejectis de urbe, multas ei injurias intulerunt. Et primò quidem ei humilitatem exhibuerant, parati duo millia librorum, sicut multi testantur, conferre in ærarium ejus, dummodò eos jure tractaret et legibus vivere pateretur, quibus civitas continuè usa est, à tempore sancti Remigii Francorum apostoli. Adierant etiàm christianissimum regem; sed, nec per eum, rigorem archiepiscopi flectere potuerunt; confugerunt itaque ad comitem Henricum et ejus consilio cesserunt regi quem archiepiscopus adduxerat, ut in brachio ejus contereret civitatem. Rex autem dolens, sed tamen fratris satisfaciens voluntati, circiter quinquaginta domos dirui fecit et recessit. Cives verò, die tertià redierunt, et, in ultionem dirutarum domium, funditùs everterunt domos militum faventium archiepiscopo, vicedomini scilicet sui, et alterius qui in urbe gesserat præfecturam; undè motus archiepiscopus comitis Flandriæ imploravit auxilium, cumque cum mille militibus adduxit Remis, ut cives perirent in ore gladii, aut redimendi et torquendi conjicerentur in vincula. Sed illi, præsentientes adventum comitis, iteratò cesserunt. Sic evacuantes urbem, ut Flandrenses inediâ confecti, vix unus diei et noctis moram potuerunt sustinere; et quia archiepiscopus, in recessu eorum, cives ad propriaredituros non dubitabat, per co-

Après cette première effervescence, les habitants de Reims eurent le sentiment de leurs torts; ils offrirent au prélat offensé un dédommagement de deux mille livres, s'il consentait à les traiter avec équité, et s'il leur permettait de vivre sous les lois qui avaient constamment régi la cité depuis le temps de saint Rémi; le prélat rejeta cette proposition.

Ils s'adressèrent à Louis VII; son intervention fut inutile; enfin ils s'abandonnèrent entièrement à la discrétion du roi, que l'archevêque avait appelé, afin d'obtenir de la puissance suprême un châtiment terrible et exemplaire.

---

mitem Robertum fratrem suum, ignaris Flandrensibus, cum eis pacem fecit, acceptis quadringentis quinquaginta libris in compensationem damnorum, quæ, ut multiplices injurias et contumelias taceam, in quadruplum excreverant; concedens ut de cætero legibus utantur antiquis. Sic itaque damnosam et ignominiosam cum civibus faciens pacem, adhuc cum clero exercet inimicitias et se juri offerentes exercet ecclesias. Hæc apud nos.

Lettre de Jean de Sarisbery à l'évêque de Poitiers.
Du Chesne, Hist. Franc. script., t. IV, p. 370.

Jean de Sarisbery, né anglais, avait suivi en France Thomas de Cantorbery, et résidait au monastère de Saint-Rémi de Reims, lors des événements qu'il raconte.

Évêque de Chartres en 1164, il mourut en 1180.

Disc. de l'antiq. de l'échevinage de Reims, p. 43.

Le prince, n'osant résister aux volontés haineuses de son frère, ordonne la destruction d'environ cinquante maisons : elles sont abattues, et il quitte la ville.

Les citoyens, qui s'étaient éloignés, reviennent aussitôt; ils renversent à leur tour les maisons de deux chevaliers, chefs du parti de l'archevêque; le comte de Flandre arrive au secours du prélat, avec mille soldats, pour passer les citoyens au fil de l'épée, ou les jeter dans les fers, les torturer et en obtenir une rançon.

Avertis de l'approche du comte, les citoyens s'exilent encore.

Après avoir séjourné seulement un jour et une nuit, les étrangers se retirent; alors l'archevêque, prévoyant le retour des bourgeois, leur accorde la paix, moyennant quatre cent cinquante livres.

Jean de Sarisbery déclare qu'il consentit au maintien de leurs anciennes coutumes.

Sous ce même archevêque, la qualification de CITÉ de Reims fut empreinte sur les monnaies.

Guillaume de Joinville, cardinal de Sainte-Sabine, succéda à Henri de France, en 1182, et traita les citoyens de Reims avec justice.

J'ai déja eu occasion de citer la charte où il déclare : « Qu'en respectant les droits et les « libertés des sujets, les princes de la terre ac« quièrent l'amour de Dieu et celui du prochain, « mais qu'en violant ou changeant les droits an« tiques, ils s'exposent à encourir l'indignation « du Très-Haut et à perdre la faveur du peuple. »

Il reconnut les droits de la cité, et régla que les échevins seraient choisis annuellement au nombre de douze par les habitants[1].

Quelques historiens ont pensé que son prédécesseur avait détruit l'échevinage ; mais il

---

1. Sicut principes terrarum, in observando jure et libertate subditorum, dilectionem Dei et proximi valeant acquirere,ità, in violandis vel immutandis consuetudinibus, diutiùs obtentis, indignationem altissimi possunt incurrere et favorem populi amittere, et animabus etiam suis onus perpetuum imponere....

Consuetudines vobis ab antiquis retrò temporibus collatas, sed mutatione dominorum aliquandò minùs servatas, authoritatis nostræ munimine vobis et posteris vestris duximus restituendas et perpetuò confirmandas; volumus igitur quòd scabini civitati restituantur, qui communi assensu omnium vestrûm de bannalibus nostris duodecim electi præsentabuntur, etc. etc.

Charte de l'archevêque Guillaume, 1182; Disc. de l'Ant. de l'escher., p. 34 ; Gallia christ. instr. eccl. rem., t. X, col. 48; Marlot, Metrop. rem. hist., t. II, p. 417.

semble, par les expressions mêmes de la charte de Guillaume de Joinville, qu'Henri de France n'avait que modifié les droits des citoyens. Voici les expressions de cette charte :

« Les coutumes qui vous avaient été accordées, « depuis les temps les plus anciens, mais quel« quefois moins observées lors des changements « de seigneurs, nous avons pensé devoir vous « les restituer et confirmer à jamais [1]. »

Sous cet archevêque, la monnaie de Reims

---

1. S'il était nécessaire d'expliquer, par quelque conjecture plausible, le genre d'altération que l'échevinage de Reims avait subi, je dirais que vraisemblablement les troubles survenus, pendant l'archiépiscopat de Henri de France, avaient fourni l'occasion de changer la forme de nomination populaire des échevins, et, ce qui autorise cette conjecture, c'est qu'on peut traduire le passage de la charte de Philippe-Auguste, qui confirme celle de l'archevêque Guillaume de Joinville : « scabinos civitati reddidit qui communi omnium « burgensium assensu.... duodecim electi, » par ces mots : « Il rendit à la cité le droit d'élection des échevins, au nom« bre de douze, par l'assentiment commun de tous les bour« geois ; » enfin, ce qui renforce encore la conjecture, c'est que la charte de l'archevêque et celle du roi portent : « Si « burgenses, in eligendis scabinis, concordes non fuerint, « archiepiscopus...., scabinos instituat. » « Si les bourgeois ne « s'accordent pas pour l'élection des échevins, l'archevêque « les nommera lui-même. »

porte, d'un côté, le nom du prélat, et de l'autre, CITÉ de REIMS[1].

La même année 1182, une charte de Philippe-Auguste confirme celle de Guillaume de Joinville. Le roi reconnaît, comme le prélat, l'antiquité des coutumes accordées aux bourgeois, et, à cette occasion, il s'exprime en ces termes[2]:

« Il est de la dignité d'un roi de conserver « avec zèle, dans leur intégralité et leur pureté,

1. Marlot, Metrop. rem. hist., t. I, p. 562.

2. Philippus Dei gratiâ Francorum rex. Ad regiam pertinere dignoscitur dignitatem, libertates et jura civitatum integra et illibata propensiùs conservare et consuetudines ab antiquo statutas, ne aliquâ malignantium perturbatione violari valeant vel immutari, litterarum apicibus commendare....

Willermus, venerabilis Remorum archiepiscopus, consuetudines burgensibus suis remensibus in banno suo constitutis, ab antiquis retrò temporibus collatas, sed mutatione dominorum aliquandiù minùs servatas, eisdem burgensibus suis restituens, scabinos civitati reddidit, qui communi omnium burgensium assensu duodecim de bannalibus archiepiscopo præsentabuntur....

Verumtamen, si burgenses in eligendis scabinis concordes non fuerint, archiepiscopus prout civitati suæ et sibi viderit expedire, scabinos instituet.

Disc. de l'antiq. de l'eschevinage de Reims.

« les libertés, les droits des villes et leurs cou-
« tumes antiques. »

Le pape Lucius III adressa, à ses chers fils et citoyens de Reims, une bulle confirmant les honnêtes coutumes et les libertés raisonnables, dit-il, auxquelles l'archevêque a consenti, et que le roi de France a authentiquement approuvées; ce souverain pontife menaça de l'indignation du Tout-Puissant et de celle des apôtres, quiconque oserait attenter à ces coutumes et à ces libertés[1].

Malgré cette imprécation solennelle, plusieurs archevêques de Reims méconnurent et contestèrent encore les droits des magistrats de la cité; un de ces prélats prétendait, en 1384, que les confirmations de la charte de Guillaume de Joinville, accordées par les pontifes romains, par les ar-

---

1. Lucius episcopus, etc., dilectis filiis et civibus remensibus... honestas consuetudines et rationabiles libertates quas venerabilis frater noster Willelmus,... pro justitiâ et equitate servandâ concessit, et quas,... Philippus illustris Francorum rex scripto authentico roboravit, nos,... auctoritate apostolicâ confirmamus et præsentis scripti patrocinio communimus.... si quis autem hoc attemptare præsumerit indignationem omnipotentis Dei et beatorum Petri et Pauli apostolorum ejus se noverit incursurum.

Disc. de l'antiq. de l'eschevinage de Reims.

chevêques ses prédécesseurs, et par les rois de France, étaient nulles et subreptices, contre les bonnes mœurs, iniques, concédées par erreur, en un mot, de vraies causes de péché mortel.

En quel lieu osait-on proférer, au nom d'un archevêque, des injures aussi coupables? dans le sanctuaire même de la justice, en présence du parlement de Paris, qui avait à prononcer sur la validité des droits assurés, par des titres aussi solennels, à l'universalité des citoyens de Reims.

L'arrêt du parlement consacra de nouveau ces titres et ces droits[1].

L'établissement des parlements fut favorable au maintien des libertés municipales. L'examen et l'appréciation des titres, la discussion approfondie des faits, les débats contradictoires des parties intéressées, préparaient les magistrats revêtus des hautes fonctions judiciaires, à prononcer entre les puissants qui voulaient opprimer et les faibles qui recouraient à la sauvegarde de la justice, tandis que les décisions des rois ou de leurs ministres n'étaient souvent que l'ex-

1. Disc. de l'antiq. de l'eschevinage, etc., p. 19.

pression de la volonté arbitraire ou de l'autorité absolue.

Le parlement de Paris n'aurait pas ordonné la destruction inutile de cinquante maisons, comme Louis VII l'accorda au courroux orgueilleux de Henri de France son frère.

Louis IX, ce prince, à qui l'histoire accorde un éloge trop rarement mérité par les rois, celui d'avoir gouverné avec bonne foi, ne mit peut-être pas, dans les deux jugements qu'il eut à prononcer entre l'archevêque et les échevins de Reims, une impartialité aussi équitable que l'aurait fait un tribunal suprême de justice. Sa piété le portait involontairement à favoriser les prétentions des princes ecclésiastiques au préjudice des citoyens.

En 1258, l'archevêque Thomas transigea avec les échevins en leur qualité de magistrats municipaux sur les réclamations de plusieurs habitants, contre les usurpations de ses agents, et paya cent livres parisis aux échevins [1].

Dans le siècle suivant, en 1344, les échevins

1. Disc. de l'antiq. de l'eschevinage, etc., p. 44.

obtinrent de l'archevêque un titre qui conserva aux habitants le droit et l'usage de faire paître leurs troupeaux dans les prés des marais, etc.[1].

Partout on retrouve des documents qui indiquent et consacrent les libertés municipales de la cité de Reims. Aussi l'auteur du DISCOURS DE L'ANTIQUITÉ DE L'ESCHEVINAGE DE LA VILLE DE REIMS n'hésite pas à proclamer « l'antiquité du droict « desdits habitants, duquel ils avoient jouy dès « le commencement de l'establissement de la mo- « narchie françoise, n'y ayans esté troublez que « par le susdit archevêque Henry. »

Dans un mémoire publié en 1766, par les officiers du baillage et siége présidial de Reims, on lit :

« Quoi qu'il soit de cette opinion sur l'origine « des priviléges de la ville de Reims, il est cer- « tain qu'elle a conservé sous la première et sous « la seconde race le droit de se gouverner elle- « même ; qu'elle avait dès-lors une justice muni- « cipale ; que les magistrats, chargés de l'exercice « de cette juridiction, prirent le nom d'échevins, « nom qui leur fut commun avec la plupart des

1. Disc. de l'antiq. de l'eschevinage, etc., p. 55.

« magistrats municipaux des grandes villes; que « ces échevins étaient élus par le peuple, etc.

« Le comté de Reims fut donné à l'archevêque « Artaud, par Louis-d'Outremer, en 940.... Louis-« d'Outremer ne donna point à l'archevêque et à « son église la justice, puisque les échevins con-« tinuèrent à l'exercer, sans y être troublés.

« Il ne donna pas non plus de droits sur le « gouvernement de la ville, puisqu'elle eut tou-« jours des magistrats chargés de régir les affaires « communes de ses habitants....

« Elle continua toujours de fournir au roi des « milices composées d'hommes libres, choisis « parmi ses concitoyens, et qui formaient un « corps différent de celles que les archevêques « tiraient de leurs fiefs; on voit, dans l'abbé Su-« ger, que les Remois, unis aux Châlonnois, « conduisirent au roi, en 1125, une armée de « soixante mille hommes, pour combattre l'em-« pereur qui était entré en Champagne, et qui « voulait venir se venger sur Reims de l'excom-« munication qu'avait lancée contre lui le pape « Calixte dans cette ville. »

Ces diverses assertions m'ont paru d'autant plus dignes de confiance, qu'elles ont été consignées dans des mémoires, publiés contradictoirement, lors des contestations soumises au jugement du parlement de Paris.

L'auteur du DISCOURS DE L'ANTIQUITÉ DE L'ESCHEVINAGE, etc., parlant de l'édit de Moulins, qui retirait aux échevins la connaissance des causes civiles, s'explique en ces termes : « La cour, « par son arrest du 24 mai 1568, ayant ordonné « que lesdits eschevins jouiroient de leur justice « et juridiction, ainsi qu'ils avoient faict cy-de- « vant, nonobstant ledict édict, parce qu'il fut re- « cognu qu'il ne se devoit estendre sur les villes « de cette qualité, qui en jouyssoient mesmes, « avant que la France fût en royaume, et que les « premiers rois leur avaient conservé. »

Cette décision aussi importante que solennelle a été consignée dans le Recueil des ordonnances des rois de France où on lit[1] :

« L'article LXXI de l'édit de Moulins, en février « 1566, laissant l'exercice du criminel et de la « police aux maire, échevins, et autres adminis- « trateurs des corps de villes, leur interdit des « instances civiles entre les parties.

---

1. Ordonnances des rois de France, t. XI, préf. p. XLVII.

« La ville de Reims fut troublée, en consé-« quence de cet article, dans la jouissance de la « juridiction civile : mais elle y fut confirmée par « arrêt, parce qu'elle prouva que la justice lui « appartenait de temps immémorial, long-temps « avant la concession de sa commune, et qu'on « respecta un privilége si ancien. »

Jusqu'en 1334, on retrouve le nom de CITÉ DE REIMS sur les monnaies de cette ville[1].

J'ai accordé quelques développements particuliers aux faits et aux titres qui constatent le droit et l'exercice de la liberté municipale dans l'antique cité de Reims.

N'est-il pas curieux et satisfaisant de montrer la magistrature populaire constamment maintenue, aux lieux mêmes où les successeurs de Clovis reçoivent l'onction sainte, et promettent de se vouer à la félicité publique?

Ne semble-t-il pas que la providence ait ménagé une grande et salutaire leçon aux princes et aux citoyens, lorsqu'elle a voulu que les serments prononcés par le nouveau roi, en présence des autels et du peuple, fussent confiés à

1. Marlot, Metrop. rem. hist., t. I, p. 562.

une ville libre, municipale, digne d'en être à-la-fois témoin et dépositaire?

§ II.

Autres cités, villes, bourgs en possession du droit municipal.

Je pourrais aisément présenter un grand nombre de documents et de faits qui attesteraient pareillement les droits individuels de diverses cités, et de plusieurs villes et bourgs, mais je crois ces développements superflus.

Je me borne à observer que, du onzième au treizième siècle, l'histoire nous indique plusieurs villes en possession du droit municipal, sans qu'aucun titre révèle l'époque où ce droit a commencé pour elles.

Si nul titre ne prouve, si nulle tradition, nulle induction ne permettent de présumer que, durant les dixième, onzième, douzième et treizième siècles, la liberté municipale leur ait été concédée, n'est-il pas juste de conclure, de l'absence des titres et du silence des historiens, que ces cités ou villes jouissaient encore du droit primitif dont nous connaissons l'époque et l'origine, en un mot, du bienfait des institutions romaines?

CHAPITRE II.

Exemples de villes et bourgs qui jouissaient du régime municipal avant leur réunion à la France.

Dès l'an 1249, le comté de Languedoc passa sous la domination d'un fils de France, quelques années après sous celle de nos rois, et enfin il fut réuni à la couronne.

En 1249, les envoyés des villes, des bourgs, des villages, prêtèrent serment de fidélité à leur nouveau comte, Alphonse, frère de Louis IX [1].

Deux procès-verbaux ont conservé les noms de quelques-uns des magistrats qui remplirent cette formalité d'usage.

En 1269, les trois ordres de la sénéchaussée de Carcassonne s'assemblèrent. Un titre a transmis les noms des députés qui assistèrent à ces États particuliers [2].

Dans ces deux circonstances, je compte cin-

---

1. Hist. du Languedoc, t. II, preuves, col. 474—477.
2. Id. ibid., col. 586—589.

quante-deux députations de villes ou bourgs que représentent leurs consuls, assistés quelquefois de prudhommes.

En quel temps, par qui le consulat avait-il été institué dans ces petits pays? On ignorerait qu'ils eussent alors l'avantage de jouir de la liberté municipale, si les procès-verbaux, qui sont venus jusqu'à nous, ne l'attestaient d'une manière irréfragable.

Certes, quand des villages, des bourgs ont leurs consuls pour représentants dans les assemblées des trois ordres de la sénéchaussée; quand, par l'organe de ces consuls, les habitants prêtent serment de fidélité, lors d'une mutation de suzerain, ne faut-il pas admettre que le droit municipal de ces petits pays, ce droit, dont aucune charte n'indique l'origine, était antérieur à la féodalité, et que ces bourgs, ces villages avaient eu le bonheur de préserver de ses usurpations, leur antique et précieuse liberté?

Et, si cela est vrai pour les bourgs, que faudra-t-il penser des cités dont le droit municipal remonte à la domination romaine, si l'on trouve que ce droit existait au douzième siècle, sans qu'on puisse prouver qu'il ait été interrompu dans les temps intermédiaires?

« Mais quoi! répondra-t-on, n'existe-t-il au« cune charte qui prouve l'institution du con« sulat dans quelques villes avant ou depuis le « douzième siècle? »

Sans doute il en existe, et je m'empresse de les faire connaître.

Ce sont des chartes accordées à des villes nouvellement fondées; ces chartes ont été conservées, soit par les habitants, soit par les rois ou les seigneurs qui les concédèrent.

Elles contiennent la permission d'avoir un consulat, etc.; et ce consulat ayant commencé pour elles, on trouve la preuve positive de la sanction donnée à leur droit municipal, tandis qu'à l'égard des cités, des bourgs même dont la liberté municipale a toujours existé depuis la domination romaine, on ne peut produire aucun titre pareil.

CHAPITRE III.

Concession du droit municipal en faveur de villes nouvellement fondées.

La ville de Montauban ne fut bâtie qu'en l'année 1144; aussi les chartes accordées aux habitants annoncent-elles expressément qu'il y aura dans la nouvelle ville, un consulat, une maison commune; cette concession fondamentale est exprimée indépendamment des franchises, des libertés stipulées en leur faveur[1].

Louis IX, formant le projet d'une nouvelle croisade, tint à honneur de s'embarquer dans un port français; il acquit par un échange, avec l'abbaye de Psalmodi, le village d'Aigues-Mortes, qui avait un port sur la Méditerranée; ce village devint bientôt une ville. C'est dans le port de cette ville, que le prince s'embarqua pour ses deux expéditions d'outremer, en 1248 et en 1269.

---

1. Charte de la fondation de Montauban.
Lebret, Hist. de Montauban.

Il accorda une charte d'institutions municipales[1] à cette ville qui, nouvellement bâtie, ne possédait encore aucun établissement. Mais le mot de commune ne se trouve pas dans cette charte.

L'article V porte :

« Il est permis à la communauté de ladite ville « d'avoir quatre consuls ou moins, et ils auront « un conseil juré qu'ils choisiront ; et les habi- « tants auront la liberté de choisir ces con- « suls, etc. »

L'article VII : « Quand il paraîtra convenable « aux consuls et à leur conseil d'établir des im- « positions sur les habitants, en raison de leurs « possessions, ils pourront, de leur propre auto- « rité, contraindre les opposants, leur faire sai- « sie, etc. »

Plusieurs articles sont encore relatifs à l'organisation municipale et consulaire.

D'autres sont législatifs.

Les habitants d'un bourg situé dans la sénéchaussée de Rhodez s'adressent au roi, en déclarant qu'ils ne font pas corps, et que, dévoués

1. Ordonnances des rois de France, t. IV, p. 46.

au prince dans toutes les circonstances, ayant défendu ses droits et donné gratuitement des subsides, ils demandent de faire corps et d'avoir un consulat, etc. etc. . . .

Le roi leur accorde quatre consuls, avec quatre conseillers, etc., l'élection populaire, enfin une organisation municipale, mais sans aucune juridiction[1].

Cette concession coûta cent cinquante deniers d'or à l'écu et soixante livres tournois.

C'est ainsi que les villes et bourgs, qui n'avaient pas déja le régime municipal, devaient en recevoir la concession spéciale, l'organisation dans tous ses développements; mais quand les rois accordaient des lettres de commune avec juridiction, avec dispositions législatives, sans créer expressément des maires, des échevins, des consuls, sans établir en détail l'organisation municipale, c'est que ces magistrats existaient déja dans la ville dont les habitants sollicitaient du prince l'approbation de leur fédération communale.

Des bourgs, organisés en communautés, sans

1. Ordonnances des rois de France, t. II, p. 524.

être privés des droits municipaux, et n'ayant pour magistrats que des syndics, désirèrent quelquefois obtenir des institutions plus expresses; ils eurent recours au roi de France, qui leur vendit les mots de consulat et de consuls.

Ainsi le bourg, depuis ville de la Guiolle en Rouergue, sollicita et obtint, par ses trois syndics, le droit d'avoir trois consuls, un conseil municipal composé de douze conseillers, une maison commune où les habitants pussent se rassembler au son de la cloche pour délibérer sur les affaires de la communauté, sans aucune autorisation spéciale[1].

La charte leur permit de s'imposer des tailles pour les dépenses locales, et leur accorda quelque juridiction pour des cas déterminés, etc. etc., pour la police, etc.

Tous ces priviléges coûtèrent cent livres, qui furent comptées à un commissaire royal.

Après avoir indiqué et prouvé l'origine, l'exercice, le maintien et la conservation du droit municipal en France, j'ai à examiner les chartes qui ont conféré à des cités, à des villes et à des

1. Ordonnances des rois de France, t. II, p. 477.

bourgs, l'utile privilége de commune; mais je crois indispensable de rappeler quelques-unes des principales causes qui amenèrent le nouvel ordre de choses, cette restauration municipale dont on fait honneur à Louis-le-Gros.

CHAPITRE IV.

De la Féodalité en France.

Je n'étalerai point ici des recherches et des discussions sur l'origine, les causes et les progrès de la féodalité; il suffit que j'indique rapidement la funeste influence qu'elle exerça sur la civilisation, sur les personnes, sur les mœurs et sur les opinions, pour expliquer le résultat qu'elle devait inévitablement amener, ou plus tôt ou plus tard, selon cette maxime de tous les temps et de tous les pays :

L'injustice à la fin produit l'indépendance.

Après s'être approprié les droits régaliens, après avoir envahi graduellement l'autorité du trône, et réduit le prince, le chef du gouvernement, à l'humiliante impuissance de se faire obéir, quel obstacle eût arrêté les seigneurs féodaux dans le succès des prétentions, dont ils accablaient sans cesse les sujets du roi et la population entière?

Un des moyens le plus habilement oppressifs, celui qui organisa et consolida le pouvoir féodal, ce fut de contraindre les propriétaires libres à subir le joug de la féodalité, en se recommandant eux-mêmes à des seigneurs puissants, dont ils n'évitaient les attaques, dont ils n'obtenaient la protection qu'en se soumettant au vasselage.

Heureux encore ceux dont un grand et puissant feudataire daignait accepter l'hommage, et qui, se recommandant directement au duc, au comte, obtenaient une protection moins coûteuse et moins tyrannique! On peut même avouer que, sous ce rapport, le malheur et l'opprobre de la féodalité furent utiles à quelques particuliers qui eurent moins à souffrir du pouvoir féodal, qu'ils n'auraient souffert de brigands sans titre ou d'ennemis et d'oppresseurs particuliers.

Des hommes libres, pour se dérober à des persécutions intolérables, devenaient les serfs des églises et même des particuliers.

Triste condition des temps où il était pardonnable à l'homme d'aspirer à la servitude!

Il suffira de rapporter un seul exemple de la contrainte que les seigneurs puissants exerçaient envers d'autres seigneurs.

L'histoire a transmis le souvenir de la résistance de Géraud, comte d'Aurillac; malgré les menaces de voisins redoutables, il ne voulut jamais leur recommander ses domaines.

La raison qu'en donne le biographe [1] explique la soumission des autres propriétaires; les domaines du comte étant contigus, il suffisait à les défendre contre les attaques et l'oppression. Mais comme il possédait un pré séparé de ses autres domaines, il céda à la nécessité de se recommander pour ce pré dont il n'aurait pu assurer la défense; ce pré s'appelait Taladiac.

---

1. Undè et Ademarus comes vehementer instabat ut eum suæ ditioni subdidisset. Quod nullo equidem pacto extorquere potuit; non solùm quippè eidem Ademaro, sed nec Willelmo quidem duci, qui tunc majore rerum affluentiâ potiebatur, se commendare assensus est....

Nam cùm alodus ejus esset postomia, et deinceps latifundia ipsius ità sibi succederent, ut usque ad montem magnum Greonem, posset in eundo et redeundo semper in propriis mansitare capellis, tamen non indigebat ut aliquam villam cuilibet potenti ad custodiendum commendasset, nisi unum solum prædiolum quod dicitur Taladiacus. Erat enim semotim, inter pessimos vicinos, longè à cæteris disparatum. De hoc officiales permiserunt invito et nolenti, quatinùs illud cuidam Bernardo ad custodiendum commendaret.

Vita S. Geraldi aurilicensis comitis, lib. 1; Biblioth. cluniac., col. 83 et 85.

Cette nécessité de se soumettre à la tyrannie féodale d'un protecteur pour éviter la tyrannie guerrière de l'ennemi puissant, était si impérieuse, si généralement reconnue, qu'un des plus agréables troubadours, Arnaud de Marueil, y fait allusion, en parlant de l'amour :

« Puisque je ne puis, dit-il, soutenir seul ses « attaques, je me livre à sa merci, et je me re« connais son vassal[1]. »

Après s'être arrogé tous les droits du prince, les seigneurs, exerçant à-la-fois les pouvoirs civils, administratifs, judiciaires et militaires, réussirent à imposer graduellement à des hommes libres, et surtout à ceux qui ne l'étaient pas, ces redevances, ces obligations, ces servitudes capricieuses et tyranniques, dont le recueil compose le code de la barbarie ; ils établirent en lois ces principes absurdes qui, au douzième, treizième, quatorzième siècles, et jusqu'au quinzième, ont régi une grande partie des campagnes de la France, et ont même pénétré parfois dans les villes et dans les antiques cités, ces exi-

1. Per qu'ieu non puesc sa guerra sols atendre,
A sa merce me ren sos domengiers.
ARNAUD DE MARUEIL : Anc vas amor.

gences avilissantes, ces prétentions honteuses, immorales, dont aucune n'avait d'exemple ni dans les lois, ni dans les mœurs de la nation, et qui outrageaient à-la-fois la religion, le trône et l'humanité.

Étonnant progrès de la tyrannie! de ce qu'un canton, plus tôt ou plus habilement opprimé que les autres, est asservi aux charges imposées par le système féodal, on tire de cet état malheureux l'injuste conséquence que le canton voisin doit être flétri du même régime.

Une redevance, une imposition, une exigence nouvelle, que l'un des tyrans locaux réussissait à établir, devenait un succès contagieux qui gagnait aussitôt les autres terres féodales; l'invention des abus et des vexations était alors ce qu'est aujourd'hui une invention dans les arts industriels.

Le mal, l'oppression gagnent de proche en proche, les vexations naissent des vexations, l'opprobre de l'opprobre, la servitude de la servitude, et enfin pour dernier résultat de l'iniquité, on proclame cette maxime plus absurde encore qu'injuste : NULLE TERRE SANS SEIGNEUR. Et dans quels pays? dans ceux mêmes où originairement, et avant qu'on connût non seulement l'existence, mais même les noms de fiefs et de seigneuries, plus de cent villes municipales, pendant plusieurs siècles, avaient eu chacune son sénat particulier, son administration libre et indépendante!

Quel frein aurait contenu des hommes qui croyaient les autres créés pour être leurs serviteurs, leurs esclaves et leurs victimes, et qui s'étaient constitués juges dans leurs propres causes!

Afin de maintenir de telles maximes, il fallut que la loi, dominée comme les hommes, devînt complice de la féodalité; il fallut sans cesse forger et river ces chaînes qui retenaient le peuple des campagnes attaché au pilori seigneurial.

Je pourrais facilement accumuler des autorités irrécusables qui attesteraient tous les excès que se permirent successivement les divers et nombreux seigneurs féodaux dans les différents pays soumis à leur domination.

Écoutons les plaintes et les opinions des hommes graves de l'époque.

Pierre-le-Vénérable, abbé de Cluny, écrivait à saint Bernard[1] :

---

1. Dans l'apologie que Pierre-le-Vénérable adresse à saint Bernard, abbé de Clairvaux, pour justifier les moines de Cluni que saint Bernard accusait, Pierre avance que les biens donnés à des religieux sont administrés religieusement.

Si castrum aliquod monachis detur, jam castrum esse desinit et esse oratorium incipit.... Et quod antè fuerat spelunca latronum, domus efficitur orationum.

Eamdem rationem de rusticis, servis, et ancillis afferre possumus, quâ monachos ista similiter legitimè posse possidere, optimè comprobamus. Patet quippe cunctis qualiter seculares domini rusticis, servis, et ancillis dominentur. Non enim contenti sunt eorum usuali et debitâ servitute, sed et res cum personis et personas cum rebus sibi semper immisericorditer vendicant. Indè est, quòd præter solitos census, ter aut quater in anno, vel quotiens volunt, bona ipsorum diripiunt, innumeris servitiis affligunt, onera gravia et importabilia imponunt, undè plerumque eos etiam solum proprium relinquere, et ad peregrina fugere cogunt. Et quod deterius est, ipsas personas, quas tàm caro pretio, hoc est suo, Christus redemit, pro tàm vili, hoc est, pecuniâ venundare non metuunt.

Monachi verò, tametsi hæc habeant, non tamen similiter, sed multùm dissimiliter habent. Rusticorum namque legitimis et debitis solummodò servitiis ad vitæ subsidia utuntur, nullis exactionibus eos vexant, nihil importabile imponunt; si eos egere viderint, etiam de propriis sustentant.

Petri Vener. abb. clun., Epist. 28, lib. 1.

« Personne n'ignore combien les seigneurs séculiers oppriment les gens de la campagne et les serfs ; ces maîtres injustes ne se contentent pas de la servitude ordinaire et acquise, mais ils s'arrogent, sans cesse et sans miséricorde, les propriétés avec les personnes, et les personnes avec les propriétés ; outre les redevances accoutumées, ils leur enlèvent leurs biens, trois ou quatre fois dans l'année ; et aussi souvent que la fantaisie leur en prend, ils les grèvent d'innombrables services, leur imposent des charges cruelles et insupportables ; et ainsi les forcent presque toujours à abandonner leur propre sol, et à fuir dans les pays étrangers. »

Au commencement du onzième siècle, Rodolphe, comte de Guisne, seigneur que la Chronique de Saint-Bertin appelle BRIGAND ENVERS SES SUJETS, introduisit dans sa terre la servitude qu'on nommait COLVOKERLIA, et imposa une taxe annuelle d'un denier par tête, hommes, femmes et enfants, une autre de quatre pour un mariage, et de quatre lors du décès[1].

---

1. Rodulfus a quo gisnenses comites extiterunt.... IN SUIS PRÆDONEM qui in terrâ suâ servitutem induxit quæ COLVO-

Selon la Chronique, ce Rodolphe périt à Paris, dans un tournois où il fut renversé de cheval, et les chiens déchirèrent son corps, qui fut jeté dans la Seine.

On lit dans Beaumanoir:

« Leur sires peut panre conques que ils ont « à mort et à vie, et les cors tenir en prison « toutes les fois que il lui plest, soit A TORT « SOIT A DROIT, que il n'en est TENUS A RÉPONDRE « FORS A DIEU[1]. »

L'usurpation des droits régaliens ayant acquis aux seigneurs féodaux le moyen d'exercer en leur nom la justice, qui primitivement n'était exercée et ne pouvait l'être qu'au nom du prince, tout espoir de recours fut enlevé à l'homme libre et au serf; les seigneurs furent juges et parties;

KERLIA vocabatur, per quam popularcs adstrixit ut arma nullus, nisi clavas, deferret et indè COLVOKERLI dicti sunt, quasi rustici cum clavâ; nam eorum vulgare COLVE claval et KEREL rusticum sonat.

Item servitutem aliam induxit ut quilibet vir, mulier, puer, aut infans, ei denarium unum solveret in anno, in nuptiis quatuor et in morte quatuor....

Chronic. sitiense., cap. 29, part. 3; Martenne, Thes. anecd. nov., t. III, p. 564.

1. Beaumanoir, chap. 45.

des arrêts consacraient leurs vexations, et ce qui d'abord n'avait été qu'une entreprise coupable, sembla une prétention juste, lorsque la jurisprudence des tribunaux l'eut établi en coutume locale.

Alors le réseau de la servitude enveloppa les familles, les peuplades, les contrées entières, sans qu'il fût possible, je ne dirai pas de réclamer, mais je dirai, de se plaindre impunément.

Le serf portait partout avec lui son opprobre et son infortune, et s'il avait la fatale consolation d'être père, il transmettait cette infortune et cet opprobre à sa famille condamnée à les reproduire dans les générations successives.

La lèpre féodale était tellement imprimée et enracinée que si, par un de ces hasards dont l'histoire a quelquefois offert des exemples, un serf, Spartacus nouveau, était parvenu, à travers les vicissitudes de la fortune, à se faire une principauté, la féodalité l'aurait dépouillé de sa couronne, pour le ramener sous le joug de la servitude; il n'aurait été prince que pour le compte de son tyran féodal.

Qu'on ne prenne pas cette supposition pour une hyperbole déclamatoire.

Dans le cours du siècle dernier, Jean-Guillaume Moreau, ancien syndic des rentes de l'hôtel-de-ville de Paris, receveur des aides et droits du roi, marié et domicilié à Paris depuis cinquante ans, propriétaire d'une maison, y mourut, laissant une fortune considérable.

Ni ses parents, ni l'Hôtel-Dieu de Paris auquel il faisait un legs considérable, n'obtinrent rien de sa succession que l'arrêt rendu par le parlement, le 29 août 1738, adjugea au seigneur de la terre de Toste en Bourgogne, parce que ce maître féodal prouva que le défunt, fils d'un sergent royal de Toste, était issu de parents qui lui avaient transmis la tache ineffaçable de la servitude féodale[1].

Les prétentions les plus bizarres, les caprices les plus insultants de la féodalité, ne remontaient pas à une époque très-ancienne; il semble qu'à mesure que les Français reprenaient, sous la protection de leurs rois, l'usage de leur liberté primitive, l'exercice de leurs droits municipaux, divers seigneurs féodaux s'évertuassent à créer des exactions plus singulières, à établir des usages

1. Mercure de France, décembre 1738, p. 2822.

plus choquants, qui inspirèrent à un écrivain ces expressions satiriques, ce sarcasme piquant : « Nobles par leur naissance, mais très-ignobles « par leurs actions [1]. »

Un bizarre amalgame des droits épiscopaux et des droits féodaux avait établi et conservé une des cérémonies qui solennisaient l'entrée de la plupart des évêques dans leur ville épiscopale au jour de leur intronisation.

Dans le cours du siècle dernier, l'évêque d'Orléans a encore joui de cette prérogative feudo-épiscopale en 1734.

Quatre seigneurs distingués, c'est-à-dire, quatre barons du pays, portaient sur leurs épaules un brancard soutenant le fauteuil dans lequel l'évêque était assis, et cette humiliante procession se prolongeait à travers la ville depuis le cloître du chapitre de Saint-Aignan jusqu'à la cathédrale.

Il est vrai que les barons se faisaient suppléer et représenter par des gentilhommes ; mais la cérémonie n'en était pas moins ignoble, et il

---

1. Quidem satis nobiles genere, sed multùm ignobiles actione.

Goffridus Vindoc., lib. 1, ep. 2.

serait difficile de décider pour qui elle était plus honteuse, de l'évêque ou des barons ou des gentilhommes[1].

J'indique de préférence la cérémonie feudo-épiscopale de l'entrée des évêques d'Orléans, parce que l'usage s'en est prolongé jusques en ces derniers temps, et parce que surtout, parmi les barons et les seigneurs assujettis au devoir de porter, sur leurs épaules, le brancard qui soutenait le fauteuil où le prélat était assis, les évêques d'Orléans avaient jadis compté les princes de la famille royale, comme ducs d'Orléans; voici la déclaration consignée dans les registres du chapitre de Saint-Aignan d'Orléans, en 1357, par l'évêque Jean[2].

---

1. Mercure de France, mars 1734.

2. Quibus cantatis, canonici S. Aniani nos, indutum pulchrâ albâ et cappâ de serico, cum pulchrâ mitrâ et pulchrâ croceâ, tenentur adducere in choro ante altare, ubi quatuor personæ vel quatuor presbyteri canonici dictæ ecclesiæ in cathedrâ nostrâ ponere nos tenentur nosque portare.... subtus portam claustri prædicti.

Ibi unus miles pro domino rege nostro seu domino duce aurelianensi,

Et dominus de Sulliaco,
Et dominus de Acheriis,

« Quatre chanoines de l'église de Saint-Aignan « sont tenus de nous porter jusqu'à la porte du « cloître, et là,

« Un chevalier au nom du seigneur notre roi, « qui est aussi seigneur, duc d'Orléans,

« Et le seigneur de Sully,

« Et le seigneur d'Achères,

« Et le seigneur de Magdun,

Et dominus de Magduno,

Et dominus de Liveriis.

Debent personaliter interesse, nosque recipere de super collis quatuor prædictorum, et subponere sę sub cathedrâ et nos portare ad magnum vicum et ab indè ad portám Burgúndiæ.

Ex tabulario S. Aniani.

Hubert, Antiq. histor. de l'église royale Saint-Aignan d'Orléans, aux preuves.

Plusieurs prélats de France jouissaient de semblables privilèges..

Voyez pour l'évêque de Paris, Gallia christ., t. VI, col. 235.

pour l'évêque d'Auxerre, Labbe, Nov. Bibl. man., t. I, p. 451.

pour l'évêque d'Agen, Gallia chrit., t. II; Instr. eccl. aginensis, col. 434.

pour l'archevêque de Bourges, Gallia christ., t. II, col. 57.

pour l'évêque de Périgueux, de Verneilh-Puirasceau, Hist. d'Aquitaine, t. I, p. 346.

« Et le seigneur de Livères,

« doivent comparaître en personne, nous recevoir « de dessus les épaules des quatre chanoines, et « nous porter jusques au grand bourg, et de là « à la porte de Bourgogne, etc. »

De ce que je rapporte des prétentions des évêques envers les seigneurs féodaux, on juge quelles étaient les exactions dont ces seigneurs accablaient leurs vassaux et leurs serfs.

Un des plus grands reproches que la féodalité me paraisse mériter, c'est d'avoir fait oublier aux Français, en les avilissant et en les dégradant, qu'ils étaient et les sujets d'un roi et les enfants d'un Dieu; elle les déshéritait ainsi à la fois du présent et de l'avenir.

C'est à l'état misérable auquel la féodalité avait réduit les esprits comme les corps qu'il faut attribuer la plus grande partie des superstitions qui ont caractérisé et déshonoré l'époque, et cette crédulité grossière qui abrutissait la pensée et les sentiments d'hommes ignorants, au point de leur faire profaner la religion, au nom de la religion même.

Les esclaves de corps et d'esprit n'étaient plus Français, n'étaient plus des hommes, comment auraient-ils été chrétiens!

Faut-il s'étonner de ce qu'à l'instant où le déplacement de la force morale et le pouvoir de l'opinion ont montré dans toute leur nudité des abus aussi cruels, dont la longue existence aggravait chaque jour le tort, on ait, par une proscription sévère, abattu d'un seul coup, en un seul instant, les restes de la féodalité, et que, même en proscrivant justement ces abus, on n'ait pas assez respecté les titres primitifs qui pouvaient contenir des pactes consentis par une stipulation libre et légale!

CHAPITRE V.

Exemples de seigneurs féodaux qui ont voulu réparer leurs injustices.

J'aime à citer les exemples des seigneurs féodaux qui ont reconnu leurs torts et qui ont tâché de les réparer.

Dans le cours du treizième siècle, Henri II, duc de Lorraine et de Brabant, averti par l'âge et par ses remords, qu'il avait à craindre la justice du vengeur des opprimés, assembla, quelques jours avant sa mort, un conseil composé d'hommes éclairés et religieux; il leur demanda à connaître la vérité et la justice; et, d'après leur réponse, il supprima cette exaction ou extorsion, vulgairement appelée MAIN-MORTE.

Il ordonna même qu'une somme annuelle fût payée en restitution ou en aumône[1].

---

1. Habitâ super hoc priùs deliberatione sufficiente cum hominibus et fidelibus nostris et viris religiosis terræ nostræ,... ab illâ EXACTIONE sive EXTORSIONE, quæ vulgariter dicitur MANUS MORTUA absolvimus et quittamus....

Volumus etiam prætereà quòd, annuatim in perpetuum,

Dans le même siècle, Mathilde, comtesse de Nevers, consigna dans un testament ses remords d'avoir injustement imposé aux citoyens libres d'Auxerre la servitude de la MAIN-MORTE, et les en déchargea à perpétuité[1].

De tels faits ne sont-ils pas des actes d'accusation contre la féodalité et les seigneurs féodaux!

La féodalité ne pouvait résister à deux ennemis intéressés par droit et par devoir à l'abattre, dès que les circonstances permettraient cette juste vengeance.

Les peuples, grossièrement opprimés, remarquant autour d'eux et au-dessus d'eux une classe d'hommes sur qui ne pesait pas l'oppression, sentaient l'équitable besoin de briser leur joug.

Les rois ne voyaient, et ne pouvaient guère voir, dans les seigneurs féodaux, que les usurpateurs des priviléges régaliens et les tyrans des sujets ravis à la protection royale.

---

quingentæ libræ.... nomine restitutionis et eleemosinæ in perpetuum distribuentur.

Mireus, Opera diplomatica, t. I, p. 203, 204.

1. Quitto omninò et in perpetuum liberis meis civibus autissiodorensibus MANUM MORTUAM quam IN PREJUDICIUM EORUM confiteor me arrestasse.

Ducange, Glossarium, verbo *manus-mortua*.

La suzeraineté du trône que la révolte féodale n'avait osé méconnaître, ce seul débris de l'autorité des rois, les avertissait sans cesse qu'il était de leur devoir de reconquérir cette autorité tout entière; ce fut là le succès honorable des princes de la troisième race; ils rentrèrent peu à peu dans leurs droits régaliens, qu'une injuste possession des usurpateurs féodaux interrompit long-temps, mais ne détruisit jamais; cette possession précaire ne se prolongeait qu'au nom même du suzerain, dont le titre restait intact, et dont le droit ne pouvait prescrire. En dirai-je la raison? c'est que l'usurpation des seigneurs n'avait pas été assez hardie, ou plutôt assez criminelle, pour devenir jamais légitime.

CHAPITRE VI.

De la Chevalerie en France.

Il faut nécessairement distinguer la cérémonie qui armait un jeune militaire, et l'appelait à prendre rang parmi les guerriers, de l'existence vraie ou supposée de l'ordre de chevalerie qui, selon les romans, avait ses statuts, ses observances et ses priviléges.

Quant aux faits qui prouvent que l'on donnait solennellement l'épée aux jeunes gens destinés à la profession militaire, ils appartiennent à différentes époques et à divers pays.

Il est vraisemblable que ce fut par allusion aux ordres militaires, établis pendant les croisades, que les romanciers imaginèrent l'existence de la chevalerie comme ordre; mais il ne paraît pas qu'on ait anciennement réglé des formes de réception, dressé des statuts, distingué des rangs et des grades, et qu'il ait existé des chefs spéciaux.

La plus ancienne description, qui se trouve

dans un poëte, est celle de la réception vraie ou supposée de Saladin, par Hugues de Tabarie [1].

Les détails de la cérémonie sont racontés en vers et en prose.

S'il est vrai qu'aux douzième et treizième siècles la chevalerie ne fut pas une institution légale, avouée par les rois et les gouvernements, il n'est pas moins certain que les tournois avaient des lois convenues, que les princes et l'opinion faisaient également respecter.

Ces joûtes publiques, ces combats simulés, où l'on conquérait la gloire, sans être entièrement à l'abri des dangers, propageaient une émulation qui excitait sans cesse à l'héroïsme militaire; la bravoure et l'adresse qu'un chevalier montrait au milieu des tournois, les honorables succès qu'il y obtenait et dont il avait droit de s'énorgueillir, devenaient un engagement de mériter en réalité les applaudissements et les récompenses qu'il

---

1. Ordene de chevelerie, tome I du Recueil des anciens fabliaux et contes publiés par M. Méon.

Cet ouvrage n'est pas d'Hugues de Tabarie, mais d'un poëte qui n'a pu écrire qu'au treizième siècle, puisque Saladin ne conquit la Terre-Sainte qu'en 1187; aussi le poëte dit:

Un conte c'ai oï conter.

obtenait dans ces actions de parade. Il faut le dire, les anciens n'ont rien connu qui animât les guerriers au courage, au dévouement, comme les tournois chevaleresques; je ne craindrai pas d'avouer que l'enthousiasme des chevaliers sortis vainqueurs de ces tournois, où ils combattaient sous les regards et pour la gloire des belles, dont ils portaient les couleurs, et dont ils recevaient le prix, exaltait les esprits et les cœurs et produisait au moins le même effet que la raison vertueuse, le tranquille et généreux dévouement des citoyens de l'antiquité qui s'immolaient pour la patrie.

Mais ces champions de la beauté, ces guerriers redoutables formés à l'école des tournois, furent-ils généralement les protecteurs des opprimés, les champions du malheur? L'histoire ne parle pas de ces actes de loyauté, que les romans n'ont cessé de célébrer. Le tableau de ces vertus plaisait d'autant plus dans ces romans, qu'on les trouvait moins dans la société; les témoins, les victimes des injustices et des violences réelles des hommes puissants, aimaient à reposer leur imagination sur les actes héroïques des anciens, des fameux paladins, dont les exploits et le dévouement devenaient l'accusation des chevaliers du temps présent.

Je regrette que l'histoire ne me permette pas plus de croire aux vertus généreuses, à la loyauté magnanime des chevaliers du douzième et du treizième siècle, qu'à l'amour spirituel et délicat de ces bergers, que nos galants romanciers, à une époque postérieure, peignirent si scrupuleusement tendres, et si patiemment fidèles.

Triste vérité qu'il n'est pas permis de taire! ces mêmes hommes qui avaient brillé dans les tournois, se servaient de leur réputation de bravoure et de leurs moyens guerriers, pour attaquer injustement leurs égaux ou leurs supérieurs, pour opprimer lâchement les faibles; ils osaient même détrousser publiquement, sur les grands chemins, les paisibles voyageurs qui auraient eu le droit de réclamer leur protection contre d'autres brigands.

Qu'il me suffise d'expliquer les mœurs de l'époque par les mœurs chevaleresques encore féroces de l'âge suivant, dont nous trouvons la peinture dans plusieurs ouvrages.

Je me borne à citer un passage du poëme du Vœu du héron.

L'action se passe à la cour d'Angleterre, et chaque chevalier jure tour-à-tour de suivre Édouard en France, pour combattre Philippe de Valois.

Voici le serment de Fauquemont:

« On me verra toujours le premier à la tête « de son avant-garde, affrontant l'ennemi, por- « tant le ravage, l'incendie, le meurtre, sans épar- « gner ni femmes enceintes, ni enfants, ni vieil- « lards, ni églises, ni autel [1]. »

---

1. Jean de Faukemont enprent à apeler;
Et vous, sire, qu'en guerre vous faites si douter,
Or voués au hairon le droit d'aventurer.
E chil a repondu : « Je ne dois m'en mesler,
« De veu, de promesse; car je n'ai que donner.
« Mais, pour l'amour de vous, et pour mes honneurs garder,
« Je veu et j'i prometh et le voel affier,
« Que, si li rois englois passoit de là la mer,
« Et permi Cambresis voloit en France entrer,
« Que j'iroie le fer par devant li bouter,
« ET SI N'ESPARGNEROIE NE MOUSTIER, NE AUTEL,
« FEMME GROSSE, N'ENFANT, QUE JE PEUSSE TROUVER,
« NE PARENT, NE AMIS, TANT ME PEUST-IL AMER,
« Pour tant que il vausist roi Edouart grever;
« Por son veu acomplir vorrai mon cors pener.
« Or aviegne qu'aviegne, j'i voel aventurer. »
Et dist li uns a l'autre: « Tes hons fait a amer
« Qui l'onneur son seigneur voelt croistre et amonter. »

SAINTE PALAYE, Mém. sur l'ancienne chevalerie, t. III, p. 132 et 133.

C'est peu d'entendre un tel serment sans frémir, sans accuser le guerrier féroce qui le prononce en présence du roi, de la reine, de tous les chevaliers et des dames de la cour; chacun, ajoute le poëte, lui accorde les applaudissements que méritait tant de zèle pour l'honneur de son maître.

Je ne souillerai point ces pages du récit des déprédations, des violences de ces seigneurs qui, au douzième siècle, étaient les représentants de la féodalité et de la chevalerie.

Qu'ai-je besoin d'exhumer les crimes vulgaires de Gui Truxel, seigneur de Montlhéri, d'Ébole de Rouci et de son fils, de Thomas de Marle, d'Hugues du Puiset, contre lesquels le roi fut réduit à s'armer, et de tant d'autres seigneurs fameux par leurs brigandages [1]?

Non, la chevalerie ne fut pas ce qu'elle pouvait, ce qu'elle devait être; les récits fabuleux des romans n'ont offert que le beau idéal des sentiments nobles, des vertus généreuses, tandis que les récits véridiques de l'histoire attestent les crimes des chevaliers.

---

1. Sugerius, Vita Ludovici Grossi. — Orderic. Vital., lib. II, p. 836 et 855.

Ces brigands titrés étaient si nombreux et si puissants, que l'autorité royale ne suffisait plus à les réprimer, et moins encore à les punir.

Le roi ne pouvant plus protéger les citoyens, il fut alors permis aux citoyens de secourir leur roi; ils se reconstituèrent municipalement sous l'autorité monarchique; l'intérêt du trône s'accordait avec celui des sujets, et des chartes de communes devinrent le gage de la liberté de plusieurs villes.

Il est pénible d'avouer que ce ne fut pas toujours un sentiment de générosité, pas même l'idée unique d'un avantage pour le trône qui décida les rois, et surtout Louis-le-Gros, à accorder aux communes des chartes protectrices de la sûreté et de la liberté des citoyens.

Ce fut surtout le désir et l'appât de l'argent qui trop souvent déterminèrent le prince et son conseil.

Pardonnons cependant cette avarice, utile aux habitants des cités; c'est la première fois et la seule peut-être que l'avidité des gouvernements a tourné au profit des peuples et de la civilisation.

CHAPITRE VII.

Chartes de communes.

Pour apprécier avec justesse les ordonnances des rois de la troisième dynastie, qu'on a nommées CHARTES DE COMMUNES, il faut se souvenir de la différence essentielle que j'ai signalée entre l'antique droit municipal et le privilége nouveau conféré par la charte de commune.

La droit municipal pouvait se passer des priviléges conférés par les chartes de communes; mais celles-ci supposaient ordinairement l'existence préalable du droit municipal.

La sanction législative que le roi accordait au contrat fédératif, formé par les habitants d'un pays pour se soustraire à l'oppression féodale, constitua le privilége de commune.

Quelquefois ils transigeaient avec le seigneur féodal lui-même à des conditions que le roi approuvait.

Une cité qui jouissait paisiblement de la liberté municipale n'avait nullement besoin de recourir au prince; la sanction royale n'était pas nécessaire à l'exercice de ses droits; mais cette sanction devenait nécessaire et indispensable, quand les habitants établissaient dans leur ville un nouvel ordre d'administration, conféraient à leurs magistrats une autorité plus étendue que l'ancienne, ou demandaient, soit des lois nouvelles en faveur de la cité, soit le privilége d'une juridiction civile et criminelle en faveur de ses magistrats, etc. etc.

Voilà, voilà seulement les causes du recours au législateur, car, avant qu'il eût autorisé les institutions nouvelles qui caractérisaient les priviléges de la commune, toutes les innovations administratives ou judiciaires qui dépassaient l'exercice de l'ancien droit municipal, eussent été une usurpation populaire, une véritable révolte contre l'autorité.

Quand les seigneurs ecclésiastiques ou laïques, après avoir appesanti impunément le joug féodal sur les habitants des campagnes, faibles, isolés et privés de tout moyen de résister avec succès, tentèrent d'assujettir de même les habitants des cités que protégeait encore un reste de droit municipal, ces Français qui se souvenaient que leurs pères avaient vécu libres sous la protection des rois, repoussèrent avec plus ou moins de vivacité, ou même de violence, les agressions usurpatrices des seigneurs, et, lorsque opprimés par des vexations toujours plus insupportables, ils furent réduits au désespoir salutaire de tout tenter, de tout oser, pour rejeter le joug de l'injustice et de l'opprobre, qu'eurent-ils à faire? que firent-ils?

Ils se comptèrent;

Ils se réunirent;

Ils se promirent mutuel secours contre la tyrannie locale.

Aussitôt le prestige de la féodalité s'évanouit.

Ce qui étonne dans ces serments fédératifs, dans ces institutions de commune que l'on appelait AMITIÉ, PAIX, comme s'il ne devait en résulter qu'une assistance amicale, une concorde constante, c'est que les habitants d'une cité ne juraient jamais que des pactes défensifs; ils n'ambitionnaient que de se rédimer de l'opprobre et des vexations; ils ne demandaient qu'à rentrer dans leurs anciens droits, en marquant un terme aux injustices des seigneurs féodaux, qui, imposant des redevances inconnues sous les rois, n'avaient profité de l'existence des redevances primitives pour en établir d'arbitraires, et d'abus en abus, d'excès en excès, étaient arrivés à tout prétendre et à tout obtenir.

Jamais il n'est venu à l'idée des citoyens qui se constituaient en commune, de demander compte ou réparation du passé; ils ne cherchaient qu'un meilleur avenir.

D'ailleurs le recours au roi, et la protection que le prince ne refusait pas, qu'il avait même intérêt d'accorder, imprimaient à ces mouvements politiques le caractère d'une modération vraiment noble et généreuse de la part d'hommes qui, long-temps et cruellement opprimés, rejetaient tout-à-coup et à-la-fois un joug aussi odieux qu'avilissant.

La charte concédée par Louis-le-Gros à la ville de Soissons, la charte que Philippe-Auguste accorda aux citoyens de Sens, prouvent d'une manière évidente que ces associations politiques étaient seulement défensives.

« Les hommes de la commune jureront de se
« donner franchement, et selon leurs moyens,
« aide et secours l'un à l'autre; ils jureront de
« ne jamais souffrir qu'on enlève quelque chose

« à l'un d'eux, ou qu'on prenne quoi que ce soit « de ses biens[1]. »

Voilà le caractère essentiel de l'association défensive.

Sera-t-on surpris de ce que le roi autorise en ces termes l'établissement de la commune de Sens, quand on reconnaîtra les motifs qui portèrent le comte de Ponthieu à concéder celle de Dourlens en 1202.

« C'est, dit-il dans la charte, à cause des injus-« tices et des vexations souvent exercées par les « puissants de sa terre contre les bourgeois de « Dourlens[2]. »

La plupart des cités et des villes qui obte-

---

1. Alter alteri rectè secundum suam opinionem auxiliabitur et nullatenùs patietur quòd aliquis alicui eorum aliquid auferat, vel ei taillatam faciat, vel quidlibet de rebus ejus capiat.

Charte de Soissons, Ordonn. des rois de France, t. XI, p. 219.

Quòd alter alteri rectè secundum opinionem suam auxiliabitur et quòd ipsi nullatenùs patientur quòd aliquis alicui de communiâ aliquid auferat, aut eum tailliet, vel quidlibet de rebus ejus capiat.

Charte de Sens, Baluz. Miscell., t. VII, p. 330.

2. Propter injurias et molestias à potentibus terræ suæ burgensibus Dullendii frequenter illatas.

Ordonn. des rois des France. t. XI, p. 314.

naient des chartes de commune jouissaient déja de droits antérieurement acquis. Aussi, dans la charte accordée à la ville de Saint-Jean-d'Angely par Philippe-Auguste, ce prince donnant les motifs de sa concession, dit :

« Afin que les habitants puissent mieux dé« fendre et mieux garder tant nos droits que les « leurs propres[1]. »

Je ne saurais trop insister sur ce point. Le droit de commune n'était qu'un privilége nouveau, qu'une autorisation particulière. La plupart des chartes de commune ne contiennent ni la concession du droit municipal, ni l'établissement d'un maire et des échevins; la plupart supposent ces institutions déja existantes, et y ajoutent soit quelques modifications, soit surtout les avantages d'une juridiction, avec des dispositions pénales et législatives.

Ainsi le privilége de commune fut, pour le petit nombre des grandes cités qui le sollicitèrent, un accroissement d'autorité municipale; il

---

1. Ut tàm nostra quàm sua propria jura meliùs possint defendere et magis integrè custodire.

Hist. de Paris, t. I, dissertation, p. 8.

confirma, il affermit le droit dont les habitants jouissaient, mais il ne le créa point, il ne le conféra pas.

Ces cités étaient gouvernées par des magistrats locaux; ils obtinrent de nouvelles attributions, et l'antique droit municipal se confondit avec le nouveau privilége de commune.

CHAPITRE VIII.

Preuves que plusieurs cités avaient des maires et des échevins avant d'obtenir des chartes de commune.

Ce serait une erreur de croire qu'à l'époque où diverses cités se constituèrent en communes, elles ne possédaient aucune institution populaire, aucune magistrature, chargée de surveiller les intérêts des habitants.

Tout prouve au contraire que les cités, qui sollicitèrent et obtinrent des rois l'approbation de leurs fédérations communales, obéissaient déjà à des magistrats, administrateurs locaux, tels que maires, échevins, pairs, jurés, consuls, etc. etc.

Qu'on se souvienne que dans les cités de Bourges et de Reims, des échevins et des prud-hommes exerçaient la magistrature municipale avant la concession des chartes de Louis-le-Jeune[1].

1. Voyez pages 183 et 230.

On peut dire qu'en général aucune aggrégation d'habitants libres ne se maintiendrait sans le lien d'une association municipale, sans la présence d'une autorité à laquelle le soin des intérêts communs soit confié : aussi, dans les ordonnances de nos rois, jadis on employa une expression particulière pour désigner les petits pays qui n'avaient ni commune, ni magistrats municipaux.

Ces réunions d'habitants s'appelaient BATEICES, VILLES BATEICES[1].

Charles IV, par une ordonnance de 1325, défendit à ses commissaires d'exiger l'imposition et la taille des villes BATEICES.

De Laurière, dans ses notes sur cette ordonnance, s'exprime en ces termes :

« C'étaient des villes qui n'avaient pas de droit « de commune, et où il n'y avait ni maires, ni « échevins. »

Le fait de l'existence d'un pouvoir administratif, d'une autorité municipale quelconques, antérieure à toute concession de charte de com-

---

1. Ordonnances des rois de France, t. I, p. 788.

mune, est d'une haute importance, et mérite d'être constaté.

Mais, avant d'en offrir la preuve, je parlerai de la tentative que le comte de Nevers et les habitants de Vézelai firent pour établir une commune dans ce bourg.

Le comte de Nevers, ennemi de l'abbé et des moines de Vézelai, encouragea les habitants à se constituer en commune. Il n'existait pas de corporation municipale dans ce bourg; la première opération fut nécessairement de créer des magistrats qu'on appela CONSULS[1].

Ce préalable était indispensable; il fallait se donner une magistrature, une autorité qui représentât la commune même, et qui en fût le pouvoir exécutif.

On sait que la commune de Vézelai fut abolie par Louis VII, en 1155.

La circonstance de la création préalable d'une corporation municipale dans un bourg, qui jusqu'alors avait été gouverné féodalement, expli-

---

1. Principes vel judices quos et CONSULES apellari censuerunt.

Hist. vizelliac. monast., D'Achery, Spicil., t. I, p. 529.

que la différence essentielle qui existait entre la charte de commune accordée à un bourg, à une ville, où tous les pouvoirs municipaux étaient encore à organiser, et la charte de commune accordée à une cité qui, jouissant antérieurement du droit municipal, n'avait pas besoin de la création expresse et actuelle de magistrats populaires, pour assurer l'exécution et le maintien des conditions stipulées dans cette charte.

§ 1er.

Charte de Tournai.

L'histoire de la ville de Tournai fournit une preuve incontestable de l'existence de la corporation municipale avant qu'une charte de commune lui fût concédée.

L'évêque de Tournai, présidant un synode, en 1131, excommunie, avec l'avis et le consentement du clergé et des laïques, les malfaiteurs qui, par leurs rapines et leurs outrages, molestaient son église. A la suite des signatures de plusieurs ecclésiastiques, on trouve celles de sept sénateurs; c'étaient sans doute les magistrats ou échevins de Tournai[1].

En 1153, l'évêque Gérard établit une léproserie, et, au bas de l'acte de fondation, après diverses signatures, on lit celles[2]:

Des prévôts de la commune,

Des échevins,

Des jurés.

Cependant cette cité n'avait pas encore de charte de commune.

En 1192, les prévôts, jurés et échevins et tout

---

1. S. Theodorici, senatoris.
S. Henrici, senatoris.
S. Evrardi, senatoris.
S. Godezonis, senatoris.
S. Gerardi, senatoris.
S. Fulberti, senatoris.
S. Bardonis, senatoris.
Gallia christ., t. III, Inst. eccl. tornac., col. 45.

2. S. Anselmi cisoniensis,
S. Ferrani, Hellini, communiæ prepositorum.
Hugonis Albi,
Hermani de Montieto, scabinorum.
S. Henrici,
Gotsuini,
Raineri, ver juratorum.
Gallia christ., t. III, Inst. eccl. tornac., col. 47.

le peuple prêtent serment à l'évêque Étienne, d'après l'ordre de Philippe-Auguste, adressé aux prévôts, jurés et échevins.

Dès l'année 1187, ce roi leur avait accordé une charte, mais elle sanctionnait seulement les usages et coutumes qui les gouvernaient AVANT L'INSTITUTION DE LA COMMUNE : ANTE INSTITUTIONEM COMMUNIÆ [1].

Peu de temps après, voulant régler les droits de la commune et ceux du clergé de Tournai, l'archevêque de Reims proposa aux prévôts et jurés de choisir, parmi les chartes de six communes qu'il indiqua, celle qu'on adopterait pour Tournai, et ils choisirent la charte de Senlis [2].

Peut-on désirer une preuve plus précise et plus évidente de l'existence des magistrats municipaux dans une ville, avant l'époque de la concession de sa charte de commune?

---

1. Ad eosdem usus et consuetudines quas dicti burgenses tenuerant ANTE INSTITUTIONEM COMMUNIÆ.

D'Achery, Spicil., t. III, p. 551.

2. Ordonnances des rois de France, t. XI, p. 248 et 281.

§ 2.

Charte de Meaux.

Le nom de la CITÉ DE MEAUX est empreint sur des monnaies de Charles-le-Chauve.

En 995, Gilbert avait été élu canoniquement évêque de Meaux par le vœu de tous, ce qui permet de croire que les habitants de cette cité formaient une corporation municipale.

Aussi lorsqu'en 1179, Henri, comte de Champagne, lui accorda une charte de commune, non seulement cette charte n'institua aucun magistrat populaire, mais encore l'article 30 établit une sorte de démarcation entre la commune et la municipalité [1].

« Le chancelier de la commune fournira un « secrétaire, et, si ce secrétaire ne paraît pas « convenable au maire et aux échevins, il le « remplacera d'après leur avis. »

Voilà bien évidemment le maire et les échevins

---

1. Scriptorem dabit cancellarius communiæ, si ydoneus non videbitur majori et scabinis, ad concilium eorum, ponet alterum.

Du Plessis, Hist. de l'église de Meaux, t. II, p. 655.

déja existants, et comme à part de la commune.

L'article 29 porte [1] :

« Les hommes de la commune jouiront, pour « leurs personnes, de la même liberté dont ils « jouissaient, avant que la commune fût établie. »

En lisant une telle charte de commune, peut-on douter que la ville ne fût antérieurement en possession du régime municipal?

§ 3.

Charte de Dijon.

Grégoire de Tours se plaignait de son temps de ce que Dijon n'avait pas le titre de cité [2] ; c'est que Dijon ne fut ni colonie ni municipe; mais les regrets de Grégoire de Tours permettent de croire qu'alors cette ville jouissait de la liberté municipale, comme les villes qui portaient le nom de cité.

En 1187, Hugues, duc de Bourgogne, concéda

---

1. Homines communiæ de personis suis eam habebunt libertatem quam habebant antequàm communia fieret.

Du Plessis, id. ibid.

2. Cur civitas dicta non sit ignoro.

Gregor. turon. Hist. Franc., lib. 3, cap. 19.

aux habitants de Dijon une charte de commune, à la manière, est-il dit[1], de la commune de Soissons, SAUF LA LIBERTÉ QU'ILS AVAIENT AUPARAVANT.

La charte contient surtout des dispositions législatives et réglementaires.

Le maire y est nommé plusieurs fois, mais comme magistrat alors existant; il n'est question ni de son institution, ni des formes de sa nomination.

La concession de la charte est payée par l'obligation d'une rente annuelle de cinq cents marcs d'argent, moyennant laquelle les habitants seront à jamais exempts de tailles.

§ 4.

Charte de Noyon.

Il n'est pas douteux que la cité de Noyon n'eût des magistrats populaires, des officiers municipaux à l'époque où sa charte de commune fut sanctionnée par Louis-le-Gros.

---

1. Dedi et concessi hominibus de Divione communiam habendam in perpetuum, ad formam communiæ Suessionis, SALVÂ LIBERTATE QUAM PRIÙS habebant.

Perard, Rec. de pièces curieuses, p. 333.

En 1030, l'évêque Hugues fut élu par le vœu unanime du clergé et du PEUPLE.

En 1098, le PEUPLE concourut à l'élection de Baudri.

Souvent il avait existé des contestations entre les bourgeois et le clergé de la cathédrale; et les registres de cette église contenaient des documents intitulés : DE LA PAIX FAITE ENTRE NOUS ET LES BOURGEOIS DE NOYON[1].

Comment de pareils traités pouvaient-ils être faits et renouvelés, à plusieurs reprises, si les bourgeois et le peuple n'eussent été dirigés par des magistrats qui le représentassent dans ces discussions, et qui stipulassent au nom de l'universalité des habitants les conditions de la pacification?

Aussi, quand on lit la charte de commune de Noyon, n'y trouve-t-on pas l'établissement d'une autorité municipale; la charte la suppose en exercice, et ne parle que transitoirement des échevins dans les articles suivants[2]:

---

1. Annales de l'église de Noyon, t. II, p. 803.
2. Ordonnances des rois de France, t. XI, p. 224.

Article 10. « Si le tort n'est prouvé devant les « ÉCHEVINS et les JURÉS. »

Article 12. « Qu'il y amène les juges et les « ÉCHEVINS.... qu'il paie aux juges huit deniers, « et aux ÉCHEVINS quatre. »

Tenons donc pour certain que la ville de Noyon avait des échevins avant l'établissement de sa commune, de même que Reims avait les siens.

L'évêque Baudri présida à la convention des habitants qui réglèrent, dans une assemblée des clercs, des chevaliers et des bourgeois, les articles de la charte; il la confirma par son serment, et excommunia expressément quiconque la transgresserait et la violerait.

Que de malheurs, que de scandales auraient été épargnés, si tous les évêques avaient eu la sagesse et la bonne foi de ce prélat!

Je pourrais présenter encore l'analyse d'un grand nombre de chartes [1], et en tirer les mêmes

---

1. Voyez, dans les Ordonnances des rois de France, la plupart des chartes de commune accordées à des villes considérables, telles que Abbeville, Amiens, Arras, Beauvais, Laon, Saint-Omer, Saint-Quentin, etc. etc.

conséquences; mais le fait important que la plupart des cités, avant d'obtenir le privilége de commune, possédaient déja une magistrature municipale est certain, incontestable et généralement avoué dans les ouvrages qui traitent de cette matière.

Un autre fait curieux, et non moins important, c'est l'existence des communes mêmes avant Louis-le-Gros, et avant l'époque des plus anciennes chartes connues.

CHAPITRE IX.

Faits relatifs à l'existence des communes avant Louis-le-Gros et avant la concession des chartes.

Après avoir prouvé que les chartes de commune n'établirent pas le droit municipal, mais que seulement elles le confirmèrent et le corroborèrent, j'ai à faire connaître qu'il exista des communes en France avant le règne de Louis-le-Gros.

Il paraît même que des cités s'étaient constituées en communes, long-temps avant qu'elles eussent obtenu des chartes.

Richard II hérita du duché de Normandie, en 996.

L'historien Guillaume de Jumiège [1], qui a écrit

1. In initio suæ juventutis, intra normanicum ducatum contigit quoddam pestifer oriri seminarium dissidii. Nam rustici unanimes, per diversos totius normanicæ patriæ comitatus, plurima agentes conventicula, juxta suos libitus vivere decernebant. Quatenus tàm in sylvarum compendiis, quàm in aquarum commerciis, nullo obsistente antè statuti juris obice, legibus uterentur suis. Quæ, ut rata manerent, ab unoquoque cœtu furentis vulgi duo eliguntur legati, qui

vers l'an 1080, et Robert Wace, auteur d'un poëme composé vers 1150, et intitulé : ROMAN DE ROU, nous ont transmis les détails d'un mouvement insurrectionnel, qui éclata en Normandie pendant la jeunesse de ce duc, tentative politique dont le succès aurait hâté l'établissement des communes, ou d'institutions municipales analogues.

Dans les divers comtés de la Normandie, les habitants de la campagne, les cultivateurs, les vilains, lassés ou irrités de leur pénible condition, se réunirent en assemblées délibérantes : sans égard pour les droits alors établis, ils prétendirent à vivre sous un régime plus supportable et espérèrent en régler les conditions.

Les vers de Robert Wace ont consacré l'ex-

---

decreta ad mediterraneum roboranda ferrent conventum. Quod ut dux agnovit protinùs Rodulphum comitem cum militum multitudine illis destinavit, qui agrestem comprimeret ferocitatem et rusticam dirimeret concionem. Qui non morans jussa, cunctos confestim legatos cum nonnullis aliis cepit, truncatisque manibus ac pedibus, inutiles suis remisit, qui eos à talibus compescerent, et ne deteriora paterentur suis eventibus, cautos redderent. His rustici expertis, festinatò concionibus omissis, ad sua aratra sunt reversi.

Willelmi gemmeticensis Hist. Norm., lib. 5, cap. 2.

pression de leurs plaintes et de leurs vœux; le sentiment des injustices qu'ils éprouvaient anime leurs discours :

« Ne consentons plus à porter le joug des sei-« gneurs ou de leurs agents, nous n'en recevons « jamais que du mal; jamais notre bon droit « n'est respecté par eux, nous perdons à-la-fois « nos profits et nos travaux; on prend chaque « jour nos bêtes de somme; on exige sans cesse « de nouveaux services.

« Ce sont toujours des demandes, des procès, « pour les forêts, pour les chemins, pour les « monnaies, pour les canaux, pour les moutures, « pour l'hommage, pour les redevances, etc.; on « enlève de force nos troupeaux, et s'il existe « des conventions à notre avantage, on ne les « exécute pas.

« Pourquoi souffrir tous ces outrages? osons « nous dérober à l'injustice de nos tyrans: ne « sommes-nous pas hommes comme eux? n'avons-« nous pas des membres aussi robustes, des corps « formés comme les leurs? nous pouvons sup-« porter, aussi bien qu'eux, la fatigue et la peine « s'il nous manque quelque chose, c'est le cou-« rage. Qu'un serment sacré nous lie à jamais;

« nous avons à défendre nos biens et nos per-« sonnes; soyons unis, aidons-nous, et, s'ils veu-« lent nous attaquer, nous serons, contre un « seul chevalier, trente et quarante combattants « adroits et résolus [1]. »

Chaque réunion nomme deux députés pour former une assemblée générale et centrale, afin qu'une sanction commune et publique consacre et régularise les délibérations particulières.

---

1. Li païsan e li vilain
Cil del boscage e cil del plain,
Ne sai par kel entichement,
Ne ki les meu primierement,
Par vinz, par trentaines, par cenz
Unt tenuz plusurs parlemenz....
Privéement ont porparlé
E plusurs l'ont entre els juré
Ke jamez, par lur volenté,
N'arunt seingnur ne avoé.
Seingnur ne lur font se mal nun;
Ne poent aveir od els raisun,
Ne lur gaainz, ne lur laburs;
Chescun jur vunt a grant dolurs....
Tute jur sunt lur bestes prises
Pur aïes e pur servises....
« Pur kei nus laissum damagier?
« Metum nus fors de lor dangier;
« Nus sumes homes cum il sunt,
« Tex membres avum cum il unt,
« Et altresi grans cors avum,
« Et altretant sofrir poum.

Cette assemblée générale s'établit; on prête des serments; les discussions commencent; mais le duc, instruit de ce mouvement insurrectionnel, avait envoyé le comte Raoul avec un grand nombre de chevaliers contre cette réunion dangereuse.

Raoul, empressé de remplir sa mission, arrive, se saisit des députés et de quelques-uns de leurs adhérents; ce comte ne les livre pas à des juges pour examiner la nature et les circonstances du délit, et discerner ceux qui étaient plus ou moins coupables; mais il traite l'affaire militairement.

L'historien atteste qu'il leur fit couper les mains et les pieds, et les renvoya, en cet état, à leur famille.

Le poète raconte d'autres circonstances et dit que Raoul varia les tourments; aux uns il faisait arracher les dents et les yeux ou couper les poings;

« Ne nus faut fors cuer solement ;
« Alium nus par serement,
« Nos aveir e nus defendum
« E tuit ensemble nus tenum.
« E se nus voilent guerreier,
« Bien avum, contre un chevalier,
« Trente u quarante paisanz
« Maniables e cumbatans. »

Roman de Rou, vers 5979—6038.

d'autres étaient empalés, ou brûlés vifs, ou jetés dans le plomb bouillant.

Les riches, taxés à de fortes sommes, rachetèrent leur vie[1].

Guillaume de Jumiège termine son récit par ces mots :

« Les gens de la campagne ne firent plus « d'assemblées, et ils retournèrent à leurs char- « rues. »

Je relèverai trois circonstances dans ces récits de l'historien et du poète.

1° Il est évident que ces Normands étaient

---

1. Il ataint e prist li vilains
Ki justoent li parlemens
E perneient li serements.
 Raoul fu mult de mal talent;
Nes vout mener a jugement;
Tuz les fist tristes e dolenz :
A plusurs fist traire les denz
E li altres fist espercer,
Traire les oils, li puings colper,
A tex i fist li guarez cuire;
Ne li chaut gaires ki s'en muire :
Li altres fist tuit vifs bruilir
E li altres en plumb builir....
 La commune remest a tant.
Ne firent puis vilains semlant....
E li riches le cumpererent
E par lur burse s'aquiterent.

Roman de Rou, vers 6090—6114.

des propriétaires libres, qui cultivaient des terres pour leur compte; Guillaume de Jumiége dit qu'après le mauvais succès de leur tentative, ils retournèrent à leurs charrues, et reprirent leurs travaux champêtres;

2° Il ne paraît pas qu'ils eussent commis la moindre violence; l'historien et le poëte qui racontent froidement des supplices atroces, infligés sans jugement préalable, n'auraient pas manqué d'accuser les victimes pour justifier leur châtiment;

3° Que penser du gouvernement de cette époque, lorsqu'on voit s'établir, sans obstacle intermédiaire, une sorte de fédération formée par des assemblées partielles, qui envoient des députés à l'assemblée centrale?

Eût-il été possible que les choses en vinssent à ce point, s'il n'avait existé des autorités locales, des magistratures municipales tolérant ou favorisant ces réunions?

Ne faut-il pas admettre que, dans les divers comtés, les cultivateurs, les propriétaires s'assemblaient assez souvent, et en assez grand nombre, pour que le gouvernement n'eût pas fait attention à ces réunions particulières, regardées sans doute comme licites, puisqu'il ne commença à s'alarmer qu'au moment où la fédération prenait un caractère illégal et menaçant, par la convocation et la tenue de l'assemblée centrale des députés de chaque assemblée partielle?

Robert Wace a donné le nom de COMMUNE à ce rassemblement, à cette tentative :

> Assez tôt oï Richard dire
> Que vilains CUMUNE faseient [1].

En 1047, Henri Ier, roi de France, étant venu au secours de Guillaume-le-Bâtard, contre des révoltés, ces deux princes gagnèrent la bataille de Val-des-Dunes.

Le roman de Rou dit à cette occasion :

> A Valmerci Franceiz s'armerent
> E lor batailles ordenerent;
> Puis entrerent a Valedunes,
> Là s'asemblerent li CUMUNES [2].

Après que Guillaume-le-Bâtard, duc de Normandie et comte du Mans, eut passé en Angleterre, tous les Manceaux, en 1070, tentèrent de se

---

1. Vers 6070.
2. Vers 8997.

soustraire à son autorité, et faisant, dit l'historien, une conspiration qu'ils appelaient COMMUNE, se lièrent par serment, et forcèrent Geoffroi et les grands du pays à jurer, malgré eux, ce pacte fédératif[1].

Les expressions de la soixante-dix-septième lettre d'Yves de Chartres, adressée au doyen et aux chanoines de l'église de Beauvais, méritent d'être pesées. La date est de l'an 1099.

Depuis trois ans, le chapitre jouissait d'un moulin construit par l'évêque, qui lui en avait fait don.

Mais l'établissement de fabriques, la construction de ponts nuisaient au moulin; il ne pouvait plus remplir sa destination.

Yves est d'avis que l'évêque de Beauvais doit réprimer ces entreprises; il dit :

« La raison de la possession annale, selon « la COUTUME de la cité, ni l'obligation de l'évê- « que, qui a promis d'observer cette coutume,

---

1. Facta itaque conspiratione, quam COMMUNIONEM vocabant, sese omnes pariter sacramentis astringerant et ipsum Gaufridum et cæteros, ejusdem regionis proceres, quamvis invitos, sacramentis suæ conspirationis obligari compellunt. Act. cenom. episc., Mabillon Ve : anal., p. 308.

« ni la turbulente confédération de la commune « établie à Beauvais, ne préjudicient en rien aux « lois ecclésiastiques [1]. »

Ainsi, d'après ces expressions, avant la fin du onzième siècle,

1° Des coutumes faisaient loi dans la cité;

2° L'évêque s'était engagé à les observer;

3° Les habitants avaient établi ou tenté d'établir une commune.

Quoique la charte, accordée à la cité de Beauvais, par Louis-le-Jeune, ne porte que la date de 1144, les faits relatés prouvent que cette commune est antérieure au moins d'un demi-siècle.

Le chroniqueur, Hugues de Flavigni [2], rapporte que sous le règne de Philippe Ier, en l'an-

---

1. Oppositio verò autem annuæ possessionis secundum consuetudinem suæ civitatis, sive obligatio episcopi quâ se promisit c[illegible]turum consuetudines ejusdem civitatis, sive turbulenta CONJURATIO FACTÆ COMMUNIONIS nihil præjudicant legibus ecclesiasticis.

Ivon. carnot. Epist. 30.

2. COMMUNIAM eduensis et cabilonensis paræchiæ super nos posteà Flaviniacum juratam adducere voluit, quod tamen infectum remansit.

Chron. virdun., Labbe, Nov. Bibl. man., t. I, p. 255.

née 1098, l'évêque d'Autun voulait introduire dans Flavigni la commune déja établie à Autun et à Châlons.

Dès l'année 1094, les milices des paroisses avaient paru à l'armée du roi; Orderic Vital en fait mention; il dit que les prêtres avec leurs bannières conduisaient les paroissiens[1].

C'est à l'année 1108, époque de la mort de Philippe Ier, quand Louis-le-Gros succéda à son père, qu'Orderic Vital fixe le commencement des communes.

« Alors, dit-il, une communauté populaire fut « établie en France par les évêques, de manière « que les prêtres accompagnaient le roi aux « combats ou aux siéges, avec les bannières et « tous les paroissiens[2]. »

---

1. Quadragesimali tempore, rex Franciæ et dux Normanniæ Brehervallum obsederunt, ibique ferè duobus mensibus laboraverunt.

Illuc presbyteri, cùm parrochianis suis vexilla tulerunt, et abbates cum hominibus suis coacti convenerunt.

Orderici Vitalis histor., lib. 8.

2. Tunc ergò COMMUNITAS in Franciâ POPULARIS statuta est à præsulibus, ut presbyteri comitarentur regi ad obsidionem vel pugnam cum vexillis et parrochianis omnibus.

Orderici Vitalis histor., lib. 11.

Sans doute il ne faut pas admettre, dans le sens le plus rigoureux, les expressions de l'historien; car il est très-certain que les évêques n'établirent pas les communes, mais il est vraisemblable qu'avant l'époque même des institutions de communes, les citoyens armés marchaient sous les bannières de leur paroisse, portées par les prêtres.

Dans les premières années de son règne, Louis-le-Gros fut réduit à faire le siége de Thouri.

Suger dit expressément que les COMMUNES DES PAROISSES DU PAYS, ce qui signifie, les milices des communes, aidèrent à ce siége[1].

Mais Suger est loin d'indiquer cette présence des milices communales à l'armée, comme un fait inusité, comme une ressource extraordinaire; il en parle par occasion, et sans faire aucune réflexion, parce que le roi fut redevable du succès à un prêtre, qui faisait partie de ces milices communales; et si l'historien les désigne par ces mots, COMMUNES DES PAROISSES DU PAYS, c'est pour arriver au récit de l'événement, aux

1. Cùm COMMUNITATES PATRIÆ PARROCHIARUM adessent. Suger., de Vitâ Ludovici Grossi; Du Chesne, Hist. Franc., script., t. IV, p. 301.

détails du moyen par lequel ce prêtre désarmé facilita la prise de Thouri.

En 1119, Louis-le-Gros, vaincu au combat de Brenneville, revint triste et inquiet dans Paris; on lui conseilla de convoquer les prêtres avec les milices des paroisses, pour le suivre en Normandie.

Les évêques reçurent l'ordre, le transmirent à leurs diocésains, et frappèrent d'excommunication les prêtres et les paroissiens, s'ils n'étaient prêts au jour désigné.

Les milices d'un grand nombre de communes se réunirent sous l'étendard de leurs paroisses; parmi cette multitude armée, Orderic Vital désigne les Bourguignons, les Auvergnats, les habitants de Bourges, de Sens, de Paris, d'Orléans, du Vermandois, de Beauvais, de Laon, d'Étampes et plusieurs autres[1].

Il ne manque pas de décrire les excès auxquels

---

1. Episcopi et comites, aliæque potestates regni tui ad te conveniant, et presbyteri, cum omnibus parrochianis suis, tecum quò jusseris eant....

Rex omnia fieri decrevit.... celeres igitur veredarios direxit, et edictum suum episcopis mandavit. Illi verò gratanter ei paruerunt et presbyteros diocesis suæ cum parrochianis suis anathemate percusserunt, nisi regis in expedi-

ces bandes communales se portaient : « Tels que « des loups, dit-il, ces soldats marchaient ar- « demment à leur proie. »

Des évêques parmi lesquels il nomme ceux de Noyon et de Laon, suivaient l'armée, et toléraient les désordres que commettaient les troupes communales.

Il semblait, dit l'historien, qu'ils permissent, au nom de l'autorité divine, ces profanations, ces sacriléges, afin d'augmenter et d'animer les troupes par tous les moyens justes ou injustes.

Quoique cette grande réunion des citoyens armés n'appartienne qu'à l'année 1119, il est très-vraisemblable que l'organisation de la

---

tionem statuto tempore festinarent et totis viribus rebelles Normannos porterterent.

Burgundiones ergò et Bituricenses, Alverni et Senonenses, Parisiaci et Aurelianenses, Veromandi et Belvacenses, Laudunenses et Stampenses, aliique plures, ut lupi, ad prædam avidè perrexerunt....

Noviomensis episcopus et laudunensis, aliique plures in illà expeditione fuerunt, et pro malivolentià quam in Normannos habebant, suis omne nefas permiserunt. Sacra etiam loca, quasi ex divinà auctoritate, violari concesserunt, ut ità legiones suas, pluribus modis leniendo multiplicarent, fasque nefasque illis annuentes in adversarios animarent.

Orderici Vitalis histor., lib. 12.

milice communale était déja ancienne; autrement aurait-on pu la convoquer, l'armer et la rassembler si tôt et si facilement?

Les détails précédents autorisent donc à croire que l'organisation en commune, en milice armée, remontait à des temps antérieurs même au règne de Louis-le-Gros; et certes il est difficile de ne pas admettre qu'alors une magistrature locale organisait et dirigeait ces troupes, comme on voit, peu d'années après, les maires, les échevins, et autres magistrats municipaux, les organiser et les diriger.

CHAPITRE X.

Les rois ont promis expressément de maintenir le régime municipal.

Pendant long-temps les rois de France protégèrent les libertés municipales, et je ne crains pas d'avancer qu'ils trouvèrent le plus grand intérêt à être justes envers leurs sujets; mais j'ajouterai que c'était de la part des princes un devoir sacré.

Souvent ils auraient pu dire : « Nous ne faisons « qu'exécuter les traités convenus au moment « heureux où votre pays a été réuni à la France[1]. »

Sera-t-on surpris d'apprendre que toutes les fois que le royaume s'agrandissait de l'adjonction volontaire de quelque province ou de quelque ville, nos rois acceptaient la condition de respecter les franchises locales.

J'ai eu occasion de parler des serments qu'en 1249 les consuls des villes et des bourgs du Lan-

1. Paroles de Charles X, Moniteur du 11 sept. 1828.

guedoc prêtèrent à leur nouveau comte Alphonse, époux de l'héritière de Raimond VI.

Ces consuls, au nom de leurs concitoyens, lui promirent et jurèrent fidélité.

L'histoire nous a transmis le serment que le mandataire du nouveau comte prêta pour lui.

« Je jure sur les saints Évangiles et je promets « à vous consuls, citoyens et bourgeois de Tou« louse, que je maintiendrai fidèlement et ferai « maintenir toutes vos libertés justes et accou« tumées, telles que vous en avez joui jusqu'à « ce jour [1]. »

En 1251, Alphonse ratifia ce serment devant tous les habitants de Toulouse [2].

Lorsque la Provence fut annexée à la France, comme co-état, ne fut-il pas convenu et assuré par le serment réciproque et solennel du prince et de ses nouveaux sujets, que les

1. Juro super SS. Evangelia et promitto vobis consulibus, civibus et burgensibus Tolosæ, quòd omnes debitas et consuetas libertates et consuetudines vestras, sicut eas usque modò habuistis,.... servabo fideliter et faciam observari.

Hist. du Languedoc, t. III, preuves, p. 476.

2. Catel, Hist. des comtes de Tolose, p. 380.

franchises du pays seraient conservées[1]? et quand Charles VIII, en 1486, promettait en BONNE FOI ET PAROLE DE ROI, et jurait aux Provençaux de garder, observer et entretenir leurs priviléges, libertés, franchises, etc. etc., réservait-il à ses successeurs la faculté de violer le serment royal?

Qui ne connaît les circonstances de la réunion du comté de Bretagne à la France, et les conditions stipulées en faveur des nouveaux sujets?

« Le roi entend, accorde et promet garder et « entretenir ledict pays et subjects de Bretagne « en leurs droicts et libertez, ainsy qu'ils en ont « jouy des temps des feus ducs. »

---

1. Charles III, dernier comte de Provence, par son testament du 10 décembre 1481, institua, pour ses héritiers, Louis XI, roi de France, le dauphin et leurs successeurs, en leur imposant l'obligation de maintenir la Provence,

« In suis pactionibus, conventionibus, privilegiis, liber-« tatibus, franchisiis, etc. »

Après que les états de Provence eurent donné leur consentement exprès, le roi de France, Charles VIII, par lettres patentes du mois d'octobre 1486, accepta en ces termes :

« Voulons avoir et tenir nosdits pays et comté de Pro-« vence.... sous nous et nosdits successeurs à ladite couronne « de France.... sans.... que pour quelque cause ou occasion

Telle fut la condition du mariage de Louis XII avec l'héritière du comté de Bretagne; tel fut le pacte de réunion[1].

Le roi avait-il le droit d'enfreindre cette promesse, de violer de telles obligations? Ses successeurs au trône pouvaient-ils s'exempter de les remplir?

J'aurais à faire les mêmes questions au sujet de la plupart des provinces de la France; le respect que je porte à la légitimité m'enhardit à dire qu'elle n'est fondée et qu'elle ne peut l'être que sur la justice et la bonne foi, sur l'exécution des engagements contractés; non, ce n'est pas du trône de France que le poète a dit:

> Et d'un trône si saint la moitié n'est fondée
> Que sur la foi promise et rarement gardée.
>
> RACINE, *Bajazet*, acte II, scène 3.

« que ce soit, ou puisse être, ores ne pour le temps à venir.... « aucunement nuire, préjudicier ne déroger à leursdits pri- « viléges, libertés, franchises, conventions, etc.

« Promettons en bonne foi, et parole de roi et jurons de « les leur garder, observer et entretenir, ensemble ladite « union et adjonction inséparablement, perpétuellement, à « toujours. »

De Coriolis, Traité sur l'adm. du comté de Provence, t. I, p. 2 et 3.

1. Daru, Hist. de Bretagne, t. III, p. 218.

A l'égard de quelques pays conquis, oserait-on exciper des titres de la victoire? Soutiendrait-on que ces pays restèrent assujettis à une entière dépendance du vainqueur? il est bien rare, il est presque impossible qu'après une conquête, il ne s'établisse quelque stipulation entre le vainqueur et les vaincus; autrement sa domination ne serait jamais que celle de la force, et alors les peuples opprimés conserveraient tacitement le droit perpétuel de la résistance.

Mais avouons, à l'honneur de nos rois, que, même après la conquête, après le succès des armes, ils ont traité généreusement avec leurs nouveaux sujets, et certes, les concessions faites aux vaincus n'étaient commandées ni par la crainte, ni par des circonstances impérieuses; elles étaient l'effet d'un sentiment d'équité et de justice, quelquefois même d'égards paternels de la part du prince qui aspirait à légitimer, à assurer sa domination encore incertaine.

Ainsi Philippe-Auguste, après la conquête de la Normandie, entra dans la ville de Rouen, en 1204, et:

« Jura et promit de la tenir et garder et tout

« le duché de Normandie en franchise et liberté, « comme ils étaient au précédent[1]. »

Je n'accumulerai pas les exemples des promesses faites par nos rois aux villes ou aux provinces entières, de respecter les libertés établies; mais il est un genre de preuves que je ne puis omettre; ce sont les diverses garanties accordées par Henri IV à la plupart des villes qui, ayant eu le malheur de ne pas reconnaître la légitimité des droits du petit-fils de saint Louis, se soumirent enfin à sa juste autorité.

Les grands qui s'étaient armés contre l'héritier des rois, marchandèrent avec lui le prix individuel de leur soumission tardive. Cédant à leur intérêt personnel plutôt qu'au sentiment de leur devoir, quelques-uns imposèrent des conditions peu nobles et peu généreuses.

Que demandèrent les cités qui avaient été assez infortunées pour réduire le prince à traiter avec elles? des titres d'honneur, du pouvoir, de l'argent, comme ces courtisans rebelles, qui fai-

---

1. Chronique de Normandie; Constitution et État souverain de Normandie, p. 77.

saient payer chèrement leur future obéissance, ou plutôt leur changement d'ambition ?

Les villes ne demandèrent que le maintien de leur liberté municipale, et Henri, par des édits successifs de l'année 1594 et suivantes, déclara solennellement[1] qu'elles la conserveraient; qu'on lise ces édits, et l'on trouvera qu'entre autres, les villes de

Agen,	Lyon,	Reims,
Amiens,	Meaux,	Rouen,
Beauvais,	Orléans,	Sens,
Bourges,	Paris,	Toulouse,
Laon,	Poitiers,	Troyes, etc. etc.

obtinrent cette assurance, qui devint le gage synallagmatique de la paix entre le prince et les sujets.

Je citerai seulement l'article VI de l'édit sur la réduction d'Orléans :

« Voulons pareillement que lesdits habitants

---

1. Voyez les divers édits de pacification concédés par Henri IV, soit dans les histoires des villes, soit dans les Mémoires de la ligue, tome VI, mais notamment dans le Recueil des édits et articles accordés par le roi Henri IV, pour la réunion de ses sujets, 1601.

« soient maintenus et conservés en leurs anciens « privilèges, franchises et libertés, avec l'élection « de maire, pour en jouir tout ainsi qu'ils en « ont ci-devant bien et duement fait. »

Veut-on connaître le langage qu'Henri IV tenait alors aux villes qui reconnaissaient sa légitimité? voici un passage de l'édit sur la réduction de Lyon.

C'est l'article III :

« Et pour ce que ne pouvons nous tenir assurés « de nos villes et de l'obéissance qui nous est « due par nos sujets, que par leur fidélité et « affection, en quoi sommes bien certains que « ceux de notre dite ville persisteront, nous dé- « clarons aussi que jamais n'aurons d'eux aucune « défiance, ni desir de bâtir autres citadelles « que dans leurs cœurs et bonnes volontés. »

Si les villes qui reconnaissaient les dernières la légitimité du prince, obtinrent de lui sa parole et sa promesse expresse de respecter leur liberté municipale, quel droit ne conservèrent pas les villes qui, noblement dévouées à sa cause, n'avaient mis aucune condition à la fidélité; l'obligation de respecter leurs franchises, quoique

tacite et implicite, n'était-elle pas encore plus juste et plus sacrée ?

Les titres de la réunion des provinces et des villes à la couronne, les divers édits de pacification, prouveraient qu'il est peu de pays qui n'aient obtenu, à diverses époques, la promesse spéciale et solennelle que leurs franchises seraient respectées.

Ces assurances augustes, ces conditions expressément stipulées entre les peuples et les rois, et dans des pactes synallagmatiques, pouvaient-elles être violées de la part des princes ou de leurs ministres ? J'ose répondre : non. La religion et la morale s'accordent à me dire qu'un roi n'a pas plus le droit d'être parjure que ses sujets n'ont le droit d'être rebelles.

Je plaindrais bien sincèrement les hommes, les Français surtout, qui ne retrouveraient pas, dans leur conscience, le sentiment qui anime mon opinion; mais à ceux-là même je donnerais une raison qui serait peut-être suffisante pour eux.

Il est si vrai, si incontestable que les serments prêtés par les rois à une nation, à leurs sujets, les obligent devant Dieu et devant les hommes, que des princes peu éclairés, voulant accorder leurs vœux et leurs intérêts présents avec leurs espérances religieuses, sollicitaient, avant de se parjurer, et obtenaient de la cour de Rome, le privilége d'être dégagés de leurs obligations et de leurs promesses.

Pour rétracter sans remords le serment, qu'il avait solennellement prêté, d'exécuter la charte anglaise, le roi Jean Sans-Terre reçut du pape Innocent III une autorisation expresse de le révoquer.

CHAPITRE XI.

Droits municipaux constatés encore lors de la rédaction des coutumes.

Mais indépendamment de ces augustes obligations des rois, la plupart des villes et des provinces avaient obtenu de l'autorité de la loi des titres qui sanctionnaient expressément leurs antiques franchises municipales.

En effet, le régime municipal fut souvent proclamé et assuré lors de la rédaction légale et solennelle des usages et des droits locaux, quand le prince lui-même ordonnait de les constater contradictoirement et judiciairement en présence de ses officiers et des citoyens intéressés; en sorte que la plupart des coutumes des divers pays de la France devinrent de véritables chartes synallagmatiques, qui fixèrent et assurèrent les droits des villes et des bourgs.

Ces coutumes, rédigées pour être désormais la loi écrite de chaque pays, constituèrent un titre nouveau, qui consacrait la loi municipale des villes, en la plaçant à la tête des lois et coutumes locales.

Ainsi ce pacte confirmatif, cette reconnaissance légale, imprimèrent une plus grande force aux antiques franchises.

En parcourant les divers recueils des coutumes, on peut facilement se convaincre que plusieurs des villes, qui jouissaient de la liberté municipale, n'ambitionnèrent pas qu'elle fût constatée, lors de la rédaction de ces coutumes; il est vraisemblable que, rassurées par leurs titres anciens et par leur usage présent, elles crurent inutile d'ajouter cette garantie à un droit incontesté et incontestable.

Mais d'autres villes furent obligées de faire, de cette liberté, l'article essentiel et fondamental de leurs coutumes : toutes les fois que la faculté d'établir des réglements, ou les avantages particuliers de quelque juridiction soit civile soit criminelle, étaient dans les attributions de leurs magistrats municipaux, ces villes mirent un juste intérêt à ce que ces priviléges spéciaux fussent reconnus.

On aimera à voir quelques exemples de cette

noble sollicitude des habitants à défendre et à maintenir leurs magistratures locales avec toutes les attributions que l'usage leur avait acquises ou conservées.

Je citerai entre autres :

§ 1er. *Pays de Labourd.*

« Les paroissiens de chacune paroisse d'icelui « pays de la Bourt peuvent, entre eux, s'assembler « pour traiter de leurs besognes communes et « de leur paroisse, à chacune fois que besoin « sera, et peuvent ordonner, entre eux, statuts « et ordonnances particulières, pour entretenir « et garder leurs bocages...., paturages[1]...., etc. »

§ 2. *Bayonne.*

« Le maire, son lieutenant et son conseil ont « une juridiction.

« Le maire, jurats et conseil condamnent à « peine corporelle.

« Le maire ou son lieutenant et eschevins « peuvent faire statuts concernant le bien et po- « lice de la ville[2]. »

1. Nouveau coutumier général, tom. IV, part. 2, p. 977.
2. Id. ibid., p. 943.

§ 3. *Vicomté de Sole.*

« Par la coutume observée et gardée de toute « ancienneté, les natifs et habitants de cette « terre sont libres, et de libre condition, sans « tache de servitude.

« Ils peuvent s'assembler pour traiter de leurs « affaires communes, et de celles de leurs pa« roisses, villages, toutes les fois qu'il est né« cessaire, et ils peuvent faire entre eux des « statuts, des ordonnances particulières[1]. »

§ 4. *Marsan et Garbadan, etc.*

« Les jurats des villes et lieux de Marsan et « Garbadan comme sont du Mont de Marsan, « de Roquefort, Gobertet, Villeneuve, Saint« Justin, Perquie, le Frixore, Cazeres, Duhort, « Renenag, Grenade, Bascon, Hegault et Cai-

1. Per la costume, de toute ancienetat observade et gargade, tots los natius et habitans en la terre son francxs et de franque condition sens tache de servitut.....

Se poden assemblar per tractar de lors besouhes communes e de lor parropies, viexs et degaeries, a cascune regade, qui besong los fey; et poden far e ordenar, entre eds, estatuts et ordenances particulars.

Nouveau coutumier général, t. VIII, part. 2, p. 979.

« chen ont toute justice et juridiction, haute, « moyenne et basse.

« Ils peuvent faire des statuts concernant la « police, faire assembler des gens sous leurs ju- « ridictions respectivement, pour affaire du bien « et chose publique, sans attendre ni avoir man- « dement du roi ni dudit vicomte.

« Peuvent aussi cottiser ou imposer deniers, « par manière de tailles, etc., sans avoir per- « mission du roi et dudit vicomte[1]. »

§ 5. *Saint-Sever.*

« Peuvent lesdits jurats et habitants assembler « entre eux pour communiquer affaires com- « munes, faire syndicats, etc., sans congé du « seigneur haut justicier[2]. »

§ 6. *Château de Limoges.*

« La communauté et universalité de ce château « ou ses conseillers, au nom de cette universalité, « choisissent et créent des consuls chaque année.

« Ils font, lèvent et exigent la collecte ou « taille. »

---

1. Nouveau coutumier général, t. IV, part. 2, p. 905.
2. Id. ibid., p. 928.

« Ils forment et conduisent l'armée de la com-« munauté, quand cela leur plaît[1]. »

§ 7. *Boulogne-sur-mer.*

« En ladite ville de Boulogne sur la mer, y a « maire et échevins qui ont toute justice, haute, « moyenne et basse, et la police de ladite ville, « bourgade et banlieue[2]. »

§ 8. *Calais.*

« La ville de Calais est ville de loy, policée « par un mayeur et quatre échevins.... annuelle-« ment élus par suffrages et voix communes des « bourgeois, manants et habitants.... ausquels « mayeur et échevins.... appartient.... la juri-« diction du fait de police[3]. »

Lors de la rédaction des coutumes de la

---

1. Communitas vel universalitas dicti castri, vel ejus consiliarii, nomine ipsius universitatis, eligunt et creant consules singulis annis.... faciunt, levant, et exigunt.... collectam sive tailliam.... habent, ducunt et faciunt exercitum dictæ communitatis, quando placet eisdem.

Nouveau coutumier général, t. VIII, part. 2, p. 1149.

2. Nouveau coutumier général, t. I, p. 62.

3. Id. ibid., p. 17.

France, plusieurs articles donnèrent lieu à des réclamations de la part des commissaires du gouvernement, à des restrictions de la part des cours souveraines, dont les arrêts imprimaient à ces coutumes un caractère légal; mais les contestations ne concernèrent jamais ni les droits municipaux ni leurs attributions.

Et comment de telles contestations se seraient-elles élevées en des temps où les rois de France et les agents de leur gouvernement montraient un juste et sincère respect pour les libertés municipales!

CHAPITRE XII.

Législation des princes de la troisième dynastie sur le droit municipal.

Soit respect pour les titres et la possession, soit intérêt pour le trône même, les princes de la troisième dynastie protégèrent généralement le droit municipal, jusqu'à ce que, vers la fin du règne de Louis XIV, la pénurie des finances suggéra la ressource malheureuse de soumettre à la vénalité la charge de maire et quelques autres magistratures municipales.

Les plus anciens monuments de la législation des rois de la troisième dynastie touchant les mairies et les municipalités remontent à Louis IX.

En 1256, ce prince publia deux ordonnances.

L'une, générale pour le royaume, fixe la nomination du maire au lendemain de la fête de saint Simon et de saint Jude, et déclare que ce magistrat aura seul le droit de venir à la cour pour les affaires de sa ville[1].

L'autre, spéciale pour la Normandie, porte qu'on fera au roi la présentation de trois prud-hommes parmi lesquels il choisira le maire[2].

Mais on se tromperait si, de cette circonstance de la présentation de trois candidats au roi, pour faire le choix d'un maire, on tirait la conséquence que Louis IX s'était, de sa pleine puissance, arrogé cette faculté : qu'on cesse de le croire, ou plutôt de le craindre; l'ordonnance ne fut que la répétition de la charte, jadis accordée à la cité de Rouen, et qui disait :

« S'il faut faire un maire à Rouen ou à Falaise, « les cent pairs établis dans la ville choisiront « trois prudhommes de la cité, qu'ils présen-« teront au roi, afin qu'il nomme le maire qu'il « voudra[3]. »

---

1. Ordonnances des rois de France, t. I, p. 82.

2. Id. ibid., p. 83.

3. Si oporteat majorem in Rothomag. sive in Fales. fieri, illi centum qui pares constituti sunt, eligent tres proborum hominum civitatis, quos domino regi præsentabunt, ut de quo illi placuerit majorem faciat.

Ordonnances des rois de France, t. I, p. 306, aux notes.

Le roi pieux respectait trop sincèrement les droits des cités pour imposer cette clause aux peuples de la Normandie, si la législation et l'usage ne l'eussent permis.

J'aurai occasion de parler de ses sentiments pour le maintien et la conservation de la liberté municipale, sentiments qu'il désira transmettre à l'héritier de son trône.

Loin de restreindre l'exercice des droits municipaux ni les attributions des magistratures populaires, ce prince les protégeait ouvertement.

En 1263, sur la demande du maire et des bourgeois de Pont-Audemer, il ordonna que les actes de vente seraient rédigés devant le maire[1].

C'était restituer à la magistrature municipale une des belles attributions qui lui avaient été conférées par les institutions romaines.

Il n'entre pas dans mon sujet de parler en détail du droit de bourgeoisie.

Ce droit, accordé par les rois, était un titre

---

1. Dominus rex, ad instantiam majoris et burgensium.... voluit, quod in talibus contractibus venirent partes coram majore ejusdem loci et ibidem in aperto instrumenta sua conficerent. Anno 1263.

Ordonnances des rois de France, t. I, p. 294.

individuel, un privilége personnel pour l'homme déja libre qui l'obtenait, et qui devenait ainsi citoyen de la ville où on l'admettait comme bourgeois[1].

Plusieurs chartes de commune, plusieurs coutumes conféraient les mêmes avantages, ou du moins des avantages à-peu-près les mêmes, aux personnes qui, pendant un temps déterminé, avaient habité la ville.

Mais qu'il me suffise d'indiquer ces accidents de l'émancipation politique, ils ne touchent pas d'assez près au sujet que je traite, pour établir aucune comparaison avec l'antique droit municipal.

Je ne crois pas devoir élever aucune discussion sur ces ordonnances spéciales qu'en certaines circonstances les rois ont rendues pour confirmer, modifier, suspendre et même abolir le droit municipal de quelques villes.

Alors le gouvernement exerçait à leur égard

---

1. Voyez la préface du tome XII des Ordonnances des rois de France, où tout ce qui concerne le droit de bourgeoisie est habilement traité quant aux villes mêmes, et quant aux particuliers qui l'obtenaient.

une mesure de haute police, et il motivait toujours l'infraction partielle des droits publics de la France sur quelque cause juste, ou du moins sur quelque prétexte plausible.

J'ai rapporté précédemment l'ordonnance de Philippe de Valois contre la ville de Laon et celle de Louis XI contre la ville de Bourges : je pourrais en citer un très-grand nombre du même genre. Mais cette rigueur que nécessitaient un désordre accidentel, les erreurs d'une corporation municipale, ou les torts d'une population entière, cessait, quand les circonstances qui l'avaient motivée n'existaient plus, et on rentrait dans le droit général et commun. Ces exceptions mêmes attestaient le droit des autres cités, puisque ce n'était pas comme mesure de législation, mais seulement comme moyen de haute police, comme peine méritée, qu'on infligeait à quelques villes la perte de leur liberté municipale.

Le gouvernement ne doit pas se prévaloir de telles exceptions, de même que diverses délibérations, quelques mesures prises par les députés des provinces ou des villes, en des temps de troubles ou de malheurs, ne pourraient être invoquées pour constater et établir des rapports entre les sujets et le prince.

Quel défenseur des droits des citoyens exciperait aujourd'hui des conditions sévères qu'au quatorzième siècle, avant et pendant la captivité du roi Jean, les états généraux et les états particuliers des provinces mirent à la concession et à la perception des aides et subsides? les états, empiétant sur l'autorité royale, s'arrogèrent la nomination des officiers destinés à lever ces subsides; le gouvernement consentit à leur prétention; mais est-ce dans ces faits particuliers, dans ces exceptions qu'il faut chercher les principes de la législation nationale?

Ce qu'il faut considérer, ce sont les faits généraux et constants qui expliquent la législation de la France sous les princes de la troisième dynastie.

Or ces princes respectent, maintiennent et protégent, de la manière la moins contestable, tout ce qui concerne le régime municipal, tout ce qui en assure l'exercice.

Il faut le dire, presque toujours, presque partout, les villes municipales se montrèrent dignes de cette protection, par leur dévouement à la monarchie.

Parmi plusieurs faits analogues, que me fournirait l'histoire, j'invoquerai, non pas comme établissant un droit nouveau, mais comme constatant l'exercice heureux du droit municipal, la conduite ferme et honorable que les consuls et les communautés de Languedoc tinrent en 1358, lors de la captivité du roi Jean.

Un subside extraordinaire était indispensable pour acquitter la rançon de ce prince.

Il fut voté, il devait l'être.

Qui consentit à le payer?

Les consuls, les députés des communautés.

Les communautés se chargèrent elles-mêmes de le répartir, de l'exiger, et de le déposer sans intermédiaire à la caisse spéciale de la rançon[1].

---

1. I. Videlicet quòd dicta pecuniarum summa prefertur, ex causâ prædictâ oblata, in prædictis et non in aliis usibus, quomodòlibet convertatur, nec universitates prædictæ tradere, vel assignare cogantur, nisi pro liberacione effectuali et reali præfati domini nostri regis.

II. Quòd summæ prædictæ per dictas universitates et per manus earum leventur, seu per deputandos ab eisdem.

VIII. Quòd liceat dictis universitatibus seu communitatibus se congregare infra dictum festum, tociens quociens eis seu earum alteri, pro tractando, tailliando, por-

Le zèle à établir une contribution aussi sacrée, la promptitude à la percevoir, concoururent également au succès de cette opération nationale.

Et pourquoi? parce que c'étaient les citoyens eux-mêmes qui, touchés du malheur du roi, traitaient une affaire qui leur devenait propre; parce que le peuple avait une juste confiance en ses mandataires municipaux.

Au lieu de magistrats populaires, supposons à la tête des communautés, des hommes choisis par le gouvernement; on n'aurait plus trouvé les mêmes soins, la même confiance, et peut être le sort du prince et de l'état eût été compromis.

Dans les temps désastreux où la guerre étran-

---

tando et congregando dictas pecuniæ summas, videbitur expedire.

XVI. Quòd dicta pecunia cùm fuerit levata seu exacta, aportetur per sumilas communitates cujuslibet senescalliæ et judicaturæ ad certum locum seu certa loca cujuslibet senescaliæ et judicaturæ, per ipsas communitates cujuslibet senescaliæ concordatum seu concordata, et ibidem tradatur et deponatur in manibus illius communitatis seu certarum personarum idonearum, ab ipsis communitatibus eligendarum per ipsas tenenda et custodienda donec liberari et solvi debeat pro liberacione personæ dicti nostri regis.

Ordonnances des rois de France, t. IV, p. 188.

gère était devenue une guerre civile, la liberté, que conservaient les villes de choisir leurs magistrats municipaux, fournit à leurs habitants les moyens de secourir efficacement le monarque et l'état; dès que le prince se rapprochait des sujets, de nouveaux titres consacraient leurs franchises, qui avaient été si utiles pour défendre sa cause; ces fidèles sujets ne demandaient pour toute récompense, que le maintien de ces franchises mêmes:

Ainsi Charles V disait dans l'ordonnance de 1380:

« Comme à la convocation et assemblée gé-
« nérale que nous avons fait faire et tenir à Paris
« des gens d'église, nobles, bourgeois, et habi-
« tants des bonnes villes de nostre royaume de
« Languedoyl....

« Voulons noz dictes gens et subgiez en leur
« dictes IMMUNITEZ, nobleces, FRANCHISES, LI-
« BERTEZ, PRIVILEGES, CONSTITUTIONS, usaiges et
« coutumes anciennes, remettre, ressaisir, resti-
« tuer, MAINTENIR et garder....

« Voulons et décernons de nostre dicte pleine
« puissance, certaine science et auctorité royale
« que toutes les immunitez, drois, FRANCHISES,

« LIBERTEZ, priviléges, CONSTITUTIONS, usaiges et « coutumes anciennes, et toutes les ordonnances « royaux dont et desquelles joissaient et usaient « lesdictes gens d'église, nobles, BONNES VILLES « et le PEUPLE de notre dit royaume en Langue-« doyl ou aucun des estas dessus diz.... leur « soient restituez et restabliz, et nous par ces « mesmes présentes leur RESTITUONS et RETA-« BLISSONS.... sans estre enfrains ou dommaigiez « en aucune manière.... »

Louis XI, qui craignait les grands, dont il avait la malheureuse politique de vouloir être craint, songea toujours à les abaisser, et l'un des moyens qu'il employa avec succès, ce fut de respecter les franchises des villes.

L'ordonnance publiée par François Ier, en 1536, parle transitoirement des élections municipales.

« Ordonnons aussi qu'ès élections qui seront « faictes de maires, eschevins, consuls et autres « ayant administration des affaires communes, « nosdits baillifs, sénéchaux, etc., président et « concluent respectivement, et procèdent à l'in-« stitution, selon les statuts et ordonnances des « villes et lieux. »

Cette ordonnance ne confère pas un droit nouveau, mais elle atteste le titre antérieur, lorsqu'elle règle quelques formes de l'élection.

Henri II, dans son ordonnance de 1547, rendit un hommage solennel au principe et à l'usage qui consacraient le droit municipal des cités de la France.

Il ne permit plus à ses propres officiers de justice, à ses avocats et procureurs auprès des divers tribunaux, d'être prévôts, maires et échevins des villes, soit par voie d'élection, soit autrement.

Voici les termes de son ordonnance :

« Henri, etc.

« Comme pour le desir que nous avons de voir « les villes de nostre royaume bien policées et « gouvernées, etc., ayons advisé que le mieux que « nous pourrions faire en cela, est d'en laisser « l'administration aux bourgeois et notables « marchands desdites villes qui ont connaissance, « soing et cure d'administration des deniers, et « qui ne sont si ordinairement occupés et dé- « tenus en autres affaires que nos officiers et « ministres de justice, etc....

« Nous, à ces causes, et après avoir mis cest « affaire en délibération avec les gens de nostre

« conseil privé, avons, par leur dit advis, dist, « statué et ordonné, disons, statuons et ordon« nons, par édit, statut et ordonnance irrévo« cable, que d'ores en avant, nos officiers ès « cours souveraines, jurisdictions ordinaires, « tant des prévostés que baillages, sénéchaussées, « et semblablement des jurisdictions extraordi« naires, soit des cours des généraux de la justice « des aides, ni des esleus, et pareillement des « chambres de nos comptes et aussi tous advocats « et procureurs esdites jurisdictions, ne pourront « être par cy après promeus aux charges et estats « de prevosts, maieurs, eschevins ou autres estats « de ville, soit par voie d'élection ou autre ma« nière de provision, et ce sur peine, quant aux « eslisants, de cent escus d'or d'amende envers « nous, et autres cent escus d'amende au profit « de la dite ville, payables par chascun desdits « élisants, et, outre ce, d'estre privés de leur « droict d'élection ou provision qui partant nous « appartiendra ou à nos successeurs rois de « France POUR ICELLE FOIS, etc. »

Ainsi, pour punir les citoyens qui méconnaîtraient leurs intérêts et leurs devoirs jusqu'à nommer pour maire et échevins quelque officier royal, le prince déclare qu'ils seront privés de leur droit d'élection, « qui partant, poursuit-il, « nous appartiendra ou à nos successeurs rois « de France, POUR ICELLE FOIS. »

Ces expressions ne sont-elles pas une reconnaissance expresse et publique du droit des cités? Quand elles auront mérité d'être punies pour avoir violé la loi qui les protége, le roi nommera lui-même; mais la déclaration qu'il nommera POUR ICELLE FOIS seulement est une garantie expresse, une sauvegarde nouvelle du droit fondamental.

Les dispositions de cet édit furent toujours exécutées en Provence.

D'une part, l'assemblée générale des communautés, qui remplaçait les états de la province depuis leur suspension en 1642, et de l'autre, le parlement d'Aix, constant et zélé défenseur des libertés du pays, juge suprême de toutes les contestations relatives aux élections municipales et aux droits qui en dérivaient, s'accordaient à rejeter des assemblées générales de la province, et des assemblées particulières des villes, les officiers royaux de justice et toute personne chargée de quelque commission particulière pour les intérêts du roi.

Écoutons l'auteur du Traité sur l'administration du comté de Provence[1] :

« Suivant la règle et les usages observés en « Provence, les officiers royaux doivent être « exclus des états et des assemblées générales et « particulières du pays. On ne doit y admettre « que des PERSONNES LIBRES DE TOUT ENGAGEMENT « ÉTRANGER AUX INTÉRÊTS DE LA NATION.

« Ce fut en partant de ce principe que les « états tenus à Aix, dans le mois de février 1538, « exclurent le député d'Hières, pourvu de l'office « de lieutenant particulier du sénéchal au siége « de Draguignan. Ceux qui furent tenus dans la « même ville en janvier 1624, ordonnèrent « que les officiers royaux ne pourraient être « députés aux états, et déclarèrent nulle toute « députation faite au préjudice de ce réglement. « Il était une suite de la pleine observation des « ordonnances. L'édit d'Henri II, donné à Fon-

1. De Coriolis, Traité sur l'administration du comté de Provence, t. I, p. 33.

« tainebleau, en octobre 1547, exclut les offi-
« ciers royaux de toute charge municipale; et la
« jurisprudence du parlement de Provence s'étend
« encore plus loin, en leur refusant même l'en-
« trée au conseil des communautés.

« Ce fut en se fondant sur tous ces titres que
« l'assemblée particulière, convoquée le 17 avril
« 1758, délibéra, sous le bon plaisir de l'assem-
« blée générale, de n'admettre, dans aucune
« assemblée du pays, les pourvus d'office de
« justice, ou ceux qui seraient chargés d'une
« commission particulière pour les intérêts du
« roi, lors même qu'ils se présenteraient munis
« des pouvoirs de quelque communauté.

« Cette délibération tendait à donner une nou-
« velle force à la jurisprudence qui exclut des
« charges municipales cette même qualité de
« citoyens; l'assemblée particulière ne cacha
« point ses motifs; elle chargea le procureur du
« pays de se pourvoir au parlement pour faire
« déclarer nulles toutes élections faites ou à
« faire de leurs officiers royaux de justice, ou
« de personnes chargées de quelque commission
« particulière et incompatible avec les fonctions
« des officiers municipaux; ce qui fut ainsi

« ordonné par arrêt du parlement du 5 mai « 1758. »

N'était-ce pas rendre un nouvel hommage aux droits des cités que d'appeler les maires, échevins, conseillers à concourir à la présentation des candidats aux places de juges?

Voici l'art. 39 de l'édit d'Orléans, de 1560.

Charles IX, sur les plaintes et doléances et remontrances des députés des trois états, dit:

« Et quant aux siéges subalternes et infé« rieurs, nos officiers du siége, où l'office sera « vaquant, s'assembleront dedans trois jours, et, « appelez les maire, eschevins, conseillers et « capitouls de la ville, esliront trois personnages « qu'ils cognoistront en leur conscience les plus « suffisants et capables, qu'ils nous nommeront « et présenteront, pour à leur nomination pour« voir celui des trois qu'adviserons. »

Par l'article 72 de l'ordonnance de Moulins, le même prince prescrit une mesure qui est en harmonie avec les principes de la liberté municipale:

« De chascun quartier ou paroisse.... soient « esleus, par les bourgeois et citoyens y habitants, « un ou deux d'entre eux qui auront la charge

« et administration et intendance de la police « et de tout ce qui en dépend,.... et auront la « puissance d'ordonner jusques à la valeur de « soixante sous. »

L'ordonnance de Blois, qui proclama de nouveau le droit municipal des cités de France, est remarquable comme résultat du vœu national exprimé par les états généraux de 1576.

« Ordonnance du roi Henri III de ce nom, « roi de France et de Pologne, sur les plaintes « et doléances faites par les députés des états de « son royaume convoqués et assemblés en la « ville de Blois. »

Henri, etc.

« Comme au mois de novembre 1576, nous « eussions fait assembler en notre ville de Blois « les trois états de notre royaume, et bénignement « ouï et reçu leurs plaintes, doléances et « remontrances rédigées et présentées par escrit... « n'avons plus voulu longuement différer la pu- « blication de notre édict, pour le singulier « desir que nous avons de pourvoir aux plaintes « de nos subjects. »

Art. 363 et dernier :

« Nous voulons que toutes élections de

« prevosts de marchands, maires, eschevins, « capitouls, jurats, consuls, conseillers et gou« verneurs de villes se fassent librement, et que « ceux qui, par autres voyes, entreront en « telles charges, en soient ostés, et leurs noms « rayés des registres. »

Henri IV, montant sur le trône, avait promis expressément de protéger les libertés municipales, et le Béarnais fut toujours fidèle à ses promesses.

Richelieu crut l'abaissement des grands nécessaire et utile à la sûreté et à la dignité du trône: redoutant même l'influence qu'ils pouvaient avoir sur les assemblées des états de province, le ministre absolu essaya de détruire ces assemblées en Languedoc, et les suspendit en Provence; mais il ne jugea ni nécessaire ni utile d'attenter aux libertés municipales des villes.

Dans l'édit de 1629, Louis XIII s'explique ainsi :

« Ordonnons que les élections des maires.... « échevins et autres charges des villes.... seront « faites ès manières accoutumées des personnes « plus propres et capables à exercer telles char« ges pour le bien de notre service, repos et

« seureté desdites villes, ès quelles ils seront « tenus de résider, sans que, pour quelque cause « et occasion que ce soit, lesdites charges se « puissent résigner.

« Nous défendons à tous gouverneurs, gen- « tilshommes, ou autres de quelque qualité qu'ils « soyent, de.... troubler ou empescher les habi- « tants des paroisses à la nomination libre de « leurs syndics, assesseurs et collecteurs, ni les « outrager en faisant leursdites charges, sur les « peines portées par nos ordonnances. »

Louis XIV maintint le régime municipal aussi long-temps que les subsides de la France purent suffire aux frais de sa gloire militaire.

La première loi, relative aux mairies, ne fut dictée ni par un esprit d'amélioration du système administratif, ni même par le désir d'ajouter des forces nouvelles à l'omnipotence royale.

Des ministres, qui offensaient en même temps la gloire du prince et les droits des sujets, cherchèrent, dans la vénalité des charges municipales, une ressource financière.

Ce moyen une fois trouvé, les ministres se jouèrent des droits des cités, en vendant ces magistratures, les reprenant, les revendant et les reprenant encore.

Il faut le dire pour l'honneur même du gouvernement de Louis XIV; l'édit de 1692 n'eut guère d'autre but que de forcer les communes à se racheter. Autrement cet édit eût été un grand outrage aux droits municipaux, que la nation exerçait depuis tant de siècles, puisqu'il établissait des MAIRES PERPÉTUELS en charge d'office.

Le roi accordait à ces maires, en qualité de députés nés des communautés, entrée et séance aux assemblées des provinces et pays d'état.

Ainsi, le privilége de représenter les citoyens des villes à l'assemblée de la province était vendu et livré moyennant finance, comme celui de les administrer!

Ainsi, l'homme qui, au préjudice des droits de ses concitoyens, avait acquis du roi, à prix d'argent, le privilége de les administrer, délibérait et votait, dans l'assemblée de la province, sur la quotité de la somme qu'ils devaient payer au roi!

En 1702, nouvelle invention bursale; un édit

créa des offices de lieutenants des maires pour les remplacer en cas d'absence.

Les citoyens pouvaient-ils prendre d'autre parti que d'acheter pour leur compte ces offices et de les réunir au corps de ville!

C'est ce qu'ils faisaient; mais ce dévouement même excitait l'avidité du gouvernement; les premiers rachats étaient des engagements tacites qui assuraient les rachats futurs.

Aussi le génie de la fiscalité s'évertua et imagina de nouvelles ressources.

L'édit de décembre 1706 inventa des OFFICES HÉRÉDITAIRES de conseillers du roi, maires, et de lieutenants de maires, alternatifs et mi-triennaux, etc. etc.

On lit dans cet édit: « Plusieurs villes et com- « munautés de notre province de Languedoc ont « réuni à leurs corps les offices de maires créés « par notre édit du mois d'aoust 1692. »

Et toutefois un des motifs donné pour mettre en vente ces nouvelles magistratures, était expliqué en ces termes:

« Nous sommes d'ailleurs informés que plu- « sieurs d'entre eux (les maires et lieutenants de « maires) sont pourvus d'autres offices qui les

« empêchent de remplir les fonctions de ceux « de maires et de leurs lieutenants, avec toute « l'application qu'ils doivent, et les obligent sou« vent à s'absenter, dont notre service et les af« faires des villes et communautés souffrent con« sidérablement. »

Mais alors pourquoi infliger ces magistrats supplémentaires aux citoyens qui avaient réuni à leurs corps de ville les offices créés précédemment, et dont assurément les magistrats électifs ne méritaient pas l'affront d'être suppléés?

Il serait aussi fastidieux qu'inutile de rapporter en détail toutes les créations, suppressions et nouvelles créations de ces sortes d'offices.

Je dirai pourtant qu'en 1707 les villes et communautés furent autorisées à acquérir ces nouveaux offices, bien que l'édit de 1706, pour allécher les acquéreurs, eût déclaré expressément : « Les pourvus.... ne pourront à l'avenir, « sous quelque prétexte que ce soit, être rem« boursés du prix de leurs offices par les villes, « communautés et pays de leur établissement. »

En 1709, les anciens et les nouveaux offices furent réunis.

Les communautés, qui n'avaient pas racheté, obtinrent, en 1714, l'autorisation de rembourser et de déposséder les acquéreurs.

Après la mort de Louis XIV, en 1717, toutes ces charges vénales furent révoquées, et les villes rentrèrent dans la plénitude de leurs droits municipaux.

Mais, en 1722, on ouvrit encore l'encan des offices de maire, lieutenants de maires, échevins, etc.

Le droit d'élection fut rendu aux villes en 1724.

Nouvelle création des offices en 1733.

En 1764 et 1765, le droit d'élection fut restitué aux villes, mais restreint et même essentiellement altéré par les conditions imposées à la manière de l'exercer.

Un édit de 1771 rétablit la vénalité des offices perpétuels de maires, lieutenants de maires, conseillers, échevins, jurats, capitouls, consuls, assesseurs, etc.

Qu'on n'imagine pas toutefois que de telles violations des droits municipaux des villes n'aient jamais excité de réclamations.

Je citerai honorablement divers passages remarquables qu'offrent les remontrances du parlement de Provence, que j'ai justement nommé défenseur des libertés du pays.

En 1756, il disait au roi, en parlant des habitants de la Provence[1] :

« Leurs communes ne sont point des concessions ; leurs élections ne sont point des privilèges ; leur possession n'a point de commencement et ne saurait avoir de fin sans oppression manifeste.

« Ces facultés utiles au bien commun, restes de la liberté qui traça le plan de leurs premières sociétés politiques, ont été maintenues dans les différents âges et les différentes révolutions du monde, conservées dans le passage de l'indépendance gauloise à l'immunité du droit italique, respectées par les Goths et par les Francs, favorisées et ampliées par les rois d'Arles et de la Bourgogne transjurane, et par nos anciens comtes, et à jamais affermies par ce testament fameux qui est la loi fondamentale du pays, le titre de son union, et le principe de son obéissance.

---

1. De Coriolis, Traité sur l'administration du comté de Provence, t. III, p. 194.

« Et, à ne consulter que le droit naturel en « lui-même, ce droit qui commande aux souve- « rains et aux sujets, aux législateurs et à ceux « qui reçoivent des lois; des sociétés qui s'as- « semblent pour délibérer, qui ont des intérêts « communs à ménager, des finances à régir, des « domaines à faire valoir, des fournitures à « avancer, à liquider et à répéter, des dettes « à payer et des créances à exiger, qui plai- « dent, qui transigent, qui fixent elles-mêmes « leurs impositions, et en déterminent la le- « vée en la forme qui leur paraît la plus avan- « tageuse, doivent avoir nécessairement la faculté « de proposer des citoyens, dignes de la confiance « publique, à une administration qui fait le salut « de tous, et d'où dépend en partie la fortune « de chaque famille. »

Aussi depuis 1692, et toutes les fois que des édits bursaux menacèrent d'attenter aux libertés municipales, les procureurs du pays de Provence, l'assemblée générale des communautés, le parlement, la cour des comptes, consacrèrent leurs efforts constants, soit à défendre et à réclamer les droits des citoyens, soit à calmer, par des sacrifices pécuniaires, l'avide injustice du gouvernement.

La Provence rachetait, en corps d'état, toutes les charges oppressivement fiscales.

Avant l'édit de 1771, elle avait déja dépensé, pour subvenir à ce rachat et payer le maintien des libertés municipales de chaque ville et bourg, la somme de douze millions cinq cent mille livres.

Et le parlement disait en 1774:

« Pourquoi ces efforts si souvent multipliés, « pourquoi ces dépenses excessives, pourquoi « cet épuisement de nos forces, si nous n'avions « cru être vertueux en arrachant du naufrage « notre patrimoine, ce droit d'élection inalié- « nable et imprescriptible, droit que nous avons « conservé aux dépens de nos fortunes? car les « diverses variations qu'ont essuyées les offices « municipaux n'ont jamais été suivies d'aucune « liquidation; jamais la Provence n'a pu en pour- « suivre le remboursement, même après leur « suppression....

« Inutilement a-t-on donné pour motif à l'édit « des abus à corriger, des divisions à calmer, des « brigues à éloigner. Mais si ces maux nous sont

« inconnus, si, dans nos élections municipales, « nous ne voyons ni abus, ni division, ni bri« gue, si la paix y préside, si l'amour du bien « commun les dirige, dès lors, le mal n'existant « point, le remède devient superflu.

« Chargés de veiller à la conservation du bon « ordre, juges des appels des élections munici« pales, nous ne craignons point d'affirmer, sous « la foi du serment qui nous lie, que l'adminis« tration de nos communautés est pure et sans « tache, que nous n'y remarquons aucun de ces « désordres qui ont été le motif du nouvel édit.

L'auteur du traité ajoute :

« Ces remontrances produisirent tout l'effet « qu'on avait lieu d'en attendre : l'édit du mois « de décembre 1772[1] fut retiré, et nous sommes « demeurés en possession de nos élections mu« nicipales. »

---

1. L'édit de 1771 ne concernait pas la Provence. Le gouvernement donna, en 1772, un édit spécial qui fut adressé au parlement en 1773.

CHAPITRE XIII.

Résumé des diverses preuves, et conclusion.

Le régime municipal existe en France de toute ancienneté.

Ce patrimoine des citoyens qui vécurent sous la domination romaine, transmis d'âge en âge aux habitants des cités, fut reconnu et respecté par les princes des trois dynasties.

Si, pendant un court intervalle, les usurpations, les vexations des seigneurs féodaux réussirent, en quelques pays, à gêner l'exercice du droit municipal, elles ne parvinrent jamais à détruire, à anéantir le droit même.

Les excès toujours croissants de ces tyrans subalternes préparèrent et hâtèrent le moment, où les rois et les sujets, également offensés, également dépouillés, furent réduits à l'heureuse nécessité de s'unir et de se concerter contre leurs oppresseurs communs.

Les princes ressaisirent le pouvoir monarchique.

Les citoyens rentrèrent dans la plénitude de leur antique liberté.

Les chartes de commune, suppléments de la loi municipale, protégèrent spécialement les cités à qui cette loi ne suffisait plus, et encouragèrent les cités à qui elle suffisait encore.

Bientôt, sous le gouvernement protecteur des princes de la troisième dynastie, le droit municipal des cités s'agrandit, et se corrobora de titres nouveaux.

A différentes époques postérieures, lors de la réunion successive de plusieurs pays à la France, ou lors des pacifications qui terminèrent les discordes civiles, divers traités, de nombreuses capitulations assurèrent expressément à plusieurs cités l'exercice de leurs franchises primitives, de leurs libertés accoutumées; des contrats synallagmatiques, entre les princes et les sujets, établirent et fixèrent leurs rapports présents et les rapports des générations futures, je veux dire, les droits et les devoirs qui d'avance liaient nécessairement les successeurs des princes et les enfants des sujets.

Par respect pour les obligations expresses ou tacites, qui exigeaient que les franchises et les coutumes, soit des anciens pays de la France, soit des pays réunis, fussent conservées et maintenues, les princes de la troisième dynastie ordonnèrent la rédaction de ces franchises et coutumes, afin qu'elles devinssent la loi commune; cette vaste et heureuse entreprise législative fut exécutée avec solennité; l'autorité royale, en sanctionnant des usages locaux, leur imprima le caractère de la loi; non seulement elle constata et confirma ainsi les titres d'un grand nombre de villes, qui avaient l'usage et le droit de nommer leurs maires, échevins, jurats, officiers municipaux, etc., mais encore elle consacra les avantages de la juridiction, que ces magistrats exerçaient dans plusieurs pays.

Enfin, la législation générale, relative aux droits municipaux des cités et villes de France, les avait constamment reconnus et protégés, jusques en des moments désastreux où la nécessité de recourir à des expédients financiers, donna, en 1692, la malheureuse idée d'appliquer au régime municipal un système de vénalité, à la fois injuste envers les sujets et nuisible à l'état.

Je l'ai dit, et je ne me lasserai pas de le redire, jamais un projet d'amélioration politique ou administrative n'a inspiré ces exhérédations avilissantes, qui dépouillaient les communes d'un droit aussi antique et aussi sacré; le vrai motif, le seul motif fut le besoin ou l'avidité de se procurer quelques contributions momentanées; ce qu'osèrent des ministres audacieux, sans reculer devant l'injustice, sans en prévoir ou sans en craindre les funestes conséquences.

Si le gouvernement avait jugé que des améliorations étaient indispensables et qu'il importait au bien de l'état que les mairies et magistratures municipales fussent érigées en offices, et exercées par des citoyens nommés par le roi, eût-il inséré sans cesse, dans ses édits bursaux, la clause que les villes pouvaient acquérir elles-mêmes ces offices?

C'est pourquoi les habitants des cités, pour éviter que leur liberté municipale ne fût altérée par une intrusion aussi scandaleuse qu'humiliante, consentaient presque partout au sacrifice de racheter leur liberté menacée; ce n'était donc à leur égard qu'un impôt déguisé.

J'ai prouvé qu'avant l'édit de 1771, la seule

Provence avait payé douze millions cinq cent mille livres pour le rachat de ces charges vénales; qu'on juge, par comparaison, combien il en coûta à la France entière.

Dans ces diverses fluctuations d'un gouvernement qui, selon le besoin du trésor royal, vendait les offices municipaux et les reprenait pour les rendre aux villes, dans ces tourmentes ministérielles où l'on aperçoit tant de systèmes contradictoires, on en reconnaît un qui ne varie jamais, celui de soutirer soit l'argent des villes déja accoutumées à faire des sacrifices pécuniaires, pour racheter leur liberté municipale, soit l'argent des particuliers, dont l'ambition inepte aspirait à quelque considération, en payant le droit d'administrer leurs concitoyens qui, jusqu'alors, avaient toujours obéi à des magistrats de leur choix.

J'ai réservé pour cet instant le soin d'examiner en quelles circonstances, sous quels ministères, le gouvernement, déshéritant les villes de leur antique liberté, a immolé à la cupidité du moment les droits les plus inviolables, les plus certains, les plus sacrés.

Le premier édit qui proclama la vénalité des

charges de maires, des officiers municipaux, est de l'an 1692, époque où la France, épuisée par le malheur des longues victoires, répétait les vers que la muse du grand Corneille avait fait entendre à l'oreille superbe et chatouilleuse de Louis-le-Grand :

« A vaincre tant de fois mes forces s'affaiblissent,
« L'état est florissant; mais les peuples gémissent.
« Leurs membres décharnés courbent sous mes hauts faits
« Et la gloire du trône accable les sujets.

La Toison d'or, prologue.

En 1691 et en 1692, plus de cent cinquante édits bursaux accablèrent la France.

La vénalité des offices municipaux fut rétablie en 1722.

La France, alors victime du système financier de Law, avait pour premier ministre le cardinal Dubois.

En 1771, un nouvel édit supprima encore l'élection des maires et des magistrats municipaux, et proclama de nouveau la vénalité des charges.

J'interroge l'histoire, ou pour mieux dire, mes souvenirs.

Le chancelier de Meaupeou détruisait les parlements.

L'abbé Terrai administrait les finances.

Je citerai ici la naïve indiscrétion du préambule, qui explique l'édit de 1722 :

« La nécessité de pourvoir au paiement exact « des arrérages, etc., nous a obligés. »

Il est donc évident que les lois qui ont successivement ravi aux villes l'antique droit de choisir leurs magistrats municipaux, n'ont jamais été dictées par un véritable intérêt public, n'ont jamais eu, pour motif et pour but, l'amélioration du régime administratif.

Oserait-on exciper de cet indigne agiotage du gouvernement, oserait-on s'en autoriser, pour résoudre les grandes questions relatives aux droits municipaux?

Dirait-on qu'en vendant aussi indignement les magistratures municipales, le gouvernement acquérait la faculté d'en disposer gratuitement.

Ce serait une erreur grave; un principe que la législation et la morale rendent également incontestable, c'est qu'un acte d'injustice ou de violence ne peut acquérir aucun titre à son auteur.

Ah! plutôt qu'on tâche de faire oublier qu'il a existé des temps où le gouvernement français, sans nécessité, sans profit et sans gloire, attenta aux libertés municipales, et ne craignit pas de motiver cette violation sur les prétextes les plus frivoles et quelquefois les plus absurdes [1].

La vénalité des charges municipales n'a jamais été qu'un impôt déguisé, que les rois de France ou leurs ministres faisaient injustement peser sur les peuples.

Je suis loin de nier qu'il ne fut indispensable d'aider l'état dans sa détresse, et de faire les plus grands sacrifices : mais était-ce le sacrifice de la liberté municipale, de cette propriété commune et sacrée des citoyens? non sans doute; les citoyens des villes devaient des secours, leur fortune, leur vie même, en un mot, ils devaient se résigner à tout, excepté à la servitude.

Le grand roi, que l'église honore comme saint, et qui avait fait asseoir l'équité et la bonne foi sur le trône, Louis IX n'eût jamais consenti à ce que son nom fût attaché à de tels actes de son gouvernement, à de telles injustices, parce qu'il ne voulait pas courir le hasard de perdre quelque chose de l'affection de ses su-

1. Voyez, à la page 363, la réponse du parlement de Provence aux assertions du gouvernement.

jets, en les dépouillant d'un droit aussi sacré que celui des libertés municipales.

Veut-on connaître les sentiments de ce prince à cet égard? qu'on lise les ENSEIGNEMENTS, qu'au lit de la mort, et prêt à comparaître devant le juge des rois, il traça de sa propre main, pour diriger la conduite de Philippe, son fils et son successeur.

Voici les expressions du saint roi:

« Meismement les bones villes et les coustumes « de ton royaume garde en l'estat et en la fran« chise où tes devanciers les ont gardées; et se « il y a aucune chose à amender, si l'amende « et adresce, et le tien en faveur et en amour; « car par la force et par les richesces des grosses « villes, douteront les privez, les estranges, de « mesprendre vers toy, espécialement tes pers « et tes barons. »

Que faisaient donc des ministres hautains et inconsidérés, quand, sans respect pour la dignité et les obligations des rois, qui leur confiaient le soin du gouvernement, sans égard pour les titres antiques et les droits des sujets, ils établissaient, au nom de la loi, un trafic des magistratures municipales, un monopole de l'autorité administrative? ils opéraient une révolution dans l'état, car on peut appeler RÉVOLUTIONS, les crises politiques où le gouvernement enfreint l'autorité de la loi, comme on appelle révolutions les crises de trouble et de révolte où les sujets méconnaissent à la fois et l'autorité de la loi et les droits du prince; oui, il est vrai de dire que les gouvernements peuvent faire, et malheureusement font quelquefois des révolutions; si elles sont moins brusques, moins bruyantes et moins sanglantes que les insurrections populaires, elles sont toujours aussi coupables et aussi fatales; le grand malheur surtout que l'homme de bien, le bon citoyen reproche alors à l'injustice d'un ministère imprudent, c'est de les appeler et de les préparer.

Puisque plusieurs des importantes attributions, jadis conférées aux magistratures municipales des cités et des villes de la France, et dont elles avaient joui, pendant si long-temps, sous des gouvernements divers, ont été successivement supprimées ou réduites, n'est-il pas rigoureusement juste que du moins on respecte aujourd'hui ce qui reste encore de leurs anciens droits?

N'est-il pas de toute équité que, sous la sauvegarde des formes tutélaires, des conditions prudentes que le pouvoir législatif a le moyen d'imposer, les citoyens des cités, des villes, des bourgs, conservent le principe essentiel et constitutif du droit municipal, la faculté absolue, entière de choisir, par leurs suffrages, les magistrats auxquels sera commise la défense et l'administration des intérêts communs?

Dans l'action du gouvernement sur les cités, il a la faculté de s'armer de toute l'autorité convenable pour être obéi : c'est son droit, et j'ajoute, son devoir. Là où l'action du gouvernement commence, finit celle de l'administration.

Mais qu'on n'oublie pas que le gouvernement lui-même doit rester, sinon indifférent, du moins étranger à ce qui n'est qu'administration locale.

Qu'on estime assez les citoyens français pour croire qu'ils ne peuvent qu'être flattés de la confiance paternelle qui, en prenant les mesures de précaution convenables, leur permettra, leur rendra l'exercice d'un droit acquis, comme ils ne peuvent qu'être sensibles à la méfiance dont l'effet leur imposerait l'obligation d'obéir à des magistrats qui n'auraient dû qu'à la sollicitation, à l'intrigue, et quelquefois à des moyens plus condamnables, le triste avantage d'être à la tête d'une cité, d'une ville, d'un bourg, sans l'aveu ni l'estime de leurs concitoyens.

Qu'on examine, sous un point de vue spécial, diverses crises politiques qui ont mis la France en péril, on pourra se convaincre combien il est dangereux qu'en des temps de troubles et de dissensions, un parti dominant possède l'avantage de nommer les maires et les administrateurs des cités.

J'indiquerai surtout l'époque de la Ligue, époque funeste où il ne manqua peut-être aux succès des Guises et de leurs partisans, que la faculté de disposer des fonctions municipales.

Et si je recherche dans notre histoire ces temps où l'exercice du droit municipal était attaqué, comprimé par les seigneurs féodaux, si je remonte aux règnes malheureux des successeurs de Charlemagne, je rejetterai une grande partie des désastres de leurs règnes, sur la négligence que mirent ces princes carlovingiens à profiter de tous les secours qu'auraient fournis et à eux-mêmes et à la France, contre les ennemis du dehors et contre ceux du dedans, le rapprochement, l'union du chef de l'État et des citoyens qui conservaient encore le dépôt du régime municipal; la grande faute de ces princes, ou plutôt le malheur de leur ignorance en politique administrative fut de ne pas sentir qu'ils devaient chercher, et qu'ils étaient sûrs de trouver, un appui fidèle et puissant dans l'assistance directe des citoyens des villes, parce que ces citoyens trouvaient un intérêt réel à la stabilité du trône.

Ces princes implorèrent l'assistance des grands qui avaient un intérêt opposé à ceux du trône et des cités.

Un petit nombre de seigneurs disposèrent de la couronne; une nouvelle dynastie commença.

Qu'on me permette de rapprocher quelques-uns des traits principaux qui, dans notre histoire, caractérisent la dynastie carlovingienne et la dynastie capétienne; on remarquera, avec intérêt et peut-être avec profit, ceux qui révèlent une partie des causes auxquelles on peut attribuer les malheurs et l'asservissement, la gloire et la prospérité de la France.

Ces doctrines historiques, qui résultent de la seule exposition des faits, sont toujours, pour les peuples, d'utiles avertissements, et quelquefois, pour les princes, des leçons salutaires.

Pépin usurpa, sans une nécessité indispensable, et sans un avantage réel pour la nation, un pouvoir dont le dépôt était commis à son zèle et à sa fidélité, un pouvoir dont la nation ni lui-même ne devaient disposer, avant d'avoir justifié de l'intérêt public.

Hugues se trouva dans des temps difficiles, à une époque de guerres et de malheurs; il était réduit à la fâcheuse nécessité de combattre l'héritier du trône, qui, livré à lui-même, abandonné des grands vassaux, ne pouvait suffire ni au trône ni à la nation; ainsi l'usurpation du duc de France, comte de Paris, fut plus excusable; elle devint une sorte de conquête; il ramassa une couronne déja tombée, un sceptre que des mains faibles ne portaient plus. Peut-être même la monarchie française eût cessé, si Hugues Capet ne s'était arrogé le titre de roi, pour la perpétuer.

La fortune de Pépin fut préparée par la gloire et les succès de trois générations, qui semblaient avoir accumulé pour lui tous les moyens de s'approprier ou de se faire céder le dépôt de la royauté commis depuis si long-temps à la garde de sa famille.

Hugues, dont la famille avait déja essayé la couronne, et rendu de grands services à la nation, durant les temps d'invasion étrangère, et lorsque les rois, les grands et le peuple étaient dans une égale impuissance de moyens et de courage, ne profita que de l'occasion qui s'offrit à lui: forcé par les circonstances de sa position à combattre son suzerain, peut-être ne lui restait-il d'autre refuge que le trône; il voyait ce trône comme délaissé par l'héritier naturel[1]; il y monta.

Tous les Français avaient applaudi d'avance à Pépin, et l'autorité ecclésiastique avait, au nom du ciel, disposé l'opinion des peuples qui honoraient déja le fils de Charles Martel comme un des maîtres de la terre.

Quelques seigneurs seulement, parmi lesquels on ne comptait ni les plus puissants de la France, ni surtout ceux qui auraient pu rivaliser avec Hugues, pour occuper le trône désert, quelques seigneurs, la plupart vassaux du duc de France, consentirent à son élection; j'aime mieux dire qu'il se fit roi.

Aussi eut-il à soutenir, contre plusieurs grands

1. Charles de France, duc de Basse-Lorraine.

vassaux, contre les siens propres, contre plusieurs grandes villes, des guerres plus ou moins dangereuses; la victoire légitima son élévation au trône.

Pépin avait hérité de la gloire de ses ancêtres.

On peut dire que Hugues hérita d'un nom déja illustre; mais condamné, par la timide prudence de sa famille, à implorer la protection du duc de Normandie, Hugues eut à consolider la puissance de ses aïeux, et à créer sa propre gloire.

Celui-ci serait presque inconnu dans nos annales, s'il n'avait eu l'audace de s'élever au trône, et le bonheur de s'y maintenir.

Celui-là serait plus grand dans notre histoire, s'il n'avait eu la malheureuse ambition d'être roi.

Charles Martel aurait pu s'asseoir sur le trône aussi aisément que le fit Pépin; et il y renonça.

Hugues-le-Grand pouvait plus facilement s'y placer que ne le fit Hugues Capet, et il ne le fit pas.

Mais sans doute Charles Martel croyait plus grand de s'abstenir du trône, en ménageant ainsi plus de sûreté à l'ambition de son fils.

Hugues-le-Grand au contraire, en ne s'arrogeant pas la royauté, et en la conférant deux fois, l'une à Rodolphe, et l'autre à Louis IV, était sans doute loin de prévoir que son fils la posséderait un jour; il semble n'avoir voulu qu'assurer la tranquillité et la sécurité de sa race, puisqu'il s'abaissa à la précaution de recommander au duc de Normandie l'héritage de son fils.

Pépin fut le fondateur d'une dynastie qui d'abord éleva la nation française à la plus grande hauteur de renommée, et la monarchie à la plus grande hauteur de puissance, pour décheoir, avant un siècle, et subir à-la-fois l'usurpation des tyrans subalternes du dedans, et la dévastation des brigands du dehors.

Hugues fonda une dynastie dont les commencements furent peu éclatants, mais qui, par des moyens lents et heureux, sans trop offusquer les rivaux du dedans ni les ennemis du dehors, répara le malheur des règnes passés.

Ces heureux moyens furent :

1° De ramener à l'unité le royaume si souvent divisé par les prétentions héréditaires et les ambitions politiques; il suffit à la nouvelle dynastie d'adopter avec prudence, et de maintenir avec courage, en l'associant à la loi salique, un système de succession par primogéniture, système presque inconnu à cette époque dans les monarchies européennes;

2° De revendiquer et de réunir, avec soin et avec constance, l'autorité et les pouvoirs que l'usurpation des seigneurs féodaux avait ravis au trône et à la dignité royale;

3° D'assurer les droits des cités et des bourgs, en respectant l'antique administration municipale, en y ajoutant même, sous le titre de droits de commune, des priviléges, une juridiction et des moyens qui en favorisaient l'exercice et en assuraient les avantages.

Singularité remarquable! les Carlovingiens eurent sans cesse pour eux l'autorité d'opinion que leur conférait la reconnaissance des papes, qu'ils avaient protégés, secourus, affermis et enrichis.

Les Capétiens, non moins utiles et non moins dévoués aux pontifes romains, leur accordèrent plus d'une fois asyle et secours, et pourtant cinq de ces rois, Robert, Philippe Ier, Louis VII, Philippe-Auguste, Louis VIII, furent frappés tour-à-tour des foudres de l'église; l'excommunication fut pour eux une sorte d'épreuve héréditaire; mais ils furent assez sages et assez chrétiens pour ne pas imputer à la religion l'injustice audacieuse de ses ministres.

Les Carlovingiens eurent le malheur de ne voir la nation que dans les grands, dans les prélats et dans les armées.

Les Capétiens sentaient qu'au-delà de leur cour et des grands, il y avait un peuple, cette véritable nation, qui constitue la force des états, et sans laquelle et les grands et les rois ne sont presque rien; ils commencèrent à compter le peuple pour ce qu'il est, à communiquer et à traiter directement avec lui.

La dynastie de Pépin ne dura guère au-delà de deux siècles, parce que la faiblesse de ses derniers rois avait cherché dans les seuls grands un appui momentané, en leur prodiguant ou en leur permettant des moyens de puissance héréditaire qu'ils tournèrent contre le trône même.

La dynastie de Capet, la plus ancienne de l'Europe, dure depuis neuf siècles, parce que le principe de l'hérédité, la reprise des droits que la féodalité avait envahis, ainsi que l'abrogation des priviléges qu'elle s'était arrogés, et surtout l'émancipation politique du peuple français, formèrent la triple base sur laquelle le trône repose et peut reposer inébranlable.

Charlemagne fut grand, mais par lui seul et pour lui seul. Aucune renommée illustre ne s'éleva ni à côté ni même au-dessous de la sienne; il absorba toute la gloire de son règne.

Dominé par les exigences du moment, par les nécessités accidentelles, il publia souvent des lois pour favoriser l'action de son gouvernement, en réprimant des abus naissants; mais sa législation n'eut point d'ensemble, point d'unité, et marqua rarement quelque sollicitude pour l'avenir.

S'il eût donné à l'empire entier, dans un aussi bel ordre et dans un aussi grand détail, des lois sages et prévoyantes comme les réglements qu'il fit pour ses domaines[1], ces institutions admi-

---

1. Le portrait de Charlemagne, par Montesquieu, est tracé avec vigueur et précision. Les couleurs en sont énergiques et brillantes.

On y distingue ce trait :

« Il fit d'admirables réglements; il fit plus, il les fit exécuter. »

Mais les personnes, qui ne sont pas entièrement rési-

nistratives et législatives auraient été utiles à la faiblesse de ses successeurs.

Son empire avait une sommité brillante et

---

gnées à JURARE IN VERBA MAGISTRI, demanderont peut-être quels sont ces réglements indiqués à notre admiration, et par quels moyens particuliers ils furent exécutés.

Pour apprécier justement la législation de Charlemagne, il faut en séparer tout ce qu'elle a emprunté aux lois précédentes et aux décisions de l'autorité ecclésiastique et des conciles.

Quand même on le considérerait comme l'auteur de toutes les lois qui portent son nom dans le recueil des Capitulaires, l'éloge de l'auteur de l'Esprit des Lois pourrait paraître au moins exagéré.

Je suis affermi dans cette opinion, en lisant qu'un historien, presque contemporain de Charlemagne et son sincère admirateur, ne lui accorde que la gloire d'avoir conçu le projet de réformer la législation.

En effet, Charlemagne forma le dessein de soumettre à une unité désirable les diverses lois qui régissaient son peuple; mais il n'exécuta pas une telle entreprise digne de son génie, et qui l'eût plus honoré que toutes ses conquêtes.

Cùm adverteret multa legibus populi sui deesse (nam Franci duas habent leges, plurimis in locis valdè diversas), cogitavit quæ deerant addere, et discrepantia unire, prava quoque ac perperàm prolata corrigere. Sed in iis nihil aliud ab eo factum est, quàm quòd paucula capitula, et ea imperfecta legibus addidit.

Eginhard., Vit. Caroli magni.

prestigieuse, mais il ne reposait point sur une base aussi profonde, aussi stable que l'exigeaient ses dimensions colossales.

Charlemagne crut n'avoir pour sujets que des guerriers et des ecclésiastiques; après sa mort, et dans des temps qui amenaient toujours de nouveaux malheurs, l'ambition démesurée des deux ordres se partagea, comme un butin, l'autorité et la domination sur les citoyens et sur le peuple, dont le sort futur n'avait pas assez occupé le génie du héros conquérant.

En 813, le concile d'Arles[1] dénonçait déja les injustices et les vexations que se permettaient les grands et les seigneurs; il chargea les évêques de réclamer auprès du prince[1], et d'interposer leurs soins en faveur des opprimés; ce rôle était beau, mais ambitieux; l'honneur de venger les opprimés dans une monarchie peut conduire à la domination même, et devenir un titre; aussi,

1. Dùm conspiciunt judices ac potentes pauperum oppressores existere, priùs eos sacerdotali admonitione redarguant, et, si contempserint emendari, eorum insolentia regis auribus intimetur, ut, quos sacerdotalis admonitio non flectit ad justitiam, regalis potestas ab improbitate coerceat.

Labbe, Concil., ann. 813, Concil. arel., art. 17.

dans le même siècle, une assemblée d'évêques français, et seulement d'évêques[1], disposa d'une couronne en faveur de Bozon.

A la fin du règne si glorieux de Charlemagne, son gouvernement ne suffisait plus à protéger les sujets; et pourquoi? parce que c'était par l'action et l'autorité des hommes puissants, facilement intéressés à faire ou à tolérer des injustices, que le héros espérait gouverner et protéger son peuple, tandis que l'action du gouvernement, et l'autorité de sa protection doivent principalement émaner de la loi.

Les vœux du concile de 813 arrivèrent à peine jusqu'à Charlemagne, qui mourut en 814.

C'est après mille ans accomplis, en 1814, qu'un roi de France a fait enfin ce que le génie de Charlemagne n'entrevit pas, ce qu'il n'aurait

---

1. Le synode de Mentale n'est signé que par les vingt-trois évêques et archevêques qui le composèrent.

C'étaient les évêques ou archevêques de Vienne, Lyon, Tarentaise, Aix, Valence, Grenoble, Vaison, Die, La Maurienne, Gap, Toulon, Châlons, Lausanne, Adge, Mâcon, Arles, Besançon, Viviers, Marseille, Orange, Avignon, Usez, Riez.

Du Chesne, Hist. Franc. Script., t. IV. p. 480.

peut-être osé tenter dans un siècle qui ne l'eût pas compris; Louis XVIII a attaché son nom à des institutions politiques qui assurent la durée du trône, la prospérité du royaume et le bonheur des Français.

Si, recueillant les leçons de l'histoire et celles du malheur, Louis XVIII a cru, dans sa conscience intime, que les institutions consacrées par la Charte étaient un bienfait nécessaire, une dette à acquitter envers la nation et le siècle, faisons honneur à sa raison généreuse d'avoir ainsi concouru aux progrès de la civilisation, au développement et à l'application des principes de justice éternelle.

Si toutefois, sans être entièrement dégagé des préjugés de puissance et d'autorité qu'une philosophie indulgente ne condamnera pas trop sévèrement dans l'héritier d'une antique dynastie, il a sagement calculé que l'intérêt même du trône, celui de sa propre famille, exigeaient les concessions qu'il a faites, peut-être lui doit-on une égale reconnaissance pour le courage d'exécution et les sacrifices d'opinion qu'il s'est imposés.

Quoi qu'il en soit, il importera toujours au

prince et à la nation que les bornes posées par ces institutions, que ces barrières constitutionnelles soient également et universellement respectées; puissent surtout les agents du pouvoir être sans cesse convaincus que, toutes les fois qu'on réduit un peuple à faire des efforts pour les défendre, on lui fournit l'occasion malheureuse, la tentation funeste de les franchir ou même de les renverser!

Pour maintenir et assurer à jamais la sécurité politique, qu'on se hâte surtout de rétablir dans son intégrité, dans sa plénitude, ce régime municipal, dont nos ancêtres ont eu l'heureux et le libre exercice, d'abord sous la domination romaine, et ensuite sous les trois dynasties; la liberté municipale était pour eux un véritable patrimoine de famille, un héritage sacré, ainsi que le trône est devenu l'héritage sacré, le patrimoine de famille de la dynastie capétienne.

Oh! si ma faible voix pouvait se faire entendre à tous les enfants qui nous restent de l'illustre et auguste race qui produisit Hugues Capet, Philippe-Auguste, Louis IX, Charles V, Charles VII, Louis XII, Henri IV, Louis XIV, Louis XVI, et j'ajoute avec respect et, avec reconnaissance,

Louis XVIII, ce prince qui a si heureusement associé sa renommée pacifique à la durée et à l'affermissement de nos libertés publiques, je leur dirais : « Ces Français dont j'expose aujourd'hui les « droits, ne fatiguent pas votre cour de leur pré- « sence et de leur importunité ; ils ne demandent « pas des titres, des dignités, des charges, des « pensions, comme ces grands qui vous obsèdent ; « ces Français sont ceux dont les travaux agri- « coles ou industriels supportent et fournissent « la plus grande partie des impôts ; dont les « nombreux enfants recrutent vos armées, et « conquièrent dans les combats, au prix de leur « sang obscurément versé, une gloire et une re- « nommée qui retournent vers le trône et le font « respecter.

« Ils ne réclament que justice et protection ; « ils sollicitent le rétablissement du régime mu- « nicipal, dont leurs ancêtres ont joui cinq siècles « avant la monarchie, et douze siècles sous les « trois dynasties. »

J'implorerais les héritiers d'Hugues Capet, non seulement au nom de la justice, mais encore au nom de la religion même, dont ils sont les fils aînés, les augustes défenseurs, et alors empruntant les paroles [1] que, dans une circonstance qui a quelque rapport avec les vœux que j'ai exprimés, les évêques de France adressèrent à Louis II de Germanie, j'ajouterais :

« Le divin législateur des chrétiens, interrogé « par des hypocrites dont l'astucieuse malice es« pérait une réponse qui permît de le calomnier « auprès des puissances de la terre, leur dit : « RENDEZ A CÉSAR CE QUI EST A CÉSAR, ET RENDEZ « A DIEU CE QUI EST A DIEU.

« D'après cet exemple, nous oserons vous « dire, à vous qui êtes à-la-fois le sujet de Dieu « et le chef du peuple : RENDEZ A DIEU CE QUI « EST A DIEU, ET RENDEZ AU PEUPLE CE QUI EST « AU PEUPLE. »

---

1. Sicut dominus sub potestate constitutos, ex tentatorum occasione, docuit reddere quæ sunt Cæsaris Cæsari et quæ sunt Dei Deo; ita et vos, qui sub Deo estis et super homines estis, reddite quæ sunt Dei Deo, et sicut Cæsar æquus, quæ sunt subditorum subditis reddite.

Epist. episcoporum ad Ludovicum regem Germaniæ, an. 858; Baluz. Capit. reg. franc., t. II, col. 113.

POST-SCRIPTUM.

§ 1er.

Je me proposais de placer, à la fin de cet ouvrage, un appendice où j'aurais inséré, en forme de dictionnaire, la plupart des villes de la France et même des bourgs. Chaque article eût contenu l'indication spéciale des divers genres de preuves que ces villes et ces bourgs peuvent invoquer pour constater soit leur antique liberté municipale, soit l'exercice de cette liberté.

A cet effet, j'avais recueilli et rapproché les nombreuses inscriptions romaines, les faits historiques, les passages des auteurs, les ordonnances des rois, les chartes, les diplômes, les actes publics et privés, les traités de réunion et les diverses stipulations qui en furent la suite nécessaire, les capitulations des provinces et des villes, enfin tous les documents, tous les titres qui fournissent des renseignements utiles. Ce travail détaillé eût ajouté encore à la conviction de l'existence du régime municipal en France, soit sous la domination romaine, soit sous les trois dynasties.

Ces preuves particulières sont du genre de celles que, dans le cours de cet ouvrage, j'ai fournies pour quelques antiques cités, quand j'ai voulu démontrer qu'elles avaient constamment joui de l'exercice de la liberté municipale.

Mais je supprime cette partie de mes recherches, dont la publication ne me paraît pas absolument nécessaire.

§ 2.

En relisant les feuilles de cet ouvrage, j'ai cru qu'il ne suffisait pas d'avoir inséré, à la page 294 du tome Ier, une note portant :

« Dans les passages suivants et autres, tirés « des formules et titres du moyen âge, je n'ai « pas cru pouvoir corriger les fautes de gram- « maire ou d'ortographe même les plus gros- « sières ; j'ai donc suivi exactement le texte. »

Je dois déclarer que j'en ai usé de même pour toutes les autres citations latines choisies dans les recueils des lois romaines, surtout dans le Code Théodosien, et dans les titres divers et les nombreux documents du moyen âge, dont j'ai toujours rapporté littéralement les expressions, quoique parfois elles me parussent fautives.

Ainsi on ne sera pas surpris de lire entre autres :

TOME I.

Pages.

34, diœcesi*n* pour diocesim.
41, a*d*spiraverit pour aspiraverit.
44, a*d*que pour atque.
53, pro*b*scriptio pour proscriptio.
54, qua*n*vis pour quamvis.
57, rescri*b*tis pour rescriptis.
58, a*d*gregentur pour agregentur.
59, urg*u*eri pour urgeri.
59, te*mp*taverint pour tentaverint.
67, a*d*scriptionibus pour ascriptionibus.
68, a*d*tineri pour attineri.
82, i*n*lustrium pour illustrium.
116, apu*t* pour apud.
122, a*d*severet pour asseveret.
123, a*d*sensus pour assensus.
126, pos*ie*runt pour posuerunt.
156, domno pour domino.
192, *æ*sistimet pour existimet.
194, a*d*sensus pour assensus.

TOME II.

318, p*or*tererent pour protererent.
344, s*um*ilas pour singulas.

Etc. etc. etc.

§ 3.

Si, après la lecture de l'Histoire du droit municipal, quelques personnes, connaissant des titres, soit généraux soit particuliers, dignes de corroborer les preuves que j'ai rassemblées, et surtout des titres relatifs au régime municipal des villes et des bourgs dont je n'ai pas fait mention, veulent bien m'indiquer ou me communiquer ces sortes de documents, je recevrai avec reconnaissance ces preuves de l'intérêt que doit exciter le sujet que j'ai traité.

Passy-les-Paris, ce 15 janvier 1829.

FIN DU TOME II ET DERNIER.

TABLE DES MATIÈRES.

TOME PREMIER.

LIVRE II.

TOME SECOND.

LIVRE III.

LIVRE IV.

FIN DE LA TABLE DES MATIÈRES.

EXTRAIT DU CATALOGUE DE A. SAUTELET ET Ce.

Nouvelles Publications Historiques.

LETTRES SUR L'HISTOIRE DE FRANCE, deuxième édition, revue, corrigée et augmentée de plusieurs lettres; par Aug. THIERRY, auteur de l'Histoire de la conquête de l'Angleterre. 1 vol in-8. Prix. 7 f. 50 c.

HISTOIRE DES GAULOIS, depuis les temps les plus reculés jusqu'à l'entière soumission de la Gaule à la domination romaine, par A. THIERRY. 3 vol. in-8. Prix . . . . 21 fr.

TABLEAU HISTORIQUE ET CRITIQUE DE LA POÉSIE FRANÇAISE ET DU THÉATRE FRANÇAIS AU XVIe SIÈCLE; par M. SAINTE-BEUVE. 2 vol. in-8. Prix. . . . . 14 fr.

ÉCONOMIE POLITIQUE DES ATHÉNIENS. Ouvrage traduit de l'allemand de Boeckh, par M. LALIGANT. 2 vol. in-8. Prix. . . . 15 fr.

Ce livre contient l'histoire de l'organisation intérieure et de l'administration de la république d'Athènes. C'est, avec l'histoire romaine de M. Niebhur, le plus savant ouvrage qu'on ait publié en Allemagne, où les études sur l'antiquité ont fait des progrès immenses, et sont arrivées à des résultats que les plus savants historiens des derniers siècles n'ont pas mêmes soupçonnés.

MÉMOIRES, CORRESPONDANCE ET OPUSCULES INÉDITS, de Paul-Louis COURIER. 2 vol. in-8°. . . . . 14 fr.

Ces volumes renferment sur les guerres d'Italie et sur les commencements de l'empire, des détails piquants et des renseignements d'un grand intérêt.

HISTOIRE DU SOULÈVEMENT DES PAYS-BAS sous Philippe II, roi d'Espagne, par Schiller; traduit de l'allemand, par M. le marquis de CHATEAUGIRON. 2 volumes in-8. Prix. . . . . 12 fr.

ESSAI SUR L'HISTOIRE GÉNÉRALE DU CHRISTIANISME; par Charles COQUEREL. Deuxième édition. 1 vol. in-8. . . . . . 6 fr.

HISTOIRE DE LA CONTRE-RÉVOLUTION EN ANGLETERRE, sous Charles II et Jacques II; par A. CARREL. 1 vol. in-8. Prix : 7 fr.

HISTOIRE DE LA GARDE NATIONALE DE PARIS, depuis l'époque de sa fondation jusqu'à l'ordonnance du 29 avril 1827; par Ch. COMTE, auteur du Censeur européen. 1 vol. in-8. Prix. . . . . 6 fr.

www.ingramcontent.com/pod-product-compliance
Ingram Content Group UK Ltd.
Pitfield, Milton Keynes, MK11 3LW, UK
UKHW020319200726
13857UKWH00001B/215